Jacobo Priegue Patiño and
Laura Puente Martín

Cambridge IGCSE®
Spanish as a
First Language

Coursebook

CAMBRIDGE
UNIVERSITY PRESS

CAMBRIDGE
UNIVERSITY PRESS

University Printing House, Cambridge CB2 8BS, United Kingdom

One Liberty Plaza, 20th Floor, New York, NY 10006, USA

477 Williamstown Road, Port Melbourne, VIC 3207, Australia

4843/24, 2nd Floor, Ansari Road, Daryaganj, Delhi - 110002, India

79 Anson Road, #06 -04/06, Singapore 079906

Cambridge University Press is part of the University of Cambridge.

It furthers the University's mission by disseminating knowledge in the pursuit of education, learning and research at the highest international levels of excellence.

www.cambridge.org
Information on this title: www.cambridge.org/9781316632918

First published 2017
20 19 18 17 16 15 14 13 12 11 10 9 8 7 6 5 4 3 2 1

Printed in the United Kingdom by Latimer Trend

A catalogue record for this publication is available from the British Library

ISBN 978-1-316-63291-8 Paperback

Índice

Introducción

El plan de estudios de Cambridge IGCSE Español como Primera Lengua abarca un ciclo de dos cursos dirigido a alumnos de entre 14 y 16 años que son hablantes nativos de español o bilingües.

Este libro de texto abarca todo el currículo de Cambridge IGCSE Español como Primera Lengua y contiene el material suficiente para el estudio y la preparación del examen durante dos años académicos. Cada una de las doce capítulos ofrece diversas actividades centradas en los diferentes objetivos de comprensión lectora y expresión escrita, con textos cuya dificultad varía a lo largo del curso y que abordan asuntos de actualidad y de interés para los jóvenes. Además, al final de cada par de capítulos se ofrece una actividad centrada en los objetivos de expresión y comprensión oral. Los alumnos podrán adquirir, de este modo, todas las habilidades necesarias para obtener el mejor resultado en sus exámenes.

Es recomendable trabajar los contenidos de este libro de texto de manera lineal, ya que el nivel de dificultad se va incrementando progresivamente y las habilidades adquiridas son acumulativas. Los alumnos tendrán la oportunidad de comprobar sus conocimientos al final de cada bloque, donde se incluyen ejercicios de repaso y autoevaluación, así como durante el desarrollo de las capítulos a través de actividades similares a las que encontrarán en el examen final.

A lo largo de las capítulos, los estudiantes recibirán diversos consejos centrados tanto en la carpeta de curso y el examen (haciendo hincapié en los objetivos recogidos en el plan de estudios) como en el desarrollo de sus competencias lingüísticas y culturales. Estos consejos son de vital importancia para que el estudiante desarrolle las actividades prácticas que se proponen y para afianzar los conocimientos adquiridos en las diferentes capítulos.

El libro de texto ofrece apoyo y guía en la preparación de los cinco componentes de que consta el plan de estudios. Las doce capítulos comienzan con la explotación didáctica de textos de diversa tipología (argumentativos, discursivos, narrativos, descriptivos, informativos, etc.), a través de los cuales se pretende que los estudiantes cumplan los objetivos de comprensión escrita propuestos al principio de cada capítulo. Las actividades propuestas aquí son adecuadas tanto para preparar el Examen 1 (Lectura de textos – Plan de estudios básico) como el Examen 2 (Lectura de textos – Plan de estudios ampliado). Después de las actividades de comprensión, se proponen varias tareas de expresión escrita que incluyen guías pormenorizadas de cómo producir los diferentes tipos de textos que son susceptibles de aparecer en el Examen 3 (Escritura dirigida y redacción) y en el Componente 4 (Carpeta del proyecto de curso). Además, cada dos capítulos se incluye una guía con actividades para desarrollar las habilidades necesarias para el Componente 5 (Examen de expresión y comprensión oral).

El libro está dividido en cuatro grandes bloques: *Mi entorno, El tiempo libre, El medio ambiente* y *La sociedad*, y cada bloque está dividido a su vez en tres capítulos que se basan en un tema más específico, elegido por su relevancia y sus posibilidades didácticas en relación al curso. Una buena parte de los textos recogidos en el libro son auténticos y recientes, extraídos de publicaciones tanto en papel como electrónicas que suelen estar dirigidas a un público adolescente.

Se trata con esto de asegurar la motivación de los estudiantes y, al mismo tiempo, analizar temas de actualidad y de interés general que además son susceptibles de ser abordados en un examen.

Al final del libro de texto, los estudiantes habrán adquirido las habilidades y conocimientos lingüísticos necesarios para enfrentarse a un texto con perspectiva, para conferir a sus escritos una voz y un estilo propios y para desarrollar las tareas y actividades susceptibles de aparecer en un examen de manera satisfactoria.

Objetivos de evaluación

OE1: Comprensión lectora
Se evaluará la capacidad de los estudiantes para:

L1 demostrar comprensión de significados explícitos

L2 demostrar comprensión de significados implícitos y actitudes

L3 analizar, evaluar y desarrollar hechos, ideas y opiniones

L4 demostrar comprensión de cómo consiguen los escritores los efectos deseados

L5 seleccionar con fines específicos.

OE2: Expresión escrita
Se evaluará la capacidad de los estudiantes para:

E1 articular experiencias y expresar lo pensado, sentido e imaginado

E2 ordenar hechos, ideas y opiniones

E3 usar una variedad de vocabulario apropiado

E4 usar el registro apropiado para un público y un contexto determinados

E5 usar con precisión ortografía, puntuación y estructuras gramaticales.

OE3: Expresión y comprensión oral
(Únicamente para aquellos estudiantes que vayan a realizar el examen de expresión y comprensión oral.)

Se evaluará la capacidad de los estudiantes para:

O1 articular experiencias y expresar lo que se piensa, siente e imagina

O2 presentar hechos, ideas y opiniones en un orden constante y cohesivo

O3 comunicarse de forma clara, fluida y decidida como individuo y en diálogo con otras personas

O4 utilizar un registro adecuado para un público y contexto determinados

O5 escuchar y responder adecuadamente a las contribuciones de los demás.

COMPETENCIA LECTORA	Capítulo 1	Capítulo 2	Capítulo 3	Capítulo 4	Capítulo 5	Capítulo 6	Capítulo 7	Capítulo 8	Capítulo 9	Capítulo 10	Capítulo 11	Capítulo 12
Manejo de textos	X	X	X	X	X	X	X	X	X	X	X	X
Comprensión	X	X	X	X	X	X	X	X	X	X	X	X
Vocabulario	X	X	X	X	X	X	X	X	X	X	X	X
Inducción					X	X	X	X	X	X		
Predicción		X			X	X	X	X	X			
Comparación					X		X	X		X	X	
Efectos del escritor			X	X		X				X	X	X
Explicar efectos				X						X	X	
Sentimientos narrador			X			X	X	X	X			X
Sentimientos personajes			X			X	X					X
Explicar significados	X	X			X	X	X	X	X	X	X	
Connotaciones		X			X		X	X	X	X	X	X
Imágenes		X	X	X					X		X	X
Análisis de estilo		X	X	X					X	X		X
Sumario		X			X		X					
Identificar elementos		X	X		X	X	X	X		X		
Parafrasear		X			X							
Investigar					X	X	X	X		X		
Identificar parcialidad			X				X	X				
Opinión del autor			X	X			X	X		X	X	X

COMPETENCIA ESCRITA	Capítulo 1	Capítulo 2	Capítulo 3	Capítulo 4	Capítulo 5	Capítulo 6	Capítulo 7	Capítulo 8	Capítulo 9	Capítulo 10	Capítulo 11	Capítulo 12
Escritura dirigida	X	X	X	X	X	X	X	X	X	X	X	X
Evaluar				X			X	X		X	X	X
Refutar							X	X			X	
Lenguaje persuasivo				X			X	X		X	X	
Cotejar					X		X	X		X		
Secuenciar				X	X	X		X				
Registro/lenguaje		X	X				X	X		X	X	X
Ortografía	X	X	X	X	X		X	X				
Puntuación	X	X	X	X	X		X	X			X	
Argumentativo				X			X				X	
Discursivo										X		
Persuasivo				X			X	X		X	X	
Informativo		X						X				
Estructurar texto				X		X	X	X	X	X	X	
Recursos de estilo									X	X	X	X
Conectores				X	X						X	X
Descripción						X					X	
Adjetivos		X				X				X	X	X
Lenguaje figurativo		X	X						X	X	X	X
Narrativa		X	X		X				X	X	X	X
Argumento/ritmo							X		X	X		X
Personajes					X	X	X		X	X		X

COMPETENCIA ESCRITA	Capítulo 1	Capítulo 2	Capítulo 3	Capítulo 4	Capítulo 5	Capítulo 6	Capítulo 7	Capítulo 8	Capítulo 9	Capítulo 10	Capítulo 11	Capítulo 12
Ambiente						X				X		X
Punto de vista							X	X		X		X
Narrador				X	X				X	X		X
Diálogo							X			X		
Continuar una historia		X	X						X			X

EXPRESIÓN/ INTERACCIÓN ORAL	Capítulo 1	Capítulo 2	Capítulo 3	Capítulo 4	Capítulo 5	Capítulo 6	Capítulo 7	Capítulo 8	Capítulo 9	Capítulo 10	Capítulo 11	Capítulo 12
Dar un discurso		X		X				X			X	
Respuesta oral	X	X	X	X				X		X	X	X
Descripción						X						
Registro		X		X						X		
Diálogo	X	X	X	X				X		X	X	X
Entrevista										X		X
Evaluar un discurso		X										
Escribir un guión				X								
Retórica		X		X						X		
Juego de roles										X		
Identificar parcialidad								X				
Discusión de grupo												X
Uso de imágenes						X						
Muletillas								X				
Expresión no verbal								X		X		

Clave

Cultura

Consejo de lectura

Consejo de expresión oral

Vocabulario

Consejo de escritura

Capítulo 1:
¿Quiénes somos?

Temas

- Nuestra identidad personal y cultural
- La integración en una nueva sociedad
- Diferencias culturales

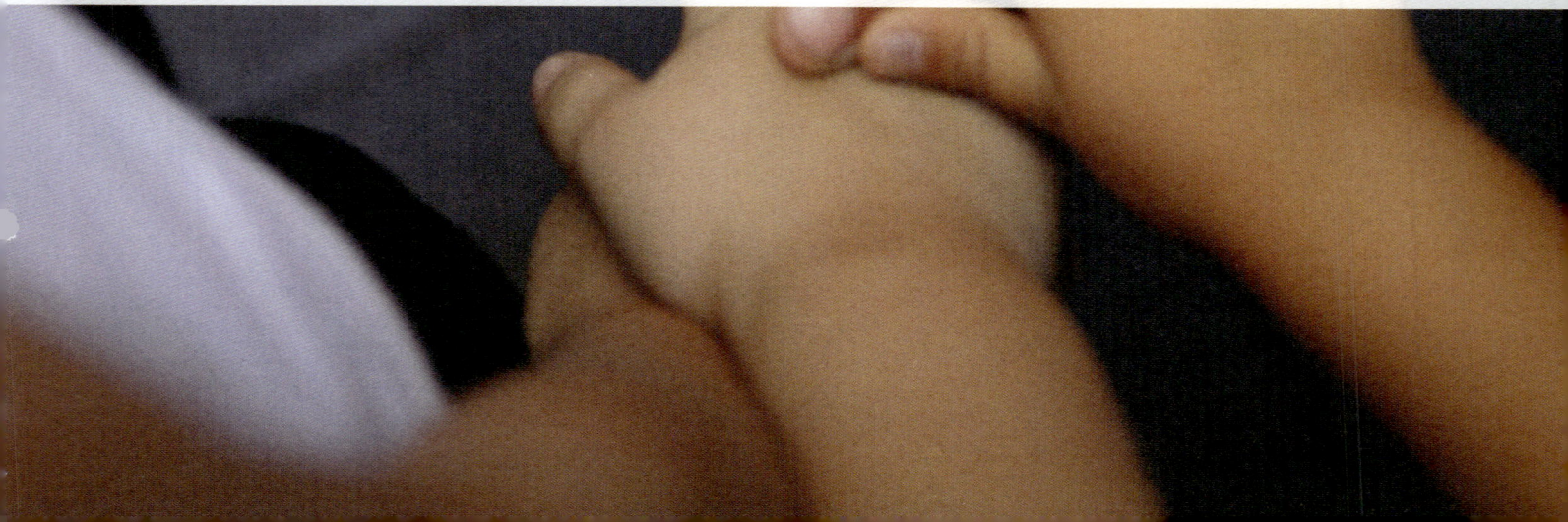

Objetivos

- Leer para captar el sentido general de un texto
- Entender el vocabulario de un texto largo
- Revisar y corregir la ortografía y los acentos de un texto
- Revisar y corregir la gramática de un texto

Introducción

Muy posiblemente una de las características que tienes en común con tus compañeros al inicio de este curso es que todos habláis español. Reflexiona sobre los sentimientos que despierta en ti este trayecto.

- ¿Es el español tu lengua materna?
- ¿Lo consideras parte de tu identidad?
- ¿Cómo definirías la calidad de tu español a la hora de hablarlo y escribirlo? ¿Depende del contexto?
- ¿Te consideras perfeccionista con respecto a tu uso del español?
- ¿Qué expectativas tienes del curso?

Actividad 1

Paso 1

Durante una entrevista de trabajo, tres estudiantes universitarios tuvieron que dar una respuesta improvisada a esta pregunta:

"¿Quién eres?"

Lee sus respuestas y reflexiona sobre las siguientes preguntas.

Hola, me llamo Almudena y tengo 20 años. Soy estudiante de Educación Infantil. La verdad es que yo me considero una persona muy normal, muy familiar. Me gusta pasar tiempo con mi familia y divertirme con mis amigos. Me encantan los niños, por eso elegí esta carrera.

Hola, soy Sergio y yo tengo casi 20 años. Soy estudiante de Educación Física. Soy un gran apasionado de los deportes. Sigo con mucho interés la actualidad deportiva, sobre todo el fútbol. Me esfuerzo en mantener una buena forma física y cuidar mi nutrición, y un día me gustaría transmitir eso a mis alumnos.

Hola, me llamo Elena, tengo 20 años y soy estudiante de Magisterio. A mí lo que más me gusta es viajar y conocer nuevas culturas, y por esa razón estudio idiomas. En el futuro me gustaría enseñar inglés o francés, o tal vez trabajar como traductora.

- ¿Crees que es una pregunta fácil de responder? ¿Cómo te sentirías si te la hicieran a ti?
- ¿De qué temas hablan a la hora de presentarse a sí mismos?
- ¿Qué parecen tener en común?

Paso 2

Observa esta lista y señala los cinco aspectos que escogerías para definir tu identidad.

1	Tu nacionalidad	11	Tus orígenes étnicos
2	El lugar donde vives	12	Tus experiencias vitales
3	Tu religión (o el hecho de no tenerla)	13	Tu forma de vida
4	Tu estilo de vestir	14	Tu personalidad y carácter
5	Las lenguas que hablas	15	Tus circunstancias socioeconómicas
6	Tus relaciones personales y familiares	16	Las asociaciones a las que perteneces
7	Tus pertenencias personales	17	Tus ídolos
8	Tus aficiones	18	La decoración de tu habitación
9	Tu aspecto físico	19	Tus actividades en línea
10	Tu colegio	20	Tus valores

Paso 3

Compara con tus compañeros los cinco aspectos que habéis elegido. Comentad vuestras respuestas con la ayuda de estas preguntas.

- ¿Ha sido fácil escoger solo cinco aspectos para definir tu identidad?
- ¿Hay áreas que no consideras importantes en absoluto a la hora de determinar tu identidad?
- ¿Hay aspectos que están pasados de moda hoy en día?

Paso 4

Lee las siguientes definiciones y decide cuáles de los aspectos en el Paso 2 se corresponden a cada uno de los términos, completando la tabla.

Identidad personal: Es aquello que nos hace únicos e irrepetibles como individuos.

Identidad cultural: Es el conjunto de valores, creencias, tradiciones, símbolos, modos de comportamiento que determinan la pertenencia de un individuo a una colectividad con la que se identifica, y que difiere de otros grupos.

Identidad personal	Identidad cultural

Paso 5

Lee de nuevo los textos de los estudiantes en el Paso 1. ¿Están definiendo su identidad personal o su identidad cultural?

Actividad 2

Paso 1

1   **Primero, lee rápidamente el apunte del blog de Sandra. ¿Cuál es su tema principal (a, b o c)?**

   a La identidad personal de los españoles

   b La identidad cultural de una persona española

   c La identidad personal de una persona famosa

2   **Ahora, lee solo la primera frase de cada párrafo. ¿Es importante para Sandra el lugar donde nació?**

3   **Ahora, lee la conclusión. Cita tres elementos que Sandra considera parte de su identidad cultural.**

El blog de Sandra
Una identidad cultural "de provincias"

Yo nací en España en los años setenta en una capital de provincia. Aunque mi ciudad era hermosa, hasta esa época las autoridades no habían tenido los medios suficientes para cuidarla y preservar su patrimonio histórico y artístico. Durante mi juventud fui testigo de cómo la Unión Europea invertía para embellecerla y convertirla en un destino turístico atractivo.

Me identifico mucho con mi ciudad, por tanto con su legado medieval y renacentista, con el carácter de sus gentes, y con sus fiestas y tradiciones locales. Siento con fuerza que pertenezco a ese lugar. Por ejemplo, en un bar cercano a la catedral, todos los días, a las diez de la noche, se toca y canta el himno a la ciudad, y me hace sentirme muy orgullosa y muy unida a mis paisanos.

Por otro lado, cuando yo era niña mi ciudad era un lugar bastante monocultural. En mi clase, todos mis compañeros éramos de nacionalidad española, de religión católica, monolingües y de similar clase socioeconómica. Estos elementos, junto con el arraigo a mi ciudad, constituyen la base de mi identidad cultural.

CONSEJO

Leer para captar el sentido general de un texto
- Si queremos hacernos una idea general de un texto, podemos leerlo rápidamente, sin prestar demasiada atención a los detalles como los datos, los nombres propios, o la información extra.
- Una buena técnica es prestar atención solo a la primera línea de cada párrafo, que nos da su idea clave. Con solo esas líneas, nos habremos hecho una buena idea general de todo el texto.
- Leer con atención la conclusión es también muy útil, porque ahí se recoge la información fundamental.

Paso 2

Ahora relee el apunte, fijándote más en los detalles. Decide si estas frases son verdaderas o falsas.

1   La ciudad en la que nació Sandra siempre ha recibido muchos cuidados.

2   Sandra no fue testigo del deterioro de su ciudad antes de que se embelleciera.

3   Sandra se siente parte de su ciudad pero no se identifica con sus habitantes.

4   En su juventud, Sandra no sabía qué era la diversidad cultural.

5   La identidad cultural de Sandra se basa en el apego que siente por la ciudad en la que nació.

REFLEXIONA

¿Es posible que a lo largo de la vida nuestra identidad cultural y personal cambien? ¿Por qué?

Paso 3

Piensa en el lugar donde has nacido o crecido. ¿Cómo ha determinado tu identidad cultural? ¿Qué aspectos de tu identidad personal son propios de tu pueblo o ciudad de origen? Debate con tus compañeros.

Actividad 3

Paso 1

Contestad las preguntas en grupos.

- ¿Cuál es la diferencia entre una sociedad monocultural y una multicultural?
- ¿Podrías definir el lugar donde vives como monocultural?
- ¿Existen muchos países monoculturales hoy en día?
- ¿Definirías el mundo hispanohablante como monocultural o multicultural?

Paso 2

Lee el siguiente texto rápidamente, utilizando de nuevo las técnicas sugeridas en la Actividad 2, y contesta las preguntas.

1   ¿Cuál es el tema principal del texto?

2   ¿Se sienten estos jóvenes inmigrantes "americanos"?

3   ¿Hay elementos de la cultura americana que les resultan atractivos?

4   ¿Qué aspectos les separan de la cultura americana?

5   ¿Qué impacto puede tener el proceso de integración sobre las vidas de estos jóvenes?

Los jóvenes hispanos en los Estados Unidos

Cada día, la juventud hispana que vive en Estados Unidos experimenta un proceso de integración a otra cultura diferente a la suya, lo cual puede ser un desafío. De acuerdo a un estudio hecho por el centro Pew Hispanic sobre la juventud latina en Estados Unidos, más de la mayoría (52%) de los latinos entre 16 y 25 años de edad se identifican por el país de origen de sus familias.

Abraham Romeo Enríquez, de 17 años de edad y estudiante de preparatoria, no se considera "americano" aunque nació aquí y lleva 13 años viviendo en Houston. "Nací en Harlingen. Soy ciudadano americano, pero yo me siento mexicano porque toda mi familia es mexicana. No entiendo la cultura americana", afirmó Enríquez.

Sin embargo, hay partes de la cultura estadounidense que llegan a gustarles. "Yo que vengo de un país con necesidades valoro más ir a la escuela y el trabajo que tenemos y saco provecho de eso", comentó Miguel Briceño, 24, de nacionalidad mexicana, ahora residente legal de Houston desde el 2007 y estudiante universitario. Por su parte, Enríquez afirmó que le gusta más escuchar música en inglés, pero que a pesar de que domina el idioma, se identifica más con sus amigos de habla hispana porque tienen valores muy parecidos.

Varios pueden ser los factores del por qué jóvenes hispanos no se integran por completo a la cultura estadounidense. Entre ellos destacan el idioma y las **ideologías**. "Una de las cosas que me está afectando es que a pesar de que domino el inglés a un nivel académico, hay veces que me siento limitado para expresar lo que siento", comentó Briceño. "No he socializado mucho porque no tengo interés y una de las razones por que no tengo interés es por la mentalidad de las personas con las que convivo. Es que no es como la mía, ellos piensan diferente y tienen diferentes metas en la vida".

El concepto de la familia entre estas dos culturas también juega un papel importante en el proceso de **integración** o **asimilación** de los jóvenes hispanos a una nueva cultura. La **familia** americana es **nuclear**, lo cual fomenta a los hijos a ser independientes; por el contrario, en la cultura latina ser independiente es considerado desleal y es común tener una familia grande que en ocasiones incluye a los vecinos y amigos.

Jóvenes latinos que están tratando de integrarse a la cultura americana pueden padecer estrés y descontento, esto de acuerdo a un estudio realizado por la Universidad de Carolina del Norte. El estudio afirma que la mejor solución es que los padres les recuerden a sus hijos los valores con los que fueron criados y enseñarles a tomar decisiones de acuerdo a lo que sea mejor para ellos y no lo que otros digan. También recomienda conservar valores claves de la cultura latina y adoptar algunas normas culturales estadounidenses para lograr un ambiente más saludable y menos conflictivo.

El desarrollo de la identidad propia durante la juventud es una etapa compleja, la cual se complica al introducir un ambiente cultural ajeno. Aunque muchos estén arraigados en la cultura de sus antecesores, es necesario adaptarse a la tierra en donde uno se encuentre. Los malabarismos empleados para mantener ambas culturas separadas o complementarlas requieren mucho esfuerzo, pero permite un sinfín de posibilidades únicas para el individuo **bicultural**.

www.theventureonline.com

CONSEJO

Entender palabras concretas en un texto

Los textos largos a menudo contienen vocabulario específico sobre el tema del que tratan. Se pueden utilizar varias técnicas para entender palabras específicas:

- Usar parte de la propia palabra o expresión para deducir el significado. Por ejemplo, en la palabra "monolingüe" "mono-" me lleva a pensar en "uno", y "-lingüe" evoca la idea de "lengua".
- Intentar deducir el significado de una palabra por su contexto, es decir, el resto de la frase o del párrafo.
- Recurrir a nuestros conocimientos previos sobre el tema. Tal vez la nueva palabra (por ejemplo, "monolingüe") es simplemente un sinónimo de una expresión que ya conocemos ("una persona que habla solo un idioma"), pero sinónimo que viene a ser una versión más formal, precisa o académica.
- Releer el texto. A veces se incluyen explicaciones o definiciones sobre esos términos que en un primer momento pasamos por alto. Puede haber ejemplos o alusiones que nos ayudan a comprender el término: "A los hablantes de una sola lengua les puede resultar difícil entender el esfuerzo que se debe poner para aprender otro idioma".
- Utilizar el diccionario. Los diccionarios convencionales y en línea a veces incluyen ejemplos de frases en las que se utiliza esa palabra, lo cual ayuda mucho para entender las situaciones en las que puede usarse. Así estás preparado para activar el nuevo vocabulario en el futuro, además de comprenderlo de forma pasiva.

Paso 3

Ahora vas a utilizar estas técnicas para entender el significado de las palabras en negrita del texto "Los jóvenes hispanos en los Estados Unidos".

1 Busca la palabra "ideología", y lee el resto del párrafo. ¿Cuál es su tema general? ¿Hay allí una palabra similar, más corriente, que te ayuda a entender su significado?

2 Busca las palabras "integración" y "asimilación". ¿Qué pista te da el hecho de que aparezcan agrupadas en dos?

3 Busca la palabras "familia … nuclear". Relee el párrafo. Piensa en tus conocimientos previos sobre las familias norteamericanas y las familias hispanas, tal vez basados en películas o series televisivas. ¿Te dan una pista sobre el significado de esta expresión?

4 Busca la palabra "bicultural". Después de leer el texto, tienes conocimientos sobre los jóvenes hispanos en EE.UU., a los que se refiere el autor con este término. ¿Te ayuda a entender el significado de la palabra?

5 Busca el significado exacto de la palabra "asimilación" en un diccionario normal. Explica su significado con tus propias palabras.

6 ¿Hay en el texto alguna otra palabra que desconozcas? Búscala en un diccionario en línea y anota un ejemplo en el que se use.

Paso 4

Vas a trabajar con familias hispanas en Estados Unidos. Escribe una lista de preguntas para realizar entrevistas y averiguar cómo llevan sus hijos el proceso de integración en el país.

Ejemplo: ¿Qué aspectos de la cultura americana les gustan más a los miembros de la familia?

Paso 5

A continuación, prepara una octavilla con consejos generales para las familias que desean ayudar a sus hijos a integrarse en Estados Unidos y a un tiempo preservar su identidad cultural hispana. Selecciona las 5 ideas que te parezcan mejores y preséntalas con frases completas y variadas.

Ejemplo: Cultivar amistades de todo tipo y recibirlas en el hogar.
       ***Cultive** amistades de todo tipo y recíbalas en el hogar.*
       ***Se recomienda que cultive** amistades de todo tipo y las reciba en el hogar.*

___ Leer libros en inglés y en español
___ Enseñar las canciones y danzas del país de origen de la familia
___ Visitar el país de origen con la frecuencia que sea posible
___ ...
___ ...

Paso 6

Piensa en la comunidad donde tú resides o en otro lugar donde hayas vivido en el pasado. Contesta las siguientes preguntas.

- ¿Existen allí familias en situaciones similares?
- ¿Podrías hacerles esas preguntas para familiarizarte con sus circunstancias?
- ¿Cómo tendrías que adaptar los consejos que has dado anteriormente?

13

Actividad 4

Paso 1

Lee la introducción y contesta las preguntas con un compañero o compañera.

Es muy probable que tanto durante un viaje como a lo largo de tu estancia en el lugar donde resides hayas tenido la oportunidad de entablar contacto con una gran variedad de personas de distintas procedencias culturales. Esas interacciones pueden revelar a veces nuestras diferencias culturales, e incluso pueden darse pequeños conflictos.

- ¿Tienes habitualmente la ocasión de relacionarte con personas de diferente origen cultural al tuyo?
- ¿Te adaptas fácilmente en esas situaciones?
- ¿Has tenido alguna experiencia negativa?

Paso 2

En este apunte una mujer madrileña, Ester, recuerda su relación con una amiga inglesa, reflexionando sobre sus diferencias culturales. Lee el texto una vez y responde:

¿Cuáles eran principalmente sus diferencias culturales?

¿Lo dejamos para mañana?

Hace unos años hice amistad con una chica inglesa que estaba pasando un año sabatico aquí en Madrid. Había terminado sus estudios universitarios en su país, y al parecer allí es relativamente abitual tomarse un tiempo libre para viajar y adquirir esperiencias, antes de iniciar la carrera profesional.

Esta chica se llamaba Liz, había estudiao español en el instituto, y tenía intereses similares a los mios. Salíamos a veces juntas, y íbamos al cine o al teatro, pero pronto advertí que teníamos discrepancias a la hora de planear nuestros encuentros.

Si había una película o una obra de teatro que a Liz le interesaba, me llamaba para organizarlo con muchisima antelación. Me pedía que sacaría la agenda para mirar si estaba libre en una fecha determinada, por ejemplo, al mes siguiente. Recuerdo que a mí me irritaba un poco, porque podían pasar montones de imprebistos antes de ese día, y entonces tendríamos que cambiar las fechas o cancelar las entradas. O a lo mejor luego, en ese momento, nos apetecía ir a otro sitio, o hacer otra cosa, o se nos apuntaba alguien más y ya no podríamos sentarnos juntos. Para mí, era una manera un poco inflesible de realizar una actividad que, al final y al cabo, se supone que es de ocio, ¡no una operación militar!

Un día, estresada ya de tener que estar a vueltas con la agenda, le sujerí a Liz que nos lo pensaríamos, que podíamos dejarlo para más adelante, que no había prisa. Por la cantidad de pegas que Liz me puso, y por el tono de su voz, me di cuenta de que eso le causaba inquietud. Me pregunté si tal vez pensaba que yo ya no quería salir con ella, y que le estaba dando largas. La situación me hizo pensar que Liz se había criado en una cultura diferente a la mía, la inglesa, donde probablemente están acostunbrados a organizar cuidaosamente cada minuto de su tiempo, en lugar de dejarlo correr y aplazar las tareas para "mañana".

Durante el resto del tiempo que Liz paso en Madrid, creo que poco a poco se acostumbró a nuestra forma de vida, aun que a veces aún se impacientaba cuando me retrasaba o me mostraba indecisa. Y yo, aprendi a no tomármelo mal.

Paso 3

Ester ha escrito su apunte demasiado deprisa. Ha cometido algunos errores de ortografía, y se ha dejado acentos. Hay tres errores en cada párrafo. Corrígelos.

Paso 4

Además, hay dos errores de gramática en el texto de Ester, en el tercer párrafo y en el cuarto. Son frases en las que no se usa el tiempo verbal correcto. Corrígelas.

Paso 5

Corrige la gramática en las partes subrayadas de las siguientes frases.

1   <u>Han habido</u> muchas noticias al respecto en los periódicos últimamente.

2   <u>La</u> dije a mi amiga que tuviese mucho cuidado.

3   Si me <u>tocaría</u> la lotería, me compraría un coche nuevo.

4   Sube del buzón todas las cartas que <u>haiga</u>.

5   ¿A qué hora <u>llegastes</u> a casa?

6   <u>Pienso de que</u> eso va a ser la mejor opción.

7   <u>Conducí</u> el coche sin ningún problema durante mi examen.

8   ¡<u>Venir</u> aquí inmediatamente!

Paso 6

Relee el apunte de Ester y contesta las siguientes preguntas.

1   ¿Qué problema tenían Ester y su amiga Liz?

2   ¿Cómo se sentía Ester?

3   ¿Qué decidió hacer?

4   ¿Cómo reaccionó Liz?

5   ¿Por qué tenían actitudes diferentes?

CONSEJO

Revisar y corregir un texto
Después de escribir un texto, no olvides releerlo despacio y corregir los errores de lengua:

- Errores de ortografía: ¿se escribe esta palabra con hache?; ¿lleva be o uve?; ¿lleva ge o jota?
- Acentos: ¿los he incluido todos?; ¿he recordado poner el acento en las mayúsculas?; ¿he puesto bien el acento en todos los verbos?
- Errores gramaticales: ¿he evitado los errores gramaticales que se hacen en la lengua hablada o en la zona donde vivo?; ¿he usado las formas correctas de los verbos irregulares?; ¿tiene sentido la frase que he escrito? Es una buena idea consultar un diccionario en línea si tenemos una duda gramatical, y observar ejemplos. El Diccionario de la Real Academia Española en línea es una excelente opción.

Paso 7

Un alumno de 16 años, Antonio, ha escrito sobre una diferencia cultural entre España e Inglaterra. Lee su escrito una vez y responde a las preguntas.

1   ¿De qué diferencia cultural escribe?

2   ¿Cómo se siente Antonio sobre esta diferencia cultural? ¿Por qué?

Un verano en Inglaterra

En mi país, es habitual comenzar el día con un desayuno suave: un vaso de leche o un café con galletas, tostada o cereales. La comida principal es entre las dos y las tres de la tarde, aunque puede retrasarse más los fines de semana. Consiste en un primer plato, un segundo plato, y postre. Se cena muy tarde, a eso de las nueve o las diez de la noche, y generalmente se toma algo un poco más ligero: un poco de pescado o una tortilla francesa, por ejemplo.

El verano pasado estuve un mes en Inglaterra practicando mi inglés. Me alojaba con una familia, y me sorprendieron mucho los horarios de las comidas, en particular, la cena, que era a las seis de la tarde y constituía la comida principal del día. A la hora del almuerzo no se comían varios platos, sino solo un pequeño bocadillo o una ensalada, entre clase y clase. ¡Así que yo siempre me quedaba con hambre y estaba deseando que llegara la hora de la cena!

Paso 8

Piensa en una diferencia cultural que haya entre el lugar donde has nacido o resides, y otra región u otro país. Explica esa diferencia en un texto de 150 palabras. Sigue esta estructura:

- **Párrafo 1:** Describe la situación general en tu país.
- **Párrafo 2:** Describe la situación general en el otro lugar, aludiendo brevemente a la manera en que has adquirido conocimiento de ella: por una persona que has conocido, por un viaje, por una película que has visto o algo que has leído. Añade un poco de información sobre los sentimientos que te produce esa diferencia cultural.

Lista de verificación

!Fin del Capítulo 1! ¿Qué destrezas has desarrollado? Lee y marca la casilla:
√ (bastante bien), √√ (bien), √√√ (muy bien).

- Puedo leer un texto y captar el sentido general.
- Puedo entender palabras específicas de un texto haciendo referencia en el contexto.
- Puedo escribir un texto utilizando correctamente la ortografía y los acentos.
- Puedo escribir un texto con la gramática correcta.

16

Capítulo 2:
Mundos de ficción

Temas

- La afición a la lectura y al arte y lo que aporta en la vida de los jóvenes
- La situación de la literatura juvenil en español
- El fenómeno de *fanart* y *fanfiction*

Objetivos

- Predecir el contenido de un texto
- Identificar la información más importante de un texto
- Escribir con tus propias palabras
- Escribir el resumen de un texto
- Preparar una presentación oral

Introducción

Toma nota de:

- El título del último libro que has leído en traducción al español: un libro escrito originalmente en inglés o francés, por ejemplo.
- El título del último libro escrito originalmente en castellano que has leído: por ejemplo, un libro escrito por un autor mexicano o español.
- El título de la última película que has visto.
- El nombre de tu escritor favorito, si lo tienes.

Comparte tus respuestas con un grupo de compañeros.

Actividad 1

Paso 1

Como parte de tus clases de español, vuestro profesor ha organizado un grupo de lectura en el colegio. En parejas, conversad inicialmente sobre vuestros hábitos y preferencias de lectura. Utilizad estas preguntas:

a   ¿Te gusta la lectura? ¿Por qué?

b   ¿Lees con regularidad? ¿En papel o libro electrónico?

c   ¿Qué tipo de lecturas prefieres?

Paso 2

Antes de leer el artículo "Los jóvenes leen, pero no se lo digas a nadie", reflexionad y comentad en parejas:

- ¿Crees que la literatura juvenil es popular hoy en día en tu país?

- ¿Piensas que es valorada suficientemente por los adultos? ¿Por qué?

- ¿Reciben los escritores de literatura juvenil la misma atención en los medios de comunicación que los autores como Antonio Muñoz Molina, Almudena Grandes o Mario Vargas Llosa?

CONSEJO

Cómo predecir el contenido de un texto

- Lee el título para determinar el tema general del texto. Por ejemplo, el título "Jóvenes talentos de la literatura mexicana" posiblemente se refiera a escritores jóvenes mexicanos y sus obras.

- Lee también los epígrafes del texto, es decir, los títulos que presentan distintas secciones de un texto. El epígrafe puede dar una buena idea aproximada sobre el tema de esa sección. Por ejemplo, el epígrafe "Historias de jóvenes inmigrantes" señala que esa parte posiblemente trate de las novelas sobre las experiencias de jóvenes mexicanos que han emigrado a EE.UU. Además, los epígrafes pueden ayudarte a hacer un resumen, o a recordar el contenido rápidamente cuando lo releas o revises.

- Antes de leer, párate a pensar un poco en los conocimientos e impresiones que tú ya puedas tener sobre el tema general del texto. Observa además otros detalles, como el nombre del autor, el título de la publicación donde aparece el texto, la fecha, las imágenes, etc.

Paso 3

En la primera sesión de un grupo de lectura se va a debatir la popularidad de la literatura juvenil en la sociedad. Lee los epígrafes de este artículo sobre el tema. ¿Qué información crees que va a cubrir el escritor en cada sección? Ahora lee el artículo una vez y comprueba.

Los jóvenes leen, pero no se lo digas a nadie

El grupo de chicos es diverso, como pasa cuando tienes doce años: algunos son altos, otros no tanto. Algunos parecen ya adolescentes, otros son niños. Pero todos sonríen y empuñan el móvil, y dan saltitos, nerviosos. Una chica lleva escrito en el dorso de la mano: "Blue Jeans mola". Y todas, cuando se les avisa, hacen cola ordenadamente para conocer a su ídolo. Y se trata de un escritor. ¿Cómo? ¿Decenas y decenas de preadolescentes haciendo cola para que les firmen un libro? ¿Esto de qué va?

La literatura para edades comprendidas entre los 12 y 17 años lleva tiempo siendo un fenómeno de masas. Sagas como *Crepúsculo* o *Los juegos del hambre* han vendido millones de ejemplares en todo el mundo y han sido documentadas en los últimos años por parte de medios de comunicación a lo largo y ancho del globo. Proliferan las películas y el *merchandising*, y los autores de los éxitos de ventas se han convertido en estrellas globales.

Blue Jeans, el superventas

Pero ¿qué pasa en España? Autores como Blue Jeans arrasan en el mercado adolescente y venden centenares de miles de ejemplares. Y, aun así, el común de los mortales puede recordar quién es la autora de Harry Potter o deletrear el nombre de Suzanne Collins pero no conocer al autor de una trilogía que ha vendido 250.000 libros.

¿Por qué? Según el propio Francisco de Paula – nombre real de Blue Jeans –, el éxito mediático es mucho más común "con muchos libros que vienen de fuera pero menor con libros en español. La prensa, en general, no se interesa por la novela juvenil".

El éxito de los blogs sobre libros

Como los medios no dedican espacio a la literatura juvenil, los jóvenes buscan el contenido en los blogs. Es el caso de Merche Murillo y Estefanía Esteban, que gestionan el exitoso blog *Perdidas entre páginas*. "Echamos de menos los medios profesionales que se interesen por la literatura en general y la juvenil en particular. Nos molesta que no busquen esa especialización", explica Murillo. Por su propia experiencia, que surge de no encontrar en la prensa generalista más contenido sobre los libros, generaron un blog que cubre esas necesidades. "Al final, si eres lector, y no exclusivamente lector de modas, acabas topándote con los blogs y abriéndose, como se abrió para nosotras en su momento, todo un mundo nuevo", concluye.

Un género devaluado

Algunos medios periodísticos justifican la escasa atención que le prestan a la literatura juvenil aludiendo a una supuesta falta de calidad literaria. Sin embargo, se ha debatido en diversos medios la relevancia de la literatura juvenil en el fomento de la lectura. Hay quien opina que cualquier libro que se lea es mejor que ninguno, mientras que otros argumentan que las fórmulas repetitivas y con personajes estereotípicos no hacen que un libro sea literatura.

Sin duda, si continúa escribiéndose en español una literatura juvenil relevante, atractiva y de calidad, y es apoyada con fuerza por las editoriales, los medios de comunicación y los blogs de aficionados, cada vez más jóvenes leerán abiertamente y por placer.

www.eldiario.es

Paso 4

Lee el artículo y elige otro posible epígrafe para cada sección. Piensa en la alternativa que resume mejor el tema principal de esas secciones:

Sección 1: Blue Jeans, el superventas

a Blue Jeans, un escritor con seudónimo

b Blue Jeans, un superventas en español

c Blue Jeans, el nuevo ídolo de las quinceañeras

Sección 2: El éxito de los blogs sobre libros

a La popularidad de los blogs de lectores

b La popularidad de los blogs de las editoriales

c La popularidad de los blogs de los escritores

Sección 3: Un género devaluado

a Un género para minorías

b Un género sin futuro

c Un género infravalorado

Paso 5

Lee otra vez el artículo y contesta las siguientes preguntas.

a ¿Por qué crees que el título incluye la coletilla "pero no se lo digas a nadie"?

b La persona que ha escrito este artículo, ¿es un adulto o un joven lector? ¿En qué partes del texto te basas para determinarlo?

c Relee desde "Pero, ¿qué pasa en España" hasta "(…) pero menor con libros en español". ¿Es la literatura juvenil escrita en español tan apreciada como la que llega del mercado anglosajón?

d Relee desde "Como los medios no dedican (…)" hasta "(…) un blog que cubre esas necesidades". ¿Hay diferencias entre las actitudes de los lectores y las de los medios de comunicación?

e Relee desde "Sin duda, si continúa (…)" hasta "(…) leerán abiertamente y por placer". ¿Se advierte en este artículo un cierto optimismo hacia el futuro de la literatura juvenil escrita en español?

Paso 6

Fíjate en esta oración:

"Todos los chicos y chicas sonríen y <u>empuñan el móvil</u>, dando saltitos".

- ¿Qué palabra esperabas leer después del verbo "empuñan"?

- ¿Qué connotaciones tiene el verbo "empuñar"?

- ¿Qué efecto produce su contraposición con una palabra tan propia del siglo veintiuno como "móvil"?

- ¿Cómo imaginas la escena? ¿Qué van a hacer los chicos con sus móviles cuando vean a Blue Jeans?

CONSEJO

Escritores

Algunos escritores se dedican no solo a la literatura para adultos sino también a la infantil o juvenil. Por ejemplo, Elvira Lindo es bien conocida tanto por las historias de Manolito Gafotas como por su narrativa adulta y artículos periodísticos.

CONSEJO

Connotación

Es el significado, efecto o interpretación secundaria que una palabra puede tener por asociación. Por ejemplo, si una persona tiene que "enfatizar" algo, percibimos que hay una cierta dificultad en que las personas que la escuchan comprendan claramente lo que dice, o una resistencia a aceptarlo.

21

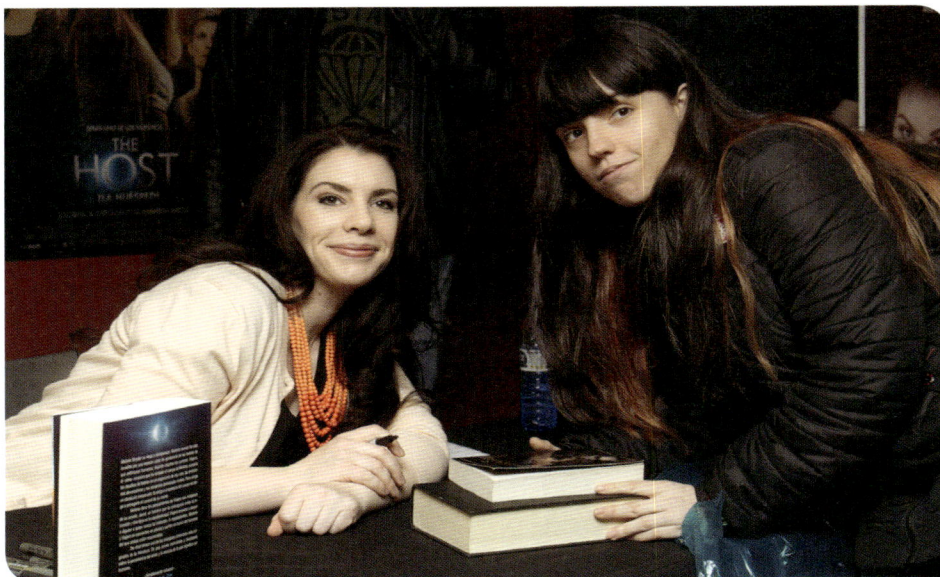

La autora Stephenie Meyer

Paso 7

Empuñar **es un verbo activo que sugiere la determinación de una persona para llevar a cabo una actividad o un proyecto. Piensa en otros tres objetos con los que puedas combinar con efecto el verbo "empuñar", y escribe oraciones.**

Paso 8

Fíjate en esta oración:

"Proliferan las películas y el *merchandising*".

- Busca en el diccionario el significado del verbo "proliferar".
- ¿Qué connotación tiene el verbo "proliferar"? ¿En qué se diferencia de otro verbo similar como "abundar"?
- ¿Tienes la impresión de que, para el autor del texto, los libros tienen más valor que los productos que derivan de ellos, como las películas y el *merchandising*? ¿Qué pistas nos da el uso del verbo "proliferar"?
- Piensa en otras situaciones en las que puedas utilizar el verbo "proliferar", y escribe oraciones.

CONSEJO

Laura Gallego es una de las autoras españolas de literatura juvenil más populares en España. Nacida en Valencia en 1977, estudió Filología Hispánica y comenzó a publicar sus novelas en 1999 cuando ganó el premio El Barco de Vapor con *Finis Mundi*. Su trilogía *Memorias de Idhún* es la obra que más apasiona a sus lectores, hasta el punto de que dio lugar al fenómeno social de los *idhunitas*, que celebran regularmente encuentros y actividades. En 2011 recibió el Premio Cervantes Chico por la totalidad de su obra hasta el momento.

Actividad 2

Lee la tarea y sigue paso a paso el proceso de escribir un resumen.

Escribe un resumen (150 palabras) sobre lo que nos comunica el artículo "Los jóvenes leen, pero no se lo digas a nadie" acerca de la literatura juvenil. Utiliza tus propias palabras basándote en los datos y en las opiniones que presenta el autor.

Paso 1

Relee el artículo "Los jóvenes leen, pero no se lo digas a nadie" y subraya las ideas claves para tu resumen. Aquí tienes un ejemplo:

El grupo de chicos es diverso, como pasa cuando tienes doce años: algunos son altos, otros no tanto. Algunos parecen ya adolescentes, otros son niños. Pero todos sonríen y empuñan el móvil, y dan saltitos, nerviosos. Una chica lleva escrito en el dorso de la mano: "Blue Jeans mola". Y todas, cuando se les avisa, <u>hacen cola ordenadamente para conocer a su ídolo</u>. Y se trata de <u>un escritor</u>. ¿Cómo? ¿Decenas y decenas de preadolescentes haciendo cola para que les firmen un libro? ¿Esto de qué va?

Paso 2

Anota las ideas principales que vas a cubrir en tu resumen. Haz una lista de las ideas principales del texto que tú incluirías en su resumen, y comprueba leyendo el Paso 3.

Paso 3

Estas frases contienen las ideas principales de este texto. Reescríbelas con tus propias palabras como en el ejemplo.

"Hoy en día, la literatura juvenil se encuentra en muy buen momento, pero las obras anglosajonas parecen atraer un mayor número de ventas."

En la actualidad, la literatura juvenil se halla en una época de auge, pero las obras de autores ingleses o norteamericanos tienden a disfrutar de un mayor porcentaje de ventas.

1   "No obstante, hay novelistas de procedencia hispana que también cuentan con una fama y volumen de ventas, como Blue Jeans, con más de un cuarto de millón de libros vendidos."

2   "Las editoriales y los medios de comunicación ponen énfasis sobre todo en la promoción de la literatura juvenil anglosajona."

3   "Los jóvenes tienen una actitud más entusiasta hacia autores como Blue Jeans, y los recomiendan en sus blogs."

4   "Mientras la literatura juvenil hispana mantenga el apoyo de los lectores, y se haga con el de editoriales y medios de comunicación, no hay motivos para mostrarse pesimista ante el futuro."

CONSEJO

Cómo identificar la información más importante de un texto

- Relee el texto subrayando solo la idea clave de cada párrafo. Los epígrafes pueden darte pistas. Algunos párrafos tal vez simplemente añadan información extra sobre una idea anterior. Debes plantearte si esta información extra es clave o no, por ejemplo, a la hora de incluirla en un resumen.
- La información clave generalmente se anuncia en la introducción del texto, y se reitera en la conclusión.
- El autor suele enfatizar la información clave con la ayuda de verbos de dicción o pensamiento (*explicar*, *pensar*), o con adverbios y expresiones como "indudablemente" o "en particular".

📝

CONSEJO

Cómo escribir con tus propias palabras

A la hora de resumir un texto, es importante no copiar simplemente las frases más importantes. Se trata de seleccionar las ideas más importantes, subrayándolas, y luego expresarlas con tus propias palabras:

- Cambia el vocabulario, buscando sinónimos y expresiones alternativas. Por ejemplo, se puede cambiar la frase "Se está reavivando el interés por este asunto" por "se está recuperando el interés por este asunto".
- Altera la estructura. Por ejemplo, si el texto dice "Se está reavivando el interés por este asunto", puedes usar ahora un sustantivo equivalente a "reavivamiento", en lugar de un verbo: Hoy en día existe una recuperación de este tema, que está causando un gran interés.
- Poco a poco irás desarrollando tu propio estilo personal y adquiriendo tu propia voz como escritor.

Paso 4

Lee el resumen que ha escrito un alumno. Subraya las frases principales que ha usado del artículo. ¿Cómo las ha adaptado?

La literatura juvenil se encuentra en auge, a juzgar por los expositores de las librerías. No obstante, si uno se fija con atención, la mayoría de las obras son traducciones de novelas escritas originariamente en inglés.

Y sin embargo, existen autores que escriben en español y gozan de una gran popularidad, como Blue Jeans, que pasa ya del cuarto de millón de volúmenes vendidos. Si son menos conocidos, tal vez sea porque los medios de comunicación y las editoriales se centran en la promoción de la literatura juvenil anglosajona, reacios a correr riesgos apostando por los autores hispanos. Afortunadamente, la actitud de los jóvenes es mucho más positiva, e incluso comparten su pasión con otros lectores a través de los blogs que ellos mismos escriben.

Si la buena literatura juvenil hispana conserva su apoyo, y se gana el de editoriales y medios de comunicación, hay muchas razones para mostrarse optimista ante el futuro.

Paso 5

El alumno hizo un esquema antes de escribir el texto del Paso 4. Estudia su esquema y ordena las 3 ideas centrales según aparecen en el texto.

Introducción: Planteamiento del tema: la literatura juvenil anglosajona parece más popular que la hispana.
- Contrasta con el entusiasmo de los lectores de Blue Jeans y los escritores de blogs sobre libros [ ]
- También hay autores hispanos muy populares [ ]
- Pero las editoriales y los medios de comunicación no tienen interés en la literatura juvenil en español [ ]

Conclusión: Con el apoyo de los lectores, los medios y las editoriales, la perspectiva es buena para la literatura juvenil en español.

Paso 6

Escribe un título y epígrafes para el texto del Paso 4.

CONSEJO

Cómo escribir el resumen de un texto

Antes de escribir:
- Relee el texto, subrayando y tomando notas
- Anota las ideas principales que vas a cubrir, y ordénalas en un esquema
- Prepara una breve introducción y una pequeña conclusión.

Después de escribir:
- Revisa la ortografía, la puntuación, las mayúsculas, los acentos y el vocabulario
- Comprueba que has escrito el número de palabras indicado, más o menos.

Recuerda que puedes escribir un título y, si quieres, epígrafes, porque puede ayudar al lector a seguir tus ideas.

CONSEJO

Palabras en *cursiva*

Se escriben en cursiva los títulos de libros o canciones y las palabras en lengua extranjera.

Actividad 3

Paso 1

Lee el título del artículo. Busca la palabra "intertextual" en tu diccionario. ¿De qué crees que va a tratar este texto?

Paso 2

Observa el texto. Puedes ver que hay muchas palabras en cursiva. Pueden agruparse en dos tipos. ¿Cuáles son?

Fanart y *fanfiction*:
un fenómeno intertextual

Fan art y *Fanfiction* son dos palabras inglesas utilizadas para englobar el arte y la literatura que crean los fans de películas, personajes, videojuegos, cómics y obras literarias. Para los aficionados, viene a ser una manera de rendir homenaje a sus obras favoritas y en cierto modo prolongar la experiencia de convivir con esos personajes. Entre algunos de estos fans puede que haya un número considerable de artistas en ciernes que de hecho vienen a estar formándose a través de la imitación de los creadores que admiran.

Los orígenes del fenómeno

El fenómeno intertextual no es algo nuevo, por supuesto. En realidad puede considerarse parte de nuestra literatura desde la publicación del *Quijote de la Mancha* y su apócrifa segunda parte, escrita a modo de *fan fiction*. Y en la cultura popular las novelas románticas reinventan de mil maneras el cuento de hadas de la Cenicienta.

El papel de los fans

La diferencia radica en que hoy en día no son solamente los músicos o autores de renombre quienes tienen los medios para llevar sus productos intertextuales a un amplio público. Ya no es necesario tener detrás un agente, una editorial o una compañía de discos para sacar a la luz obras artísticas. De acuerdo con los expertos, los fans se toman muy en serio su autoría de *fanart* y *fanfiction*, promocionándola y compartiéndola de manera altruista en páginas web como www.fanfiction.net. Los fans ya no solo son consumidores pasivos, sino autores de obras derivadas.

Una variedad de categorías

Dentro del *fan art* se distinguen diferentes categorías. Por ejemplo, en el universo alterno o *what if*, los personajes son los mismos en la obra original y en la derivada, pero los fans modifican la época o el contexto de los personajes. En el *crossover* aparecen personajes pertenecientes a distintos mundos narrativos.

Los problemas de *copyright*

Las leyes de la propiedad intelectual podrían empañar la producción y el disfrute del *fan art*, puesto que prohíben la distribución del arte basado en productos con *copyright*. Sin embargo, la opinión de los propios autores es diversa, y no siempre en contra. Es el caso de J.K. Rowling, la creadora de *Harry Potter*, para quien lo fundamental es que las obras derivadas no tengan fines de lucro y que reconozcan la autoría original. Si las grandes productoras de cine o las editoriales se sienten tentadas de emprender acción legal, es conveniente que consideren también la importancia de no desalentar a los consumidores de sus productos adoptando una actitud rígida en cuanto al *fanart*.

Paso 3

Lee el texto y decide si las siguientes frases son verdaderas o falsas.

1 Los creadores de *fanart* y *fanfiction* basan sus propias obras en las de escritores y cineastas famosos porque quieren comercializarlas con el mayor éxito posible.

2 El fenómeno intertextual es algo nuevo, nacido de la revolución digital.

3 Los fans producen una gran variedad de obras artísticas, desde textos literarios hasta cómics, cortometrajes, y productos digitales.

4 A los aficionados del *fanart* y *fanfiction* no les gusta que se mezcle a los personajes de diferentes mundos narrativos.

5 Los autores muestran opiniones diversas sobre la posibilidad de que el *fanart* y el *fanfiction* vaya contra las leyes de la propiedad intelectual.

CONSEJO

Comprensiones de lectura
Para decidir si las frases son verdaderas o no, busca el párrafo donde se habla de ese tema. Subraya las palabras que te dan la información. A veces las frases del ejercicio expresan las ideas del texto de una manera diferente, con sinónimos u otras expresiones equivalentes.

Paso 4

Reescribe las siguientes oraciones del artículo usando tus propias palabras.

1 El *fanart* es una forma de homenajear nuestras obras de preferencia.

2 El fenómeno intertextual está fuertemente presente en nuestra literatura.

3 Los fans han pasado de ser consumidores a convertirse en productores de textos mediáticos.

4 Las leyes de la protección de la propiedad intelectual podrían empañar la producción y el disfrute del *fanart*.

5 Muchos escritores no se oponen al *fanart* mientras no tenga ánimo de lucro.

Paso 5

Completa las siguientes frases con la palabra adecuada. Utiliza el diccionario si lo necesitas.

Lucrativo   Divulgar   Involucrar   Intertextual   Ejercer acción legal

1 La canción de Joaquín Sabina "Donde habita el olvido" es _____ porque alude a un verso del poeta Luis Cernuda.

2 La comunidad de vecinos ha decidido _____ contra los propietarios que no pagan los gastos desde hace más de 6 meses.

3 María y Rafa van a casarse, y sus madres _____ la noticia por todo el barrio.

4 Prefiero que no me _____ en ese proyecto, porque en estos momentos no tengo nada de tiempo.

5 Almudena emprendió su propio negocio hace tan solo unos meses, y ya está siendo bastante _____.

Paso 6

Lee las instrucciones y escribe el resumen siguiendo los pasos en la Actividad 2.

Escribe un resumen (150 palabras) sobre lo que nos comunica el artículo "*Fanart* y *fanfiction*: un fenómeno intertextual" acerca del arte creado por los fans. Utiliza tus propias palabras basándote en los datos y en las opiniones que presenta el autor.

Actividad 4

Paso 1

Vas a dar una presentación de dos minutos sobre una novela que hayas leído o una película que hayas visto. Primero, toma notas sobre la novela o película utilizando estas preguntas:

- ¿Por qué elegiste esa novela/película? ¿Te interesa el autor o el género?
- ¿Cuál es la trama principal? (¡Cuidado con los *spoilers*!)
- ¿Cuál es tu personaje/escena favorito/a? ¿Por qué?
- ¿Recomendarías la novela/película? ¿Por qué o por qué no?

Paso 2

A continuación, lee una presentación que ha dado un alumno sobre la trilogía *Memorias de Idhún*. ¿Qué opinas sobre la presentación? Reflexiona con la ayuda de estas preguntas:

- ¿Cómo empieza el alumno y cómo acaba su presentación?
- ¿Tiene un tono formal o coloquial?
- ¿Da la información de forma precisa o imprecisa?
- ¿Presenta los temas siguiendo un orden claro?
- ¿Demuestra seguridad a la hora de hablar sobre los libros?

"Pues la trilogía de Idhún es un libro que me ha gustado mucho, bueno, no es un libro, son tres, pero ahora vamos a hablar del primero, que me parece que se llama *La Resistencia*.

La verdad es que la historia al principio es un poco liosa, porque empieza en una granja con un asesinato y no se sabe bien quiénes son los asesinos ni por qué han hecho lo que han hecho. Luego resulta que a Jack lo rescatan unos magos que le dicen que son de Idhún. Ah, Idhún es un mundo paralelo al nuestro, pero ¡con tres soles y tres lunas! Por cierto, que con ellas un mago malvado que creo que se llama Ashran o algo así hizo una … una conjunción astral, eso, para acabar con los dragones y los unicornios. Bueno, volviendo a Jack, los magos le protegen y le explican que Kirtash ha venido desde Idhún como una especie de asesino a sueldo para acabar con los magos que se habían venido aquí a la Tierra después de lo de la… la conjunción astral ésa.

Contado así a lo mejor no parece muy divertido, pero tiene tres personajes muy interesantes: Kirtash, Jack y una chica que sale luego que se llama Victoria. Jack y Victoria son muy importantes para que en Idhún todo siga bien y no caiga bajo el poder de la magia negra, o algo así, no me acuerdo bien porque a mí los argumentos se me olvidan enseguida. Me acuerdo eso sí de que Jack y Victoria son

muy valientes, a pesar de que ellos parece que solo son humanos y no tienen todos esos poderes que tienen los demás. Eso me gustó bastante.

Bueno, pues eso, que os recomiendo leer el libro, no se hace nada pesado y enseguida te vas haciendo con los personajes. Ya está."

Paso 3
Ahora lee la presentación que ha hecho otro alumno. Compárala con la presentación anterior haciendo referencia a las preguntas en el Paso 2.

"**Hoy voy a hablaros de** una de mis novelas favoritas, la primera parte de la Trilogía de Idhún de la escritora valenciana Laura Gallego, y que se titula *La Resistencia*.

Para empezar, me gustaría introduciros un poco al fantástico mundo de Idhún, porque la acción tiene lugar allí, y en la Tierra. Se trata de un universo paralelo al nuestro, pero donde hay tres soles y dos lunas. Sin embargo, un mago malvado llamado Ashran hizo una conjunción astral para acabar con todos los dragones y los unicornios, por lo que la magia blanca de Idhún, por así decirlo, está en peligro. Este es el núcleo de la historia de la Trilogía de Idhún.

¿Pero qué es lo que pasa en *La Resistencia*? ¿Cómo empieza la historia? Todo arranca la noche en que Jack, un muchacho normal de la Tierra, regresa a la granja donde vive y se encuentra con que su familia ha sido asesinada. Lo rescatan dos magos idhunitas que viven refugiados en nuestro mundo desde la conjunción astral que os he comentado antes. Le explican que el asesino de su familia es Kirtash, un personaje que va a ser fundamental en la trilogía, y no solo porque parezca ser un antihéroe. Kirtash tiene el encargo de acabar con los magos idhunitas que se encuentran aquí en esa especie de exilio. Sin embargo, Kirtash tiene otra misión oscura, y se encuentra a la búsqueda de dos adolescentes en apariencia humanos (Jack, y una muchacha llamada Victoria) pero que tienen la clave para asegurar el futuro de la magia en Idhún.

Como no me gustaría estropearos el final de la novela, **a continuación voy a** compartir con vosotros los aspectos que más me gustan de estos tres personajes centrales, lo que Laura Gallego va a llamar la Tríada: Jack, Kirtash y Victoria. Al principio Jack y Victoria son chicos muy jovencitos, pero demuestran ya una gran fortaleza y capacidad de supervivencia. Por otro lado Kirtash es un tanto ambivalente, no está claro del todo que sea un ser malvado, y es capaz de sentir ternura y compasión. Gracias a lo interesantes que resultan los tres, uno no puede dejar de seguir leyendo.

En conclusión, espero haberos transmitido la pasión que siento por esta saga de Laura Gallego, y de veras os la recomiendo. **Muchas gracias por vuestra atención, y estaré encantada de responder a cualquier pregunta que tengáis**."

Paso 4
Prepara tu propia presentación haciendo un esquema y tomando notas. Practica antes de presentarla a tus compañeros. Usa algunas de las frases del recuadro a continuación para ayudar a tu audiencia seguir tu presentación.

Frases para tu presentación	
Para introducir el tema:	Hoy voy a hablar de…
	En esta presentación me gustaría contaros mis impresiones sobre…
	En los próximos dos minutos voy a centrarme en…
	Esta mañana voy a daros una presentación sobre…
Para hablar sobre la trama	La historia está ambientada en…
	La obra se trata de…
	El argumento se centra en…
	La trama gira en torno a…
Para hablar sobre los personajes	En la obra existe una rica variedad de personajes, por ejemplo…
	En mi opinión, el personaje más interesante es…
	Me encantaría explicaros quién es mi personaje favorito, y por qué…
	Un aspecto muy llamativo es la originalidad de los personajes…
Hacer recomendaciones y concluir	En resumen, es una novela perfecta para las personas que… Me gustaría agradeceros la atención que me habéis prestado hoy.
	Me parece una obra muy recomendable, por las razones que os he dado. Muchas gracias por vuestra atención.
	Para concluir, os animo a leer este libro. ¿Tenéis alguna pregunta?

CONSEJO

Cómo preparar una presentación oral

- Toma notas sobre el tema, en lugar de escribir un texto completo. Una presentación no es una lectura en voz alta.
- Anota también unas expresiones que te sirvan para guiar a tu público: "en primer lugar", "a continuación", "finalmente"…
- Anuncia cada tema a tu público: "en primer lugar quisiera explicaros el argumento de este libro".
- Practica varias veces la presentación de la forma en que te sientas más cómodo: solo, con un compañero de clase, delante del espejo o de tu gato…

Lista de verificación

!Fin del Capítulo 2! ¿Qué destrezas has desarrollado? Lee y marca la casilla:
√ (bastante bien), √√ (bien), √√√ (muy bien).

- Puedo predecir el contenido de un texto.
- Puedo identificar la información más importante de un texto.
- Puedo escribir con mis propias palabras.
- Puedo escribir el resumen de un texto.
- Puedo preparar una presentación oral sobre una novela/película.

Capítulo 3:
Mi vida en línea

Temas

- Los jóvenes y el uso de internet
- La adicción a internet
- Las ventajas y desventajas de internet en la vida cotidiana

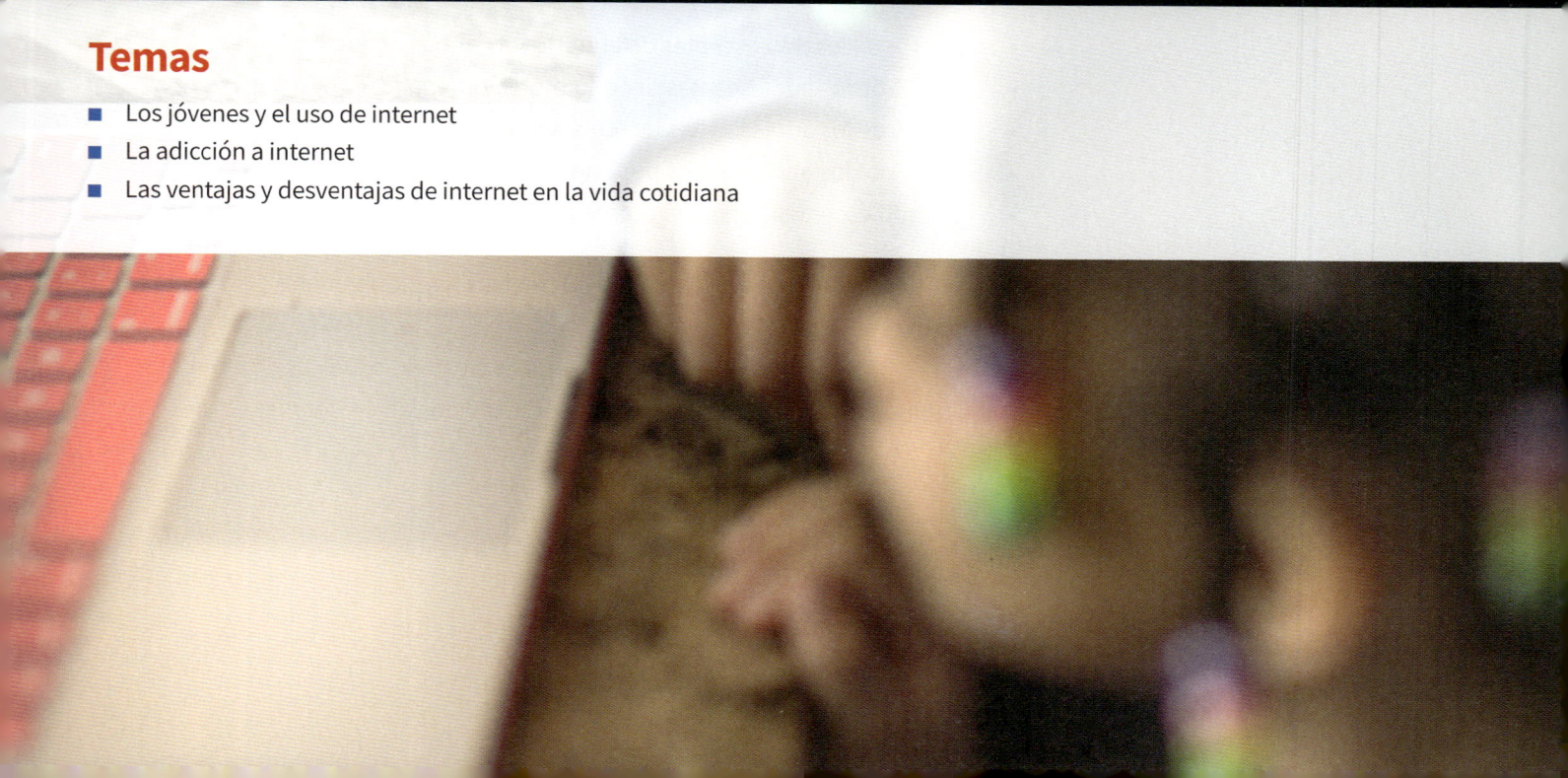

Objetivos

- Encontrar información específica en un texto
- Llegar a una opinión sobre el contenido de un texto informativo
- Llegar a una opinión sobre el contenido de un texto de ficción
- Utilizar un vocabulario rico, preciso y expresivo
- Escribir una carta informal usando la estructura y el registro correctos
- Escribir una carta formal usando la estructura y el registro correctos

Introducción

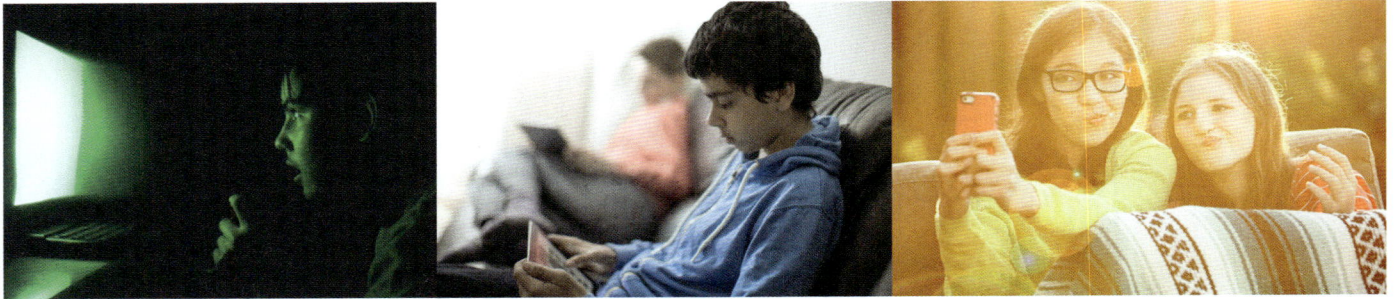

Las nuevas tecnologías han trasformado nuestra vida en las últimas décadas, y la adquisición y constante actualización de destrezas digitales constituye una necesidad en la formación educativa y profesional de todos nosotros. No obstante, se han hecho también parte de nuestras actividades lúdicas y nos han descubierto nuevas formas de relacionarnos con los demás.

Lee estas estadísticas sobre el uso de internet entre los jóvenes estadounidenses, y habla con tus compañeros acerca de vuestras propias experiencias en línea usando las ideas 1–4.

- El 93 % de los adolescentes de entre 12 y 17 años se conecta a internet
- El 69% de los adolescentes tiene su propio ordenador
- El 27% de los adolescentes usa su teléfono para conectarse a internet
- El 73% de los adolescentes pertenece a una red social
- Los adolescentes tienen un promedio de 201 amigos en Facebook

1 El número de horas que pasas en internet los fines de semana
2 Tu red social favorita
3 Un ejemplo de tus actividades educativas, creativas o lúdicas en internet
4 Las medidas que utilizas para proteger tu privacidad en internet

Actividad 1

"El 96% de los jóvenes usa internet, la mayoría a diario, y el 83% utiliza redes sociales"

El 96 por ciento de los jóvenes usa internet, la mayoría a diario y principalmente para entretenerse y formarse, si bien para informarse opta por la televisión, seguida "muy de cerca" por internet. Además, el 83 por ciento utiliza las redes sociales, **línea 5** lo que le convierte en el segundo medio más usado por detrás del teléfono, según los datos del nuevo informe de la serie *Retratos de juventud* referente al uso de la juventud ante los medios de comunicación.

línea 10 El estudio ha sido presentado este lunes por el director de Gabinete de Prospección Sociológica del Gobierno Vasco, Víctor Urrutia, y el director de Juventud, Natxo Rodríguez, en el Observatorio Vasco de la Juventud en Bilbao y recoge las **línea 15** opiniones de 1.272 jóvenes de 15 a 29 años y otras 1.696 personas mayores de esa edad.

Entre sus principales conclusiones, Urrutia ha destacado "la brecha" existente entre los jóvenes y los adultos en el uso de internet, además de las **línea 20** diferencias detectadas dentro del grupo de jóvenes entre los adolescentes y los mayores de 18 años. De este modo, ha explicado que, a medida que avanza su edad, los jóvenes van "integrando" otros medios tradicionales.

línea 25 El informe permite concluir que el uso de internet establece "una frontera clara" entre la generación de jóvenes y la de adultos, de manera que los jóvenes "se apoyan de manera mayoritaria" en internet para desarrollar las funciones tradicionales **línea 30** de los medios de comunicación, en relación a los mayores de 29 años.

En función de los datos del estudio, el 53 por ciento de los jóvenes prefiere internet para entretenerse, frente al 16 por ciento de los adultos. Las diferencias **línea 35** son mayores en el caso de la formación, para la que red es elegida por el 70 por ciento de los jóvenes y el 35 por ciento de los adultos. Además, el 41 por ciento de los jóvenes elige internet para informarse, frente al 16 por ciento de los mayores.

El 66 por ciento de la población de entre 15 y 29 años **línea 40** optaría por internet si solo pudiera tener acceso a un medio de comunicación, mientras que los mayores de 29 años se decantarían en un 47 por ciento por la televisión.

El 81 por ciento de los jóvenes que se conectan a **línea 45** internet lo hace todos o casi todos los días, un hábito que solo comparte el 68 por ciento de los mayores.

El estudio evidencia, además, una menor preocupación por los temas de actualidad entre los jóvenes. Tanto este colectivo como el de adultos **línea 50** prefiere la televisión para informarse, aunque en el caso de los jóvenes le sigue muy de cerca internet (con porcentajes del 43% y del 41%, respectivamente). Sin embargo, la prensa escrita es usada solo por el 10 por ciento y la radio por el **línea 55** 3 por ciento.

Además del mayor uso, los jóvenes tienen una actitud "más abierta y positiva" hacia la red, que utilizan sobre todo para entretenerse y comunicarse, mientras que los más mayores la usan para **línea 60** informarse y entretenerse.

Por otro lado, el uso de las redes sociales por parte de los jóvenes es generalizado con un 83 por ciento de usuarios, frente al 21 por ciento de usuarios adultos. Entre los primeros, el 78 por ciento usa **línea 65** Facebook y el 73 por ciento Tuenti, mientras que en el segundo grupo el 90 por ciento de los usuarios de redes sociales opta por Facebook y solo el 19 por ciento por Tuenti.

A pesar de ello, el medio más usado para **línea 70** comunicarse sigue siendo el teléfono también en el caso de los jóvenes, aunque la encuesta no precisa de qué forma se utiliza.

Europa Press

33

📖

CONSEJO

Cómo encontrar información específica en un texto

- A veces tenemos que encontrar en un texto una información específica: un dato, un nombre propio, una explicación concreta, o algo que nos interese especialmente. En esos casos, no siempre es necesario leer el texto completo. Podemos escanearlo rápidamente en busca de lo que necesitamos.
- Busca con la mirada detalles que te ayuden a localizar la información. Por ejemplo, si necesitas un dato, mira las secciones donde hay cifras, porcentajes o fechas. Si necesitas un nombre propio, mira las palabras escritas con mayúscula. Las palabras claves, las fotos, los títulos y los epígrafes también te pueden ayudar.

Paso 1

En clase vais a reflexionar sobre el impacto de las nuevas tecnologías en la vida cotidiana actual. Contesta las siguientes preguntas sin leer por completo el texto.

1 Lee desde "El estudio…" (línea 10) hasta "mayores de esa edad" (línea 16). ¿A cuántos jóvenes de entre 15 y 29 años se ha entrevistado para realizar el estudio?

2 Lee desde "las diferencias son" (línea 34) hasta "mayores" (línea 39). ¿Qué porcentaje de jóvenes utilizan internet para su desarrollo educativo y profesional?

3 Lee desde "el 96 por ciento" (línea 1) hasta "muy de cerca por internet" (línea 4). ¿Qué medio prefieren los jóvenes para mantenerse informados de la actualidad?

4 Lee desde "el estudio evidencia" (línea 48) hasta "por ciento" (línea 56). Da los datos que indican que los jóvenes no valoran la prensa escrita ni la radio como medios para estar al tanto de la actualidad.

5 Lee desde "por otro lado, el uso" (línea 62) hasta "el 19 por ciento Tuenti" (línea 69). Da los datos que señalan que los jóvenes no muestran una clara preferencia por Facebook o Tuenti.

CONSEJO

Cómo llegar a una opinión sobre el contenido de un texto informativo

- Es importante conservar una actitud crítica e independiente cuando leemos un texto. No todo lo que leemos en un medio impreso o en internet es necesariamente cierto o fiable. El autor de un texto desea causar un efecto concreto en el lector: por ejemplo, quiere persuadirnos de que compremos un producto, o de que su versión de los hechos es la correcta.
- Resulta muy útil prestar atención al lenguaje que el autor utiliza para presentar la información. Por ejemplo, los verbos de dicción pueden tener diferentes connotaciones. Si se nos dice que una persona "alega" un motivo para haber actuado de una manera, inmediatamente tenemos dudas sobre ella. Fíjate bien en otros aspectos como los adjetivos, los sustantivos, los adverbios y el modo verbal.
- Una vez que hayas llegado a una conclusión, exprésala de forma concisa y clara, utilizando tus propias palabras pero ahora citando el detalle que te ha llevado a esa opinión.

Paso 2

Ahora lee el texto completo con atención, y contesta las siguientes preguntas.

1. Lee desde "entre sus principales conclusiones" (línea 17) hasta "otros medios tradicionales" (línea 24). ¿Crees que ha sido fácil captar las diferencias en el uso de internet entre los participantes de entre 15 y 18 años, y los de entre 19 y 29 años?

2. Lee desde "el informe permite" (línea 25) hasta "y la de adultos" (línea 27). ¿Por qué se usa el verbo "permite"?

3. Lee desde "el 66 por ciento" (línea 40) hasta "por la televisión" (línea 44). ¿Cómo se enfatiza que la decisión sería difícil para los participantes?

4. Lee desde "el estudio evidencia" (línea 48) hasta "entre los jóvenes" (línea 50). ¿Cómo se presenta como un hecho la idea de que los jóvenes muestren un menor interés por los temas de actualidad?

5. Lee desde "a pesar de ellos" (línea 70) hasta "de qué forma se utiliza" (línea 73) ¿Por qué piensa el autor del texto que es importante señalar que la encuesta no especifica de qué forma se utiliza el teléfono para comunicarse?

Paso 3

Escribe un resumen del texto, basándote en la información y las ideas expuestas en él, pero utilizando tus propias palabras. (150 palabras)

Actividad 2

Paso 1

Hoy en día somos incapaces de imaginar nuestra vida sin internet. En grupos de cuatro personas, haced una lista con 5 ventajas y 5 desventajas que tiene internet. Después, dividid el grupo en dos parejas, y comentad vuestras listas con una pareja procedente de otro grupo.

Paso 2

Lee la historia "Tiempo muerto" y contesta las preguntas.

Tiempo muerto

Se calcula que el 10% de los menores chinos que navegan por internet son adictos a ella. Muchos padres están dispuestos a pagar hasta mil euros al mes por su internamiento en un centro de terapia.

Aunque cada día duraba más la claridad, las tardes aún refrescaban pronto y la primavera se hacía de rogar. Feng se apoyó contra la pared del patio, contemplando los arbolitos dispersos entre los cuatro muros. Se parecían a los jóvenes que durante las horas de recreo paseaban solitarios, perdidos en sus pensamientos. Arbolitos desangelados, muchachos huérfanos. En las manos Feng tenía un abultado sobre cruzado por una caligrafía que conocía bien, la de su amigo Wei. No se decidía a abrirlo.

Le emocionaba que Wei se hubiese acordado de su cumpleaños, y sin embargo a Feng se le hacía inexplicablemente dolorosa la perspectiva de leer la carta que le había escrito. Con las palabras de Wei, le llegaría la vida que hasta hace tres meses había sido suya: la rutina familiar, el instituto, las calles en las que había crecido. Ahora Feng lo había perdido todo, y se encontraba solo en un lugar extraño. Contemplando las tapias, se preguntó si sería posible escapar, si alguien lo habría intentado alguna vez. Después de todo, el recinto no era una cárcel. Se imaginaba trepando ágilmente como uno de los héroes de sus juegos de ordenador, un intrépido mafioso, un hombre cautivado injustamente. Feng sonrió en la penumbra. La realidad sería bien distinta. Aunque llevaba semanas de duro entrenamiento físico, parte de la disciplina del centro, no contaba aún con la fortaleza necesaria para semejantes proezas. Lo más probable era que se cayese y se rompiese una pierna. ¿Merecía la pena correr ese riesgo? ¿Tan dura era la vida aquí?

Feng repasó en silencio las actividades diarias en la clínica de desintoxicación en la que le habían ingresado sus padres, asegurándole que su dependencia de internet iba a destrozarle el futuro. El madrugón iba seguido de una sesión de ejercicio físico. Después tenían clases, como en cualquier escuela, pero al terminar iban a terapia de grupo. Al principio, Feng se negaba a participar, permaneciendo en silencio, fingiendo un absoluto desinterés por las historias de los demás. Sin embargo, después de las primeras sesiones empezó a sentirse más cómodo. Todos estaban allí por las mismas razones. Muchos habían pasado hasta 20 horas seguidas conectados a internet. Se escapaban a los cibercafés, donde caían exhaustos por las maratones de juegos, y algunos incluso habían llegado a desaparecer de casa durante varios días. Como Feng, que absorto en ese mundo mágico, inagotable, de la red, se olvidaba hasta de comer.

Y ésta era la última actividad del día, este tiempo muerto que les dejaban sin obligaciones, sin directrices, para que lo pasaran como quisieran. Se rumoreaba que era otra parte de la terapia, para que aprendiesen a buscarse nuevos entretenimientos sin depender tanto del ordenador. En estas semanas, Feng había vuelto a leer y a escuchar música, y eso le había llevado sin saber ni cómo a compartir esos libros y a hablar con otros compañeros de sus bandas favoritas. Las conversaciones se habían ido alargando, y ellos, imperceptiblemente, se habían hecho amigos.

- Feng, ¿qué haces ahí tú solo? ¿No tienes frío? Anda, entra, que vamos a jugar una partida de cartas.

No, pensó Feng, verdaderamente las cosas no le iban tan mal aquí. Guardándose la carta en el bolsillo, para luego, volvió adentro.

CONSEJO

Cómo llegar a una opinión sobre el contenido de un texto de ficción

- Los lectores de un texto de ficción van formándose sus propias ideas sobre la motivación de los personajes, sobre la evolución de la historia, o sobre su posible final. Se dice que una historia no pertenece a su autor, ni es algo fijo, porque cada lector la hace suya y diferente.
- ¿Cómo forman los lectores esas ideas? A través del lenguaje, el escritor crea una atmósfera determinada, anuncia futuros sucesos, o revela sutilmente la interioridad de los personajes. Por eso, es importante fijarse no solo en las palabras que se utilizan, sino también en métodos más indirectos como los recursos literarios. Por ejemplo, se puede incluir una metáfora para presentar los sentimientos de los personajes. En la literatura clásica, la rosa se convirtió en un símbolo para referirse a la fugacidad de la belleza física de la juventud.
- No todas las historias se cuentan cronológicamente. A menudo los escritores introducen saltos temporales, hacia delante, o hacia atrás, buscando efectos específicos. Algunas novelas empiezan por el final, y a continuación se narra cómo se llegó hasta allí.
- El silencio también tiene su papel. Hay cosas que el escritor elige no contarnos, o dosifica la información para mantener el suspense. Para el lector es divertido solucionar el puzle pieza a pieza.

---

1 ¿A qué alude el título, "Tiempo muerto"? ¿Dónde encuentras la respuesta?

2 Lee desde "Feng se apoyó" (segundo párrafo) hasta "muchachos huérfanos". ¿Cómo crees que se siente Feng? ¿Qué es lo que te lleva, como lector, a tener esa impresión?

3 Lee desde "le emocionaba" (tercer párrafo) hasta "un lugar extraño". ¿Por qué se resiste Feng a leer la carta de su amigo Wei? Razona tu respuesta.

4 Lee desde "contemplando" (tercer párrafo) hasta "semejantes proezas". ¿Qué opinión crees que tiene Feng sobre el entrenamiento físico que se ve obligado a realizar cada día? ¿Qué frases te dan la mayor pista?

5 ¿Cómo va desarrollando Feng una relación con sus compañeros?

6 ¿Qué frases sugieren que Feng se muestra todavía un poco reacio a admitir que estas personas le interesaban, y que finalmente se han hecho amigos?

7 ¿Piensas que Feng se escapará del centro? Razona tu respuesta.

> **CONSEJO**
>
> **Cómo escribir utilizando un vocabulario rico, preciso y variado**
>
> - Evita utilizar palabras muletilla como "cosa", "bueno" o "tiene". En su lugar, busca palabras más precisas que se ajusten más a la realidad de lo que deseas expresar. Por ejemplo, ¿es esa "cosa" un "objeto", "una característica", o "una diferencia"?
> - El uso de sinónimos te ayuda a tener un vocabulario variado y rico. Utiliza un diccionario convencional de sinónimos, o uno en línea como WordReference.
> - Si vas a escribir sobre un tema específico, haz una lista de posibles sinónimos. Por ejemplo, si tienes que escribir sobre las soluciones a un problema, tu lista podría incluir ideas como: respuestas, planes, alternativas, medidas, posibilidades. Así evitarás las repeticiones.
> - Utiliza el vocabulario especializado para cada tema. Por ejemplo, si vas a escribir sobre internet, tu texto ganará en precisión si usas términos como "internauta" o "buscador".
> - Las connotaciones del vocabulario que elijas te permitirán crear el efecto deseado en tu lector. Por ejemplo, si nos referimos a "los espejismos" de internet, produciremos una sensación de duda y prudencia ante oportunidades que pueden parecer muy atractivas, pero que en realidad pueden carecer de sustancia real.

Paso 3

Relee las 5 ventajas y desventajas de internet que identificasteis en el Paso 1. Lee las siguientes oraciones, y señala las que coincidan con las de tu lista.

La revolución digital <u>marca</u> nuestras vidas desde el <u>advenimiento</u> de internet y las tecnologías móviles.

La revolución digital <u>determina</u> nuestras vidas desde <u>la llegada</u> de internet y las tecnologías móviles.

1 Son <u>evidentes</u> las ventajas que nos <u>proporciona</u> internet para <u>encontrar</u> información.

2 En particular, <u>ofrece</u> oportunidades a las personas que <u>sufren</u> limitaciones <u>por causa de</u> discapacidades.

3 <u>Agudiza</u> las desigualdades sociales y económicas, <u>arrinconando</u> del todo a aquellas comunidades que no pueden <u>acceder a</u> internet.

4 Por otro lado, los atractivos que <u>presenta</u> internet pueden <u>empañarse</u> para los ciudadanos que se vean <u>víctimas</u> de estafas.

5 Sin embargo, a los ciudadanos nos conviene <u>mantener</u> una actitud crítica y <u>prudente</u> <u>ante</u> los reclamos de la red.

Ahora, reescribe las oraciones, utilizando un sinónimo de las palabras subrayadas, como en el ejemplo.

Paso 4

Reescribe las siguientes oraciones sobre otras desventajas de internet, utilizando un vocabulario más rico, preciso y expresivo.

1 La gente se engancha a internet y deja todo sin hacer.

2 Los estudiantes se vuelven vagos y copian los deberes de internet.

3 Si se rompe internet, las personas se aburren y no saben cómo solucionar sus problemas de otra manera.

4 La gente no compra libros ni música porque se los baja gratis por internet.

5 No se puede saber si lo que se lee es cierto o no.

Paso 5

Piensa en las ventajas y desventajas de internet indicadas en tu lista, y que no se han mencionado en el Paso 4. ¿Puedes mejorar la manera en que las has escrito?

Actividad 3

Paso 1

Comenta con tus compañeros:

- ¿Cuándo fue la última vez que escribiste una carta? ¿Con qué motivo la escribiste?
- ¿La definirías como una carta informal o formal? ¿Por qué?
- ¿En qué circunstancias preferirías escribir una carta en lugar de un mensaje de correo electrónico?

Paso 2

Imagina que eres Wei, el amigo de Feng. Escríbele la carta que ha recibido en la historia, "Tiempo muerto". Debes centrar tu carta en:

a Recuperar la relación con tu amigo, contándole tus noticias

b Explicar por qué le escribes una carta

c Explicar cómo te has sentido al perder la amistad a causa de la adicción de Feng

d Animar a Feng para que supere su adicción

Escribe unas 400 palabras. Basa tu contestación en la información y las ideas expuestas en la historia "Tiempo muerto", utilizando tus propias palabras.

CONSEJO

Cómo escribir cartas informales

- Las cartas y los correos electrónicos tienen una estructura establecida que sigue un orden lógico: fecha, saludo, introducción, cierre, despedida y firma. A veces se puede añadir una postdata con información extra o que hayamos olvidado incluir hasta ese momento.
- Cuando estés escribiendo una carta o correo personal, piensa en la persona a la que te diriges. Muestra interés por ella, haciéndole preguntas y expresando el deseo de restablecer tu comunicación con ella. Cuéntale tus noticias, pero no hables solo de ti mismo. Relee tu carta antes de enviarla.
- Adapta tu lenguaje a tu destinatario. Por ejemplo, no es lo mismo escribirle a un amigo, que a tus abuelos o tus sobrinos pequeños. Tienes que usar el registro adecuado para cada persona y situación.

Guangzhou, 28 de marzo de 2016

Querido Feng:

¿Qué tal va todo? Espero que bien, y que te hayas ido habituando bien a tu nueva rutina. ¿Sois muchos chicos allí? ¿Cómo son los monitores?

Por aquí todo sigue como siempre, ya sabes, clases, exámenes, trabajos… Bueno, reconozco que sí tengo una novedad: llevo un par de semanas saliendo con Lili. Estoy contentísimo, porque ya sabes que ella me gustaba desde el curso anterior, y aunque parecía que ni se fijaba en mí, coincidimos en una fiesta de cumpleaños, una cosa llevó a la otra, y ahora somos pareja. ¿Te alegras por mí?

No sabes lo raro que se me hace estar aquí, escribiéndote una carta… ¡en hojas de papel y con un bolígrafo! Te escribo porque me dijo tu madre que no os permiten usar el ordenador, y que por eso no puedes leer tu correo electrónico. ¡Qué raro! Me contó también que hacéis los exámenes a mano, y que para investigar los trabajos tenéis que usar la biblioteca. ¡Debéis tardar siglos!

Sin embargo, Feng, creo que tus padres han hecho bien, y aunque ahora sea duro, se lo agradecerás el día de mañana. Te diría que te echo de menos, pero no es verdad: empecé a echarte de menos mucho antes de que te fueras, meses y meses, desde que comenzaste a pasarte las horas muertas conectado a internet, obsesionado con los juegos, y los foros, y los vídeos de YouTube. Ninguno de los planes que te proponía para salir te parecía bien. Siempre tenías un nuevo nivel que superar, o no sé qué que actualizar, y cuando estabas conmigo en realidad estabas como ausente, pensando en otra cosa, sin seguir verdaderamente la conversación. Te olvidabas de todo lo que te contaba. Yo pensaba en el amigo que salía conmigo, que me acompañaba al cine, que me invitaba a su casa, y no lo reconocía en ti, no lo encontraba.

No te lo tomes como un reproche, Feng, sino como un acicate para aprovechar al máximo las oportunidades que tengas allí para superar tu adicción y volver a ser el de siempre. Sobre todo, espero que ya no te duela tanto la espalda, y que hayas cogido un poco de peso y, ¿quién sabe?, de músculo. ¡Cuando vuelvas tendremos que buscarte una chica para que podamos salir "de parejitas"!

Muchos ánimos, y un fuerte abrazo de tu amigo,

Wei

P.D. Los compañeros de clase te han escrito también unas cartas, y te las mando aquí, con unas fotos. ¡Espero que te gusten!

Lee la carta y piensa en la manera en que Wei intenta recuperar su relación con su amigo.

1 ¿Cuáles son los temas de los dos primeros párrafos? ¿Por qué empieza Wei así?
2 ¿En qué momento la carta se vuelve más íntima y personal? ¿Qué efecto tiene esa oración?
3 A continuación, Wei rememora la etapa en que Feng comenzó a mostrarse más ausente. ¿Qué técnica utiliza para ello?
4 ¿Qué opinas de los consejos que Wei le da a Feng?
5 Teniendo en cuenta la información de la carta, ¿cómo crees que se siente Wei?

Paso 3

En parejas, charlad sobre el valor de la amistad.

- ¿Por qué son importantes los amigos?
- ¿Es posible mantener el contacto con un amigo solo por internet?
- ¿Qué tipo de circunstancias pueden afectar negativamente a una amistad?
- ¿Cómo restablecerías el contacto con un amigo del que te has distanciado?

Paso 4

Escribe una carta (250 palabras) a un amigo que esté pasando por un momento difícil. Centra tu respuesta en:

a Recuperar la relación con tu amigo, puesto que no lo has visto durante mucho tiempo. Cuéntale tus noticias.

b Explicar por qué le escribes una carta.

c Dar consejo y ánimo a tu amigo para que supere la situación.

d Invitar a tu amigo a realizar una actividad lúdica, juntos, para que podáis recuperar vuestra cercanía.

Actividad 4

Paso 1

En parejas, reflexionad sobre las circunstancias en que se escriben cartas formales.

- ¿Has escrito alguna vez una carta formal? ¿En qué circunstancias?
- ¿Qué tipo de cartas formales piensas que vas a recibir en el futuro? Pon ejemplos.
- ¿Existen los mensajes de correo electrónico formales? Pon ejemplos.

CONSEJO

Cómo escribir cartas formales

- Las cartas formales tienen una estructura específica: el encabezamiento, la fecha, el saludo, el cuerpo, y la despedida.
- Se escriben cartas formales a las autoridades gubernamentales, educativas y administrativas, pero también la correspondencia empresarial es de carácter formal. Si tienes que escribir una carta para quejarte de un mal servicio que hayas recibido, por ejemplo en un hotel, el tono y la estructura también deben ser formales, porque pueden incluso convertirse en parte de la evidencia en una disputa legal. En las cartas formales debes mantener un ánimo ecuánime, aunque el asunto a tratar te urja mucho.
- El lenguaje administrativo está lleno de fórmulas fijas que se pueden utilizar en las cartas formales. Por ejemplo, en el saludo se usa el adjetivo "estimado/a", y se añade el título de tu destinatario (don/doña, Sr./Sra., Dr./Dra.).
- Debes utilizar un registro formal. Evita el vocabulario coloquial y las referencias personales, y dirígete a tu destinatario con "usted".
- El estilo de las cartas formales puede resultar un poco ampuloso. Es importante no excederse en el uso de vocabulario enrevesado o frases largas, porque pueden dificultar la comprensión del mensaje.

Cartas al director

Diario "El Matinal"

Avda. Benito Pérez Galdós, 5, 1

Valencia 28008

Valencia, 19 de septiembre de 2016

Estimado Sr./Sra.:

Le escribo en relación al artículo de opinión *Internet, la boca del lobo*, publicado en su periódico el pasado sábado 17 de septiembre, y firmado con el seudónimo "el Lugareño Sagaz". Habitualmente leo con gran interés las columnas de este comentarista, alerta siempre a los engaños de las muchas modas nefastas que nos aquejan en la vida moderna. Sin embargo, en esta ocasión me siento obligada a expresar mi fuerte desacuerdo con las ideas retrógradas expresadas por él.

El Lugareño Sagaz éste dice que las cosas negativas de internet son más que las positivas. No hay más que ver lo del título, va a ser como si la red estuviera llena de sinvergüenzas, ladrones y gentuza que están venga a pensar en cómo sacarnos el dinero o pasarse por nosotros. Pues aquí estoy yo para llevarle la contraria, porque se ve que tengo mejor opinión de los demás que él.

Sin embargo, hay argumentos más prácticos que me gustaría aportar a la discusión. Simplemente, existen maneras de mantener nuestra seguridad en internet, normas y hábitos que deben aprenderse igual que en tantas otras facetas de la vida. Debemos cuidar de nuestro ordenador, por ejemplo, asegurándonos de que instalamos un programa antivirus y lo actualizamos cuando lo requiera. Tenemos que proteger nuestra identidad y la de nuestra familia, sin dar datos personales a desconocidos. Medidas tan sencillas como cambiar a menudo nuestra contraseña o tener varias cuentas de correo electrónico (para el trabajo, para los contactos familiares y personales, para el correo basura), son de enorme ayuda.

Le ruego encarecidamente que publique esta misiva en la sección del lector de su periódico, como respuesta al susodicho artículo *Internet, la boca del lobo*, y con el objeto de no desanimar a las personas que aspiren a disfrutar de todas las maravillosas ventajas que nos da internet hoy en día.

Dándole las gracias de antemano, se despide atentamente,

Una Lectora Desilusionada

Paso 2

Lee la carta que una lectora ha escrito al director de un periódico. El párrafo en cursiva tiene un tono informal. Reescríbelo, imitando el vocabulario y el tono del resto de la carta.

Paso 3

En parejas, comparad vuestra respuesta con el párrafo original del texto, reproducido a continuación.

- ¿Qué palabras habéis usado para sustituir el vocabulario informal?
- ¿Cómo habéis alterado las construcciones gramaticales de tipo coloquial?
- ¿Cómo habéis intentado manteneros acordes con el tono del resto de la carta?

El Lugareño Sagaz arguye que los riesgos de navegar por internet son mayores que sus beneficios. Ya desde el título se presenta la red como un espacio poblado de estafadores, delincuentes y malas personas dispuestos a hacerse con nuestro dinero, e incluso nuestra identidad. Yo me atrevo a llevarle la contraria mostrándome mucho más optimista con respecto a la moralidad de mis conciudadanos.

Paso 4

Busca un antónimo de las siguientes palabras, y escribe una frase con él:

Sagaz	Nefasto	Aquejar	Retrógrado	Encarecidamente

Paso 5

Reescribe la siguiente oración, utilizando un vocabulario formal, pero menos rebuscado.

Le ruego encarecidamente que publique esta misiva en la sección del lector de su periódico, como respuesta al susodicho artículo "Internet, la boca del lobo".

Paso 6

Imagina que un periódico local ha escrito un artículo muy negativo sobre el uso de internet y la tecnología móvil entre los jóvenes. Decides escribir una carta al director del periódico.

Debes centrar tu carta en:

a Explicar por qué has decidido escribir la carta

b Explicar las ventajas educativas, sociales y formativas que tiene internet para los jóvenes

c Reiterar que los adolescentes saben hacer un uso seguro y responsable de internet

d Solicitar que tu carta se publique en el periódico como respuesta al artículo denigratorio

Escribe unas 200–250 palabras. Basa tu contestación en la información y las ideas de este capítulo, utilizando tus propias palabras.

Lista de verificación

¡Fin del Capítulo 3! ¿Qué destrezas has desarrollado? Lee y marca la casilla:
√ (bastante bien), √√ (bien), √√√ (muy bien).

- Puedo encontrar información específica en un texto.
- Puedo llegar a una opinión sobre el contenido de un texto informativo.
- Puedo llegar a una opinión sobre el contenido de un texto de ficción.
- Puedo escribir utilizando un vocabulario rico, preciso y expresivo.
- Puedo escribir una carta informal usando la estructura y el registro correctos.
- Puedo escribir una carta formal usando la estructura y el registro correctos.

Actividad 1

Paso 1

Lee este fragmento de una novela de la escritora española Josefina R. Aldecoa y decide cuál es el tema central del texto.

a La relación entre la madre, Gabriela, y su hija Juana

b La relación de Juana con México y con España

c La relación entre Gabriela y los exiliados españoles en México

Gabriela y su hija Juana se trasladaron a México después de la guerra civil española. Al poco tiempo Gabriela contrajo matrimonio con un hacendado mexicano. En este fragmento Juana relata sus primeras experiencias en un colegio español de Ciudad de México, a finales de los años cuarenta.

Las clases no me parecieron difíciles. Tenía unos profesores excelentes. El trabajo era estimulante, muy bien programado y perfectamente desarrollado. Pero lo que más me impresionó, lo que me hizo sentirme turbada y me alteró por dentro fue el verme sumergida de pronto en un ambiente en el que se hablaba el español de mi infancia. Poco a poco había ido asimilando la suave tonalidad del acento mexicano; me había familiarizado con los giros expresivos, llenos de vida, con las viejas palabras castellanas que creía nuevas porque nosotros las habíamos arrinconado en el olvido. Mi madre nunca perdió su acento, pero su voz era tan mía que no podía detenerme a analizar la diferencia con otras voces que me rodeaban. Al llegar a la Academia regresé a España, a la abuela, a mis amigos. Los alumnos eran en buena parte hijos de españoles exiliados. Muchos hablaban ya con acento mexicano pero los mayores todavía conservaban el viejo tono. Aprendí a distinguir ecos distintos del castellano: catalán, andaluz, vasco, gallego. Al regresar al lenguaje, regresé al país y al deseo de conocerlo algún día. No sé si mi madre pensó en esta reacción mía. No sé si la buscó al enviarme a un centro español para seguir mis estudios. Quizá inconscientemente trataba de acercarme a la tierra abandonada. Por entonces un profesor de lengua nos dijo un día, después de leer un poema: "Esto es lo único que no pudieron quitarnos, la palabra."

Profesores españoles, amigos españoles, casas españolas que se abrieron para mí con generosidad. Ciudad de México fue la oportunidad de acercarme a una patria que los exiliados evocaban una y mil veces para mantenerla nítida en el recuerdo. Una de mis compañeras de clase más queridas, Elvira, hija de un médico, me invitaba a comer muchos domingos. Solían hacer ese día comida española que yo apenas recordaba porque mi madre jamás intentó introducir ningún plato nuestro en los menús de Remedios. La explicación la buscaba la misma Remedios y la encontraba enseguida: "Tu madre no quiere cocinar a la española porque no quiere recordar… Que los sabores traen los olores y los olores los lugares, y con esa carrerilla caemos en la pena más grande…" (…)

Mientras España empezaba a tomar cuerpo en mis ensoñaciones, la presencia real de México continuaba afirmándose en mi experiencia diaria. México era la tierra maravillosa que había cambiado mi vida. Era la tierra fértil, la exuberante variedad de América; el sol, la piedra poderosa tallada por los indios, los volcanes, la plata, el océano, el águila.

Mujeres de negro, Josefina R. Aldecoa

Paso 2
Lee el texto de nuevo y decide si estas frases son verdaderas o falsas.

1   La madre de Juana ha enviado a su hija a la Academia para que restablezca el vínculo con su patria.

2   Para el profesor de lengua, el idioma español es una parte de su identidad cultural que nadie le puede arrebatar.

3   Los exiliados hablaban de España para planear su regreso.

4   La madre de Juana no es consciente de que la gastronomía forme parte de la identidad cultural de una persona.

5   Juana siente un gran aprecio por México.

Paso 3

Realiza las siguientes actividades:

1 Busca en el texto sinónimos de las siguientes palabras:

Alterada	Modismos	Desechar	Recordar	Claro
Imaginaciones	Abundante			

2 Escribe oraciones que contengan esos sinónimos.

3 Relee la siguiente oración: "Ciudad de México fue la oportunidad de acercarme a una patria que los exiliados evocaban una y mil veces para mantenerla nítida en el recuerdo". ¿Qué connotaciones tiene aquí el verbo "evocar"?

4 Reescribe las siguientes oraciones del texto con tus propias palabras:

a Pero lo que más me impresionó, lo que me hizo sentirme turbada y me alteró por dentro fue el verme sumergida de pronto en un ambiente en el que se hablaba el español de mi infancia.

b Al regresar al lenguaje, regresé al país y al deseo de conocerlo algún día.

c Mientras España empezaba a tomar cuerpo en mis ensoñaciones, la presencia real de México continuaba afirmándose en mi experiencia diaria.

5 Escribe un resumen (100–150 palabras) sobre lo que nos comunica el texto acerca de los sentimientos que alberga Juana hacia España y México. Utiliza tus propias palabras basándote en el fragmento que has leído.

Paso 4

Imagina que eres Adela, una amiga que Juana tenía de niña en su ciudad natal en España. Escríbele una carta a Juana. Debes centrarla en:

a Restablecer contacto con tu amiga, contándole tus noticias

b Explicar que le escribes una carta para invitarla a pasar las vacaciones de verano con tu familia

c Animar a tu amiga a venir a España para recuperar el vínculo con su pasado y con su patria

Escribe unas 400 palabras. Basa tu contestación en la información del fragmento que has leído y en las ideas en él recogidas, utilizando tus propias palabras. No olvides revisar tu texto con cuidado, fijándote con especial atención en la corrección de la acentuación, la ortografía, la puntuación y las estructuras gramaticales.

Actividad 2

Paso 1

Lee el saludo y la despedida en la siguiente carta. ¿Crees que es formal o informal?

Paso 2

Lee la carta y corrige los errores de ortografía y gramática.

Noticias Cacereñas

c/ Rosales, 3

Cáceres – 10005

Cáceres, 9 de junio de 2016

Estimada Sra. Directora del periódico "Noticias Cacereñas":

Me dirijo a usted con el objeto de darla mi opinión a cerca del artículo "El aluvión dijital llega a las aulas", publicado en su periódico el viernes pasado. El autor de dicho artículo, Alberto Sánchez Vegas, es director de la Asociación de Padres "María Zambrano" de la provincia de Cáceres, y en él promulga que el uso escesivo de ordenadores en los institutos está teniendo un efecto negativo sobre la educación que reciben los jóvenes hoy en día.

Para conbencerle precisamente de lo contrario, me gustaría que el señor Sánchez Vegas vendría a mis clases de inglés en el instituto "Luis Cernuda". Nuestra profesora, la señorita Natalia Ramírez Hurtado, combina los métodos de enseñanza tradicionales (libros de texto, dicionarios, cuadernillos de ejercicios) con herramientas dijitales y páginas web especializadas en el aprendizage de lenguas extranjeras. En el aula siempre ha habido ordenadores, pero ahora utilizamos además nuestro teléfono móbil y unas tabletas azquiridas por el departamento de idiomas. Esta variedad resulta muy estimulante, claro está, pero nuestra maestra de inglés no seleciona sus recursos de manera arvitraria: el uso de cada uno de ellos responde a un determinado objetivo pedagójico.

Si podría dar únicamente un par de ejemplos, le explicaría a don Alberto Sánchez Vegas que acedemos a internet para conectarnos a páginas escritas en inglés, con el ojeto de recavar información para realizar trabajos. También utilizamos la red para escuchar a hablantes nativos en una serie de vídeos y podcasts selecionados previamente por nuestra profesora. Nuestra clase tiene cuenta en páginas dedicadas a la enseñanza de idiomas como Memrise o Duolingo, de manera que tenemos la oportunidad de fabricar nuestras propias tarjetas de repaso en línea o de interactuar con estudiantes de idiomas hubicados en otros países. La participación en estas comunidades se ve recompensada através de puntos, por ejemplo, lo cual nos anima mucho a continuar nuestros estudios.

En resumen, se aprende idiomas precisamente para comunicarse con una variedad de personas en una sociedad cada vez más globalizada. La comunicación con ellas nos ayuda a aprender de otras culturas y a mantener una atitud abierta y tolerante. Sería muy triste dar la espalda en nuestras aulas a todo ese mundo al que internet nos da aceso.

Dándola las gracias por dedicarme su atención, se despide atentamente,

María Núñez Salvador

Paso 3

Prepara una presentación oral sobre uno de estos temas:

a La importancia de aprender una lengua extranjera

b La importancia de utilizar internet en los estudios

Prueba de repaso

Contesta las siguientes preguntas:

1 ¿Cómo puedes captar el sentido general de un texto?

2 ¿Cómo puedes ayudarte para entender el significado de palabras concretas en un texto si no tienes un diccionario?

3 ¿En qué tienes que fijarte cuando revises un texto que has escrito?

4 ¿Cómo puedes predecir el contenido de un texto antes de leerlo?

5 ¿Qué tienes que hacer para resumir un texto?

6 ¿Cómo puedes llegar a una opinión sobre el contenido de un texto?

7 ¿Qué puedes hacer para escribir con un vocabulario rico, preciso y variado?

Carpeta de fin de curso

Para la carpeta de fin de curso vas a tener que presentar tres tareas, una de cada uno de estos tres tipos:

Texto informativo, analítico y/o argumentativo: por ejemplo, una argumentación de un punto de vista bien informado acerca de un tema de actualidad. Aprenderás más sobre este tipo de textos en los próximos capítulos.

Texto descriptivo y/o narrativo: por ejemplo, una historia sobre un tema de actualidad, con personajes, eventos significativos y una estructura con un clímax o un final. Aprenderás más sobre este tipo de textos en los próximos capítulos.

Respuesta a textos: por ejemplo, puedes leer varias cartas sobre un tema de actualidad y escribir como respuesta a ellas un artículo de opinión, o tu propia carta. Ya has aprendido a escribir cartas informales y formales, y en los próximos capítulos aprenderás a escribir artículos de opinión.

Durante tus estudios, se recomienda que escribas una variedad de textos de cada modalidad, de manera que luego puedas presentar los mejores. No dudes en pedir consejo a tu profesor a la hora de seleccionar los temas. Además, puedes basarte en los que hayáis tratado en clase.

Aquí tienes ejemplos de tareas:

Texto informativo, analítico y/o argumentativo:

a Escribe un texto sobre los elementos que conforman la identidad cultural de los jóvenes hoy en día.

b Escribe un texto sobre los aspectos positivos y negativos del uso de la tecnología móvil entre los jóvenes en la actualidad.

Texto descriptivo y/o narrativo:

a Describe un día habitual en tu colegio.

b Cuenta una historia memorable que sucedió en tu familia o en tu grupo de amigos recientemente.

Respuesta a textos:

a Relee los textos de este repaso y escribe una carta al ministerio de Educación pidiéndole que aumente el presupuesto dedicado a tecnología en las aulas.

b Relee los textos de este repaso y escribe un artículo de opinión sobre las ventajas y desventajas del uso de la tecnología móvil en la educación.

Lecturas recomendadas:

Sin noticias de Gurb de Eduardo Mendoza es una divertidísima novela corta que arroja una luz insólita sobre la forma en que vivimos los humanos. La historia se inicia con la llegada de un extraterrestre a la Barcelona preolímpica. El protagonista se adentra en la ciudad en busca de su compañero, Gurb, que ha desaparecido tras adoptar la forma de la cantante Marta Sánchez, para disimular. Nuestro desternillante marciano merodeará por calles, bares y mercados, siempre atónito ante las incomprensibles costumbres de los barceloneses. A través de su mirada es posible reconsiderar nuestra cultura, con todos sus puntos fuertes y sus limitaciones.

Marina de Carlos Ruiz Zafón tiene ingredientes de muchos buenos géneros: el romanticismo, la novela gótica, la literatura fantástica… El protagonista es Óscar Drai, un muchacho que, en una escapada del internado donde estudia, entabla amistad con una intrigante muchacha llamada Marina. Juntos desvelarán un misterio y conocerán a un sinfín de inquietantes personajes, al tiempo que su relación se va haciendo más profunda.

Mañana todavía: Doce distopías para el siglo veintiuno es una antología de relatos de ciencia-ficción que elucubran sobre el futuro de nuestras sociedades. En ella participan famosos escritores como Laura Gallego, José María Merino, Elia Barceló o Rosa Montero. Los cuentos se sitúan en la línea de obras claves de la literatura como *Un mundo feliz* de Aldous Huxley o *1984* de George Orwell, pero también de otras más recientes como *Los juegos del hambre* de Suzanne Collins. En esta colección de narraciones breves se tratan temas que inquietan a la humanidad hoy en día, como los problemas medioambientales, los avances científicos en los campos de la reproducción, la genética y la salud, o la excesiva dependencia de la telefonía móvil e internet.

Capítulo 4:
Tiempo de ocio

Temas

- Los jóvenes y su tiempo de ocio
- La sobrecarga de actividades extraescolares
- Los beneficios y los riesgos de los juegos de ordenador
- El deporte

Objetivos

- Identificar relaciones de causa y efecto
- Identificar una secuencia de eventos
- Identificar y usar conectores y marcadores del discurso para escribir un texto con cohesión
- Escribir un artículo de opinión
- Hacer una exposición oral sobre mis opiniones en torno a un tema, solo con la ayuda de notas

Introducción

Imagínate que en tu colegio vais a publicar un periódico escrito por los alumnos y los profesores del centro, para recaudar fondos para un viaje de fin de curso. Vais a aprender a escribir un artículo de opinión para colaborar con temas relacionados con el ocio.

- ¿Por qué crees que es importante tener tiempo libre?
- ¿Qué actividades compartes con tu familia, y qué actividades compartes con tus amistades?
- ¿Crees que es importante compartir el tiempo de ocio con la familia? ¿Por qué?

Actividad 1

Paso 1

Lee el título de este artículo y su primer párrafo, escrito en cursiva. Luego, contesta las preguntas.

- ¿De qué crees que va a tratar?
- ¿Cuál es la causa y cuál es la consecuencia? Marca con una flecha en la dirección adecuada.
  - ➤ Los padres desean brindarles lo mejor a sus hijos
  - ➤ Los padres les inscriben en muchas actividades extraescolares
- ¿Qué palabras señalan la relación?
- ¿Cuál es la consecuencia del exceso de actividades extraescolares, según la entradilla? ¿Qué palabras lo indican?

CONSEJO

Entradilla

Una entradilla es un pequeño párrafo que anuncia el contenido principal de una noticia periodística. Se sitúa entre el título y el cuerpo central del texto, y puede señalarse en negrita, cursiva, o con una tipografía diferente.

CONSEJO

Cómo identificar relaciones de causa y efecto

Para convencer a los lectores de sus ideas, los autores escriben textos argumentativos, que contienen sus opiniones fundamentadas en argumentos, al igual que hace un abogado durante un juicio, que va aportando datos razones, pruebas, evidencias, datos, que conduzcan a las conclusiones deseadas. El objetivo del autor es persuadir a su público, de la misma manera que la meta del abogado es convencer al tribunal de lo correcto de sus tesis.

- Uno de esos posibles argumentos es señalar relaciones de causa y efecto mediante explicaciones, conectores, ejemplos e incluso signos de puntuación. Se intenta presentar estos hechos como algo lógico e incluso obvio. Por ejemplo, se puede utilizar una frase condicional para demostrar los efectos negativos de los videojuegos: "Si un niño se ve expuesto a elevados niveles de violencia en la pantalla de su ordenador, asimila inconscientemente patrones de comportamiento que no son aceptables en la sociedad".
- También se puede expresar una razón negando otra. Por ejemplo: "No es que los niños a los que les gustan los juegos de ordenador sean agresivos, sino que se convierten en receptores de una idealización de la violencia".

Dejad que los niños se aburran
Educación

Piano, tenis, informática, talleres, idiomas, exposiciones... Los niños viven con auténticas agendas de ministro. Con poco tiempo para jugar y para desarrollar la imaginación, tanta actividad les estresa, dicen los especialistas. Lo ideal: encontrar lo adecuado para cada niño en función de su carácter y gustos

Elle.es - 25-11-2009

Hace unos años, los padres de Irene, para premiarla por las buenas notas que había sacado y por cómo destacaba en todo lo que emprendía, quisieron hacerle un regalo: "¿Qué quieres hacer este verano?", preguntaron. La joven, de 15 años, respondió, sin dudarlo: "Quiero no hacer nada. Quedarme en casa. Disfrutar del privilegio de no tener obligaciones". Desde que tenía 4 años, no había parado: ballet, natación, tenis, equitación, esquí, veranos en Inglaterra, Francia, Estados Unidos... La joven estaba cansada. Este caso, facilitado por una de nuestras lectoras, ilustra muy bien el actual problema con el que nos enfrentamos los padres en relación con las actividades extraescolares de nuestros hijos: que a veces nos pasamos, aunque nuestra intención no sea mala, como explica la psicóloga infantil Coks Feenstra: "Los padres de hoy en día quieren dárselo todo a los hijos y ofrecerles mejores oportunidades de las que ellos tuvieron".

Agendas de ministro

"No escatiman esfuerzos para conseguirlo y buscan actividades que prometen enseñarles idiomas o a ser un buen deportista – continúa la psicóloga –. Desean tanto hacer todo lo que puedan por su hijo, que éste llega a estar excesivamente "programado". Niños de 3 años que reciben clases de inglés o de matemáticas hoy en día no son ninguna excepción. Los americanos lo llaman la "hiperpaternidad", son padres con excesivo celo". Darles lo que no hemos tenido, prepararles para el futuro son algunas causas por las que nuestros hijos tienen agendas de ministro. Pero también, como apunta Mara Cuadrado, psicóloga infantil y juvenil de Quality Psicólogos, se debe "a un intento de los padres de coordinar sus agendas con la de sus vástagos, de forma que la salida laboral de ellos y la extraescolar de los niños coincida. Otros quieren que sus hijos se relacionen con chicos de cierta clase social, sin tener en cuenta los deseos de los pequeños; y también están los que lo hacen para minimizar la convivencia con los hijos".

Niños estresados

El resultado es que alrededor del 40 por ciento de los niños españoles está estresado por su acelerado ritmo de vida, como estima la Sociedad Española de Psiquiatría. Se les exige demasiado, se les obliga a competir y se angustian cuando no llegan o no están a la altura. "Acusamos a los hijos de que hoy en día son incapaces de soportar la frustración, y no nos damos cuenta de que a algunos padres nos pasa lo mismo. El resultado es que picotean muchas cosas para acabar tan saturados que pierden el interés..., y encima no les queda mucho tiempo para estudiar. El balance final es un discreto resultado académico y mucho cansancio", afirma Mara Cuadrado. Muchos no tienen tiempo para jugar y cuando disponen de tiempo libre no saben qué hacer con él. Algo que el psicólogo americano Alvin Rosenberg apunta en su libro Niños Agotados: "El exceso de actividades puede matar la creatividad. Por eso se aburren al cabo de un cuarto de hora si no se les organiza nada."

www.elle.es

53

Paso 2

Lee el texto completo y contesta estas preguntas.

1 Lee desde "desean" hasta "programado". ¿De dónde procede en general el deseo que tienen los padres de que sus hijos hagan actividades extraescolares? ¿Qué palabras indican la idea de "consecuencia"?

2 Lee desde "darles" hasta "ministro". ¿Qué dos razones concretas se dan por las que los padres matriculan a sus hijos en actividades extraescolares? ¿Qué palabras indican la idea de "causa"?

3 Lee desde "el resultado" hasta "el interés". ¿A consecuencia de qué pierden los niños el interés en las actividades que emprenden? ¿Qué palabras indican la idea de "consecuencia"?

4 Lee desde "los americanos" hasta "celo". ¿Cómo definirías tú el término americano "hiperpaternidad"? ¿Existe una manera de referirse a este fenómeno sin utilizar un calco del inglés?

5 Lee desde "el balance" hasta "cansancio". ¿Cuáles son las consecuencias que tiene el exceso de actividades extraescolares para el niño? ¿Qué palabras indican la idea de "consecuencia"?

6 Lee desde "por eso" hasta "nada". ¿Por qué se aburren los niños si los adultos no han organizado ninguna actividad para ellos? ¿Qué palabras señalan la idea de "causa"?

Paso 3

Coloca los conectores de causa y consecuencia en esta tabla.

Conectores de causa	Conectores de consecuencia

Porque, de tal manera que, así, ya que, tan…que, debido a (que), tantos (as) … que, a causa de (que), pues, como consecuencia de, como, por consiguiente, por lo tanto, conque, puesto que, en vista de que, luego, a fuerza de, así es que, de tal modo que, hasta el punto de que

CONSEJO

Puntuación:

En la lengua escrita no se debe añadir una idea tras otra usando comas, sino que se deberían utilizar conectores y puntos para relacionarlas, contrastarlas y separarlas. Mira la diferencia entre estas oraciones:

Los padres quieren dar a sus hijos la mejor formación para el futuro, los apuntan a una multitud de actividades por las tardes.

Los padres quieren dar a sus hijos la mejor formación para el futuro, y por esa razón los apuntan a una multitud de actividades por las tardes.

Los padres quieren dar a sus hijos la mejor formación para el futuro. Por esa razón, los apuntan a una multitud de actividades por las tardes.

En las dos últimas oraciones, el uso de la puntuación correcta y un conector nos ayudan a dar cohesión al texto.

Paso 4

Escribe oraciones uniendo estas ideas con los conectores de causa y efecto del Paso 3. Añade comas donde sea preciso.

Ejemplo:

Los padres desean dar a sus hijos la mejor formación para el futuro/

Los matriculan en una multitud de actividades por las tardes.

Como los padres desean dar a sus hijos la mejor formación para el futuro, los matriculan en una multitud de actividades por las tardes.

Los padres no tienen tiempo para emplearlo en la educación de sus hijos/

Acaban pensando que lo mejor es que tengan muchas clases extra.

Las actividades extraescolares son positivas/

proporcionan al niño distracción o estímulo para su desarrollo personal.

El niño tiene muchas actividades diferentes/

Tendrá mejores oportunidades en el futuro.

Un niño se ve sometido a un exceso de actividades extraescolares/

puede llegar a sufrir enfermedades relacionadas con trastornos del sueño y de la alimentación, e incluso dolores, ansiedad o depresión.

Los niños carecen de tiempo para el ocio y los juegos

se les arrebata la posibilidad de desarrollar de manera independiente su creatividad.

Paso 5

Relee la siguiente oración y comenta con tu compañero o compañera el efecto que produce el contraste entre el sujeto "los niños" y la expresión "agendas de ministro".

Los niños viven con auténticas agendas de ministro.

Paso 6

Escribe oraciones que incluyan las siguientes expresiones, buscando un efecto similar al del ejemplo en el Paso 5:

Virtuosismo de pianista   Aires de diva   Inspiración de poeta   Dicción de actriz
Porte de modelo   Manos de artista   Letra de amanuense

Actividad 2

Paso 1

- ¿Te interesa la cocina? ¿Sabes cocinar?
- ¿Qué opinas de los programas televisivos de cocina?
- ¿Te gusta probar la gastronomía de otras culturas?

CONSEJO

Cómo identificar una secuencia de eventos

- Para identificar las diferentes etapas en una secuencia de eventos, es útil prestar atención a los conectores más comunes que van determinando cada punto del proceso, desde el principio (para empezar, primeramente), hasta el final (para concluir, finalmente), pasando por todas las fases medias: al principio, en segundo lugar, en tercer lugar, más adelante, a continuación.
- La puntuación, a base de comas e incluso puntos y comas, recalca las etapas de una secuencia de eventos. Se puede añadir una coma después de los conectores, y en las enumeraciones. Se usan los puntos y comas para añadir una explicación.

55

Triunfar a los dieciséis años

El ganador de Súperchef Junior, Juan Pablo Acosta, comparte su alegría con nosotros y nos cuenta cómo ha llegado hasta aquí.

Entrevistador: Enhorabuena, Juan Pablo, todos nos alegramos muchísimo por tu éxito, por tu tenacidad y tu capacidad para hacernos sonreír a cada momento, incluso cuando las cosas no parecían ir bien. Cuéntanos, ¿cómo llega hasta aquí un muchachito de 16 años como tú?

Juan Pablo: En primer lugar me gustaría darle las gracias al público que me ha seguido por televisión y a todos los fans que me han animado en las redes sociales. Sin su apoyo y el de mi familia creo que me habría desanimado en los malos momentos. Con respecto al camino que he seguido para llegar hasta este punto, se debe en gran parte al ejemplo de mi abuela, que es una magnífica cocinera, sobre todo de postres.

Entrevistador: ¿Prefieres entonces la cocina tradicional?

Juan Pablo: No, en absoluto, creo que es fundamental aprender de las tradiciones culinarias de otras culturas. No solo nos ayuda a educar el paladar, sino que también nos puede dar muchísimas ideas para crear nuestros propios platos de "fusión".

Entrevistador: ¿Qué te ha aportado la experiencia de "Súperchef Junior"?

Juan Pablo: Pues, de hecho, uno de los resultados positivos de esta experiencia para mí ha sido que me han invitado a un cursillo residencial de cocina en México, este verano. Estoy emocionadísimo ante la perspectiva, y planeo escribir un blog desde allí para todos mis seguidores. Aparte de esto, para mí han sido fundamentales las relaciones que he

establecido con los otros participantes, ya que a pesar de la competitividad de la situación hemos sabido llevarnos bien y aprender de nuestros mutuos errores.

Entrevistador: ¿En algún momento viste tu posible triunfo en peligro?

Juan Pablo: Claro, en muchos, jamás pensé que yo sería el ganador. Sin embargo, reconozco que en la última fase me veía con bastantes posibilidades. ¡Pero al final las cosas no resultaron tan claras! En primer lugar, ese día me desperté con un terrible dolor de garganta. ¡Qué molesto! En segundo lugar, casi llegamos tarde al plató porque se nos estropeó el coche, y entonces tuvimos que coger un taxi. Y luego, ya durante la grabación del programa, cuando servía el postre, me tropecé con un trapo que se me había caído, y el tiramisú casi acaba en el regazo de uno de los jueces. ¡Qué desastre! Finalmente, todo salió bien, pero estaba muy nervioso.

Entrevistador: ¡Todos sufrimos mucho en ese momento! Juan Pablo, ¿qué crees que te depara el futuro? ¿Te gustaría convertirte en cocinero profesional?

Juan Pablo: Me atrae mucho la idea, es cierto, y creo que la gente que sabe convertir una afición en una manera de ganarse la vida es muy afortunada. Ahora de momento voy a concentrarme en disfrutar mucho de mi estancia en México, ya que es una oportunidad irrepetible para viajar por el país y conocer nuevas personas. La posibilidad de asistir a una escuela de hostelería está ahí, aunque a mis padres les preocupe un poco que no haga una carrera universitaria como Derecho o Económicas. Yo creo sin embargo que hoy en día hay una mayor variedad de salidas profesionales, muchas de carácter creativo, que nuestros padres desconocen o no comprenden. Por ejemplo, las escuelas de hostelería especializadas constituyen un amplio negocio; ofrecen no solo titulaciones, sino también talleres, degustaciones, tiendas de productos "gourmet", libros de recetas, blogs, e incluso gamas de utensilios de cocina de diseño. ¡Un día me encantaría ser un empresario de éxito!

Entrevistador: Te deseamos todo lo mejor para el futuro, Juan Pablo. ¿Quién sabe? Tal vez el día de mañana todos tengamos en nuestras cocinas tus libros de recetas.

Juan Pablo: ¡Ojalá! Muchas gracias de nuevo a todos por vuestro apoyo y cariño. ¡Hasta pronto!

Paso 2

Lee el texto y subraya las palabras que utiliza Juan Pablo para ir señalando los diferentes obstáculos que se encontró el día de la selección final.

Paso 3

Lee desde "por ejemplo" hasta "diseño" (en la penúltima repuesta de Juan Pablo) y comenta con tu compañero o compañera la función de las comas, y el punto y coma. Después, añade comas, y un punto y coma, en el siguiente párrafo.

Entrevistador: ¿Tienes otras aficiones aparte de la cocina?

Juan Pablo: Sí tengo muchas aficiones claro pero mi favorita en estos momentos es el "postcrossing" es un proyecto educativo en línea. Se trata de una manera muy original de coleccionar postales practicar idiomas hacer amigos y explorar otras culturas. Primero abres una cuenta en la página web de "postcrossing" después escribes tu perfil y a continuación puedes enviar tu primera postal a otro usuario que el sistema selecciona al azar. ¡Os lo recomiendo!

Paso 4

Imagina que eres Juan Pablo. Escribe un diálogo en el que tú hablas con tu madre acerca de tus futuros estudios. Debes centrar tu respuesta en:

- Las posibilidades que barajas, y las dudas que tienes
- La opinión de tu madre, y sus dudas
- El contexto familiar y social del que también depende tu decisión

Escribe unas 200–250 palabras. Basa tu respuesta en la información que te da la entrevista y las ideas en él recogidas, utilizando tus propias palabras.

Actividad 3

Paso 1

Contesta estas preguntas y comenta con tus compañeros.

- ¿Te gustan los juegos de ordenador? ¿Cuáles son tus favoritos? ¿Por qué crees que te atraen?
- ¿Qué opinan las personas adultas de tu familia sobre los juegos de ordenador? ¿Habéis acordado unas reglas a las que tú debes adherirte cuando juegas?
- ¿Piensas que la sociedad valora las buenas cualidades de los juegos de ordenador?

57

En este artículo voy a dar mi opinión sobre un tema que aparece mucho en los medios de comunicación y que me importa mucho, los juegos de ordenador y los efectos que tienen sobre la gente joven como yo. Todos negativos, claro, según los adultos. Me fastidia mucho, pienso que si se pararan a pensar en la cantidad de gente que trabaja para crear los juegos, poniendo todo su esfuerzo, su talento y su imaginación, cambiarían un poco de idea y no los verían tan mal. Cualquiera que haya jugado a *Call of Duty* o

a otros juegos parecidos sabe perfectamente a lo que me refiero. La calidad de las imágenes, la emoción del juego, la posibilidad de olvidarte de todo lo que te rodea. ¡Es estupendo! Creo que a veces los adultos se creen que los chicos que jugamos a estos juegos vamos a convertirnos en criminales o algo peor, no entienden que somos perfectamente conscientes de que el juego es el juego, y la vida real no tiene nada que ver. Desde luego mi vecindario no está lleno de mafiosos, marcianos o monstruos terroríficos, y no se me va a ocurrir ponerme como un energúmeno por menos de nada solo porque haya estado pegando tiros en la pantalla. Además hay montones de chicas a las que también les gustan, y les da igual eso que se dice de que los juegos son sexistas y las mujeres reales no son como las que salen en los juegos.

Animo a todos los que piensen que los juegos de ordenador son malos a que los prueben, seguro que cambian de idea.

Paso 2

Lee el artículo (arriba) que ha escrito un alumno para vuestro periódico después de la conversación con sus compañeros. Reflexiona sobre la manera en que está escrito y contesta las preguntas.

1   ¿Qué impresión te producen las opiniones de este alumno y el lenguaje en que se expresan?

2   ¿Qué opinas de la manera en que el estudiante ha dividido este texto en párrafos? ¿Cómo lo hubieses hecho tú?

3   ¿Está presentado el tema al principio con claridad y suavidad?

4   ¿Qué opinas del final del texto?

5   ¿Cómo se organizan los argumentos a favor de los juegos de ordenador en el texto?

6   Observa la puntuación de la siguiente frase: "Creo que a veces los adultos se creen que los chicos que jugamos a estos juegos vamos a convertirnos en criminales o algo peor, no entienden que somos perfectamente conscientes de que el juego es el juego, y la vida real no tiene nada que ver". ¿Cómo se podría mejorar? ¿Es un hábito que tiene este estudiante a la hora de escribir sus frases? ¿Cómo lo sabes?

7   ¿Qué cualidades positivas puedes encontrar en este artículo?

Paso 3

Lee rápidamente el artículo "La demonización de los juegos de ordenador". ¿Cuál es la opinión del autor sobre ellos?

Escribe un artículo dando tu opinión, bien fundamentada, en defensa de los juegos de ordenador para los jóvenes en la actualidad. (650-700 palabras)

CONSEJO

Cómo escribir un artículo de opinión

- Existen varios tipos de textos argumentativos, y uno de ellos es el artículo de opinión, donde el autor presenta su postura ante un tema y la fundamenta con una serie de argumentos.
- Tiene una estructura fija: una introducción, que presenta el tema y/o su postura ante él; el cuerpo central, donde desarrolla los argumentos y, si lo desea, refuta los contraargumentos; y una conclusión final, donde recapitula y deja clara de nuevo su postura.
- Para guiar al lector, se utilizan conectores y marcadores del discurso que explicitan el curso de la argumentación y las relaciones entre las ideas.
- La opinión dada debe ser fundamentada con evidencias (datos, ejemplos, explicaciones) y argumentos, si no se corre el riesgo de caer en generalizaciones y vaguedades de escaso valor para el lector, más propias de conversaciones entre amigos.

La demonización de los juegos de ordenador

A lo largo de la historia muchas innovaciones tecnológicas han sido inicialmente acogidas con suspicacia e incluso miedo por la población general, desde la llegada del ferrocarril hasta la ubicuidad de los teléfonos móviles. Los juegos de ordenador no han sido una excepción, con la ventaja de que, al tratarse de algo considerado mayormente como un "juguete", algunos adultos han intentado arrogarse el derecho de criticarlos con un cierto aire de superioridad. Cabría preguntarse si estas sesudas personas no sienten jamás la tentación de escaparse de la realidad, y en su lugar pasan todo su tiempo leyendo las páginas de economía de los periódicos o tratados filosóficos del siglo XVII.

De hecho, según datos proporcionados por La Asociación Española de Distribuidores y Editores de Software de Entretenimiento (aDeSe) en 2013, el 24% de los adultos juega de forma habitual a videojuegos. El 45% de los jugadores tiene entre 7 y 34 años, mientras que el porcentaje baja en los sectores de población de mayor edad, reflejando la evolución de la revolución digital durante las últimas décadas. Sin embargo, el sondeo revela también que estas personas no abandonan otras aficiones como el deporte, al que también dedican su tiempo libre un 70% de los encuestados.

El ser humano necesita realizar actividades lúdicas, recreativas y relajantes con regularidad para llevar luego a cabo sus obligaciones diarias con eficiencia y positividad. Los juegos de ordenador constituyen una opción muy popular, puesto que visualmente son muy atractivos, ayudan a desarrollar destrezas en el jugador, como la coordinación ojo–mano, y nos involucran activamente, a diferencia de la televisión o el cine. Otros posibles beneficios son la capacitación para la resolución de problemas o para manejar todo tipo de tecnología, habilidades que se pueden transferir más tarde a otros campos como la educación o el trabajo. A modo de ejemplo, existen estudios que demuestran que los cirujanos laparoscópicos que usan videojuegos habitualmente cometen menos errores quirúrgicos.

En el caso de los jugadores jóvenes, los juegos de ordenador estimulan su creatividad y su independencia en un ámbito en el que los adultos no interfieren directamente. No solo pueden interactuar con otros jugadores de forma presencial o virtual, sino que cuentan con la oportunidad de tomar sus propias decisiones y, tal vez, aprender de las consecuencias. En una sociedad donde los niños han perdido la libertad de jugar en la calle, o donde los adolescentes se ven presionados por sistemas educativos basados en la competitividad extrema, no es de extrañar que se sientan entusiasmados ante un mundo propio, sin ataduras, regido por la fábula, la acción, y la aventura. Cuando estos ingredientes adquieren la forma de libro, son ensalzados por la sociedad como una experiencia educativa y cultural.

Sin duda, la demonización de los juegos de ordenador se ha centrado en sus versiones más violentas y sexistas, aunque pudiera aducirse que, hasta cierto punto, estas no hacen sino reproducir realidades existentes en el mundo actual ante las cuales a veces los estados actúan con escasa convicción. Es un hecho que los personajes femeninos en estos juegos son representados con una estética de carácter sexista, pero también lo es que similares convenciones operan en la vida real, en la que las mujeres obtienen credibilidad en gran parte gracias a la atención que pongan a su aspecto físico, cuando la importancia de aspectos como el estilo de vestir, el peinado o los zapatos es mínima para determinar el éxito profesional de los hombres.

En conclusión, las críticas desmedidas hacia los juegos de ordenador adolecen de cierta dosis de hipocresía e ignorancia. El aterrizaje de *Minecraft* en muchos hogares ha contribuido a convencer a los padres de los beneficios de los videojuegos, como el desarrollo del razonamiento espacial. Por otro lado, los adultos juegan abiertamente a *Candy Crush* en sus teléfonos móviles, en los trenes y en las salas de espera, sin temor a verse acusados de infantilismo. El cerebro humano tiene que desconectar de la realidad de vez en cuando y reposar. Un rato delante de una pantallita puede ser tan necesario como nuestras ocho horas de sueño.

Paso 4

Une cada párrafo con la opción que presenta mejor su función y contenido.

Párrafo 1 _____   Párrafos 2–5 _____   Párrafo final _____

a   El autor presenta la polémica general sobre los juegos de ordenador y deja entrever su opinión personal de forma sutil.

b   El autor presenta los argumentos a favor de los juegos de ordenador y refuta algunos de los argumentos en su contra, obviando otros para dar mayor fuerza a su propia postura. Por ejemplo, no trata el tema de los efectos de los juegos excesivamente violentos sobre la población infantil y juvenil.

c   El autor resume la idea principal del texto y de nuevo presenta su propia postura de forma sutil.

Paso 5

Subraya en el texto los conectores y los marcadores del discurso que señalan las relaciones entre las ideas presentadas.

Paso 6

Compara el significado que aportan los siguientes conectores y marcadores del discurso, como en el ejemplo:

Incluso y de hecho

Con "incluso" se añade un elemento más, comunicando la idea de sorpresa, elevación de grado, exceso. La gente no solo siente "suspicacia", sino también una inquietud más fuerte y preocupante: "miedo".

"De hecho" refuerza el argumento. Uno puede preguntarse si los adultos juegan con los videojuegos, y los datos pasan a demostrar esta suposición.

1   Sin embargo y a modo de ejemplo

2   al fin y al cabo y por otro lado

3   En conclusión y sin duda

4   Cuando y mientras que

5   Sino que y aunque

Paso 7

Clasifica los siguientes conectores y marcadores del discurso según su función.

1	Para introducir un comentario	**a**	en particular, en concreto
2	Para ordenar elementos	**b**	en cualquier caso, de todos modos
3	Para incluir una digresión o explicación lateral	**c**	pues, entonces, en consecuencia
		d	por cierto, a propósito
4	Para añadir un elemento nuevo	**e**	en suma, en conclusión, para resumir
5	Para presentar una consecuencia	**f**	incluso, además, y
6	Para añadir una explicación	**g**	mejor dicho, más bien
7	Para hacer una rectificación	**h**	pues, bien
8	Para recapitular	**i**	en primer lugar, en segundo lugar, por último
9	Para reforzar un argumento		
10	Para concretar	**j**	en realidad, de hecho
11	Para poner distancia	**k**	es decir, o sea

Paso 8

Ahora vas a presentar argumentos en contra de los juegos de ordenador. Relaciona las siguientes ideas utilizando conectores y marcadores del discurso, como en el ejemplo:

Los niños se aficionan a juegos de ordenador excesivamente violentos.

Tipo de conector o marcador del discurso: para añadir un elemento nuevo

Pueden desarrollar interés por otros contenidos de carácter extremista.

Los niños no solo se aficionan a juegos de ordenador excesivamente violentos, sino que incluso pueden desarrollar interés por otros contenidos de carácter extremista.

1 Los niños se acostumbran a tener poder sobre el desarrollo del juego en todo momento.

   Tipo de conector o marcador del discurso: para presentar una consecuencia

   Pueden tener dificultades para aceptar que en la vida real hay situaciones sobre las que no tenemos control.

2 Algunos juegos de ordenador violentos recrean escenarios que van en contra de los derechos humanos.

   Tipo de conector o marcador del discurso: para concretar

   Y se diseminan actitudes de carácter sexista.

3 Los niños se dejan absorber por el ordenador.

   Tipo de conector o marcador del discurso: para reforzar el argumento

   No es bueno que los niños jueguen aislados.

4 En los juegos de ordenador se estimula a las personas a tomar decisiones rápidas e impulsivas, y la consecuencia positiva o negativa es inmediata. Si la partida no va bien, se puede abandonar.

   Tipo de conector o marcador del discurso: para ordenar elementos

   En la vida real conviene sopesar las cosas con calma y de forma racional, ya que no suceden inmediatamente. No siempre se pueden abandonar las actividades que no estén saliendo bien.

5 Los juegos de ordenador presentan un mundo de buenos y malos, lleno de estereotipos.

Tipo de conector o marcador del discurso: para presentar una consecuencia

Los niños pueden tener problemas para comprender que las personas tienen cualidades y defectos y que actúan condicionados por una serie de circunstancias. También pueden emplear estereotipos para relacionarse con otras personas o para formarse opiniones sobre ellas.

Actividad 4

Paso 1
Lee los títulos de cuatro artículos. ¿Qué opinas sobre cada tema?

Las federaciones de deportistas acusan a los medios de comunicación de exagerar los casos de dopaje

Un estudio revela que los niños que se dedican al deporte de élite son más propensos a sufrir depresiones y ansiedad

Asociaciones de deportistas acusan a las federaciones de deportes femeninos de sexistas

Los deportes de riesgo son una de las mayores causas de accidente entre la juventud

Paso 2
Escribe un artículo de opinión (300–400 palabras) sobre uno de estos temas:

1 El dopaje en el deporte   **3** Los deportes femeninos

2 El elitismo infantil en el deporte   **4** Los deportes de riesgo

- Escribe un esquema con tus ideas y argumentos, dejando clara la estructura del artículo
- Utiliza conectores y marcadores del discurso para relacionar cada sección de tu argumentación
- Revisa tu texto al final

Paso 3

Presenta tus opiniones sobre una de estas dos opciones:

Opción A: Los juegos de ordenador

Opción B: Uno de los temas del Paso 2.

Asegúrate de que utilizas conectores y marcadores del discurso para guiar a tu audiencia.

Paso 4

Lee la siguiente presentación y las notas que esta alumna, Clara, ha tomado para realizarla. Completa sus notas para los tres últimos párrafos, utilizando el modelo.

Buenos días a todos y bienvenidos a mi pequeña exposición con mis opiniones sobre el tema del dopaje en el deporte. En primer lugar, me gustaría explicar un poco mi interés por este tema en concreto. Muchos de vosotros conocéis mi pasión por el deporte. No es un secreto que soy la capitana de nuestro equipo de baloncesto femenino en el instituto y que hemos alcanzado éxitos en las competiciones escolares regionales. Reconozco que en el pasado me ha tentado dedicarme al deporte de forma más profesional, aunque no me siento preparada para todos los sacrificios que requiere y prefiero de momento centrarme en mis estudios. Por otro lado, el desprestigio que vive el mundo del deporte a causa del dopaje ha influido también de momento en mi decisión.

En primer lugar, hay algo que querría enfatizar. Os sorprenderá saber que incluso a nuestro modesto nivel escolar y regional, el riesgo del dopaje existe. Desde luego, no por parte de nuestros profesores y entrenadores, sino por rumores que están ahí, en el ambiente y en internet, donde sería posible adquirir información sobre sustancias prohibidas e incluso encargarlas sin ningún mecanismo de control.

¿Por qué existe este clima de permisividad entre los deportistas jóvenes? En mi opinión, radica en los malos ejemplos que han dado los deportistas profesionales en los últimos años. Estas personas deberían recordar que son modelos de comportamiento, en general, para la juventud, no solo porque promueven el deporte, la vida sana y una buena alimentación, sino también porque personifican otros valores útiles para el futuro, como la capacidad de superación, la tenacidad y el trabajo en equipo. Cuando caen en la tentación de doparse, están socavando también la fuerza de todos esos otros valores y los jóvenes aprenden en su lugar que está bien engañar, siempre que no te cojan en falta; que la competitividad lo justifica todo y que, si nuestros recursos físicos no son suficientes, es factible complementarlos a través de drogas y otras sustancias. El mensaje que transmiten es que está bien buscar esas ayudas ilegales para poder pasarse toda una noche estudiando, para aprobar un examen, o para quitarse los nervios antes de una entrevista de trabajo. Y esa teoría que aplican al uso de estimulantes, podrían entonces utilizarla para muchas otras situaciones de la vida, actuando con deshonestidad. Es decir, el daño que hace el dopaje alcanza más allá del deporte, en realidad afecta a muchos otros aspectos de la vida de los jóvenes.

En conclusión, opino que el deporte debe ser limpio, sin máscaras, sin engaños. Solo así los jóvenes podremos volver a respetar a los deportistas profesionales, siguiendo su loable filosofía, tanto en la práctica del deporte como en otras áreas de la vida.

CONSEJO

Cómo hacer una presentación oral

- Procura que la exposición sea animada, utilizando gestos, expresividad facial y variando la entonación según lo requiera el tema.
- Muévete por el espacio que se te haya asignado, dando pequeños pasos, en lugar de quedarte quieto en el mismo sitio todo el rato.
- Sonríe y muestra una actitud relajada y tranquila ya que tienes una oportunidad estupenda de compartir con otras personas tus conocimientos y tu interés por un tema.

63

Notas

Introducción: Saludo y bienvenida a los compañeros.

Tema: mis opiniones sobre…

Explicar mi interés por el tema: mi pasión por el deporte, nuestro equipo de baloncesto femenino, nuestros éxitos. Mis dudas ante la idea de dedicarme al deporte de forma más profesional.

Conectores y marcadores del discurso útiles: en primer lugar, aunque, por otro lado

Segunda parte:

Tercera parte:

Conclusión:

Paso 5

Ahora, utiliza esas notas para volver a dar la misma presentación, en voz alta, pero con tus propias palabras, con las frases y expresiones que vas pensando tú al hilo de lo que tienes escrito. Posiblemente, encontrarás que has hecho una exposición similar, y diferente a un tiempo, a la de Clara.

Paso 6

Prepara una presentación sobre otro de los temas sugeridos en la Actividad 4 y compártela en la clase para estimular un debate.

- Escribe un breve esquema con las ideas
- Escribe unas notas sobre las que apoyarte para hacer la presentación, incluyendo conectores y marcadores del discurso para ir guiando a tu audiencia
- Ensaya tu presentación con otro compañero, prestando atención a tu expresividad, tus gestos, movimiento y entonación
- Contesta las preguntas que te hagan

Lista de verificación

¡Fin del Capítulo 4! ¿Qué destrezas has desarrollado? Lee y marca la casilla:
√ (bastante bien), √√ (bien), √√√ (muy bien).

- Puedo identificar relaciones de causa y efecto.
- Puedo identificar una secuencia de eventos.
- Puedo identificar y usar conectores y marcadores del discurso para escribir un texto con cohesión.
- Puedo escribir un artículo de opinión.
- Puedo hacer una presentación oral sobre mis opiniones en torno a un tema, solo con la ayuda de notas.

64

Capítulo 5:
Disfraces y máscaras

Temas

- El origen del carnaval
- El carnaval en el mundo
- La tradición carnavalera del mundo hispánico
- La prohibición del carnaval

Objetivos

- Explicar ideas de un texto con nuestras propias palabras
- Resumir un texto
- Utilizar conectores para dar coherencia y cohesión a nuestros escritos
- Escribir una historia con una estructura adecuada

Introducción

Hay quien dice que **"la vida es un carnaval porque todos van disfrazados"**.

- ¿A qué crees que se refiere esta cita?
- ¿Cuáles son las principales razones para que una persona vaya "disfrazada" por la vida?
- ¿Has querido ser otra persona en algún momento de tu vida?
- ¿Es bueno o malo intentar ser otra persona?

Actividad 1

Paso 1

Con la ayuda de internet, averigua por qué se celebra el carnaval hoy en día y por qué se celebraba en la antigüedad.

Paso 2

Discute con tu compañero o compañera las siguientes preguntas. Después lee el texto y averigua las respuestas.

¿Cuál crees que era la **esencia** del carnaval en el pasado? ¿Crees que ha cambiado mucho?

El carnaval: Entre la tradición cristiana y el paganismo

El carnaval, asociado a fiestas **paganas** y cristianas, siempre ha sido una celebración en la que la gente podía olvidarse de las normas de la sociedad dejándose llevar por la **euforia** de vivir unos días sin ataduras.

Los expertos parecen estar de acuerdo a la hora de situar el origen del carnaval en la antigüedad clásica, ya que existen alusiones en los registros y documentos históricos a prácticas próximas al carnaval actual en las fiestas en honor a Dionisio de la Grecia clásica y en las fiestas romanas que se celebraban para rendir culto a Saturno y a Baco.

El **legado** de las Saturnales de la antigua Roma lo podemos ver en el carnaval de hoy en día en los desfiles, en la crítica política en clave de humor y en las máscaras. Aunque es cierto que el motivo de la celebración de las Saturnales era muy diferente en la época de la República y el Imperio Romano, ya que conmemoraban la llegada de un nuevo año.

Para profundizar un poco más en el significado actual del carnaval, resulta interesante conocer la **etimología** de la palabra. Y es que el término proviene del latín carnelevare, es decir, "quitar la carne". La explicación radica en que, durante la Edad Media, la Iglesia Católica prohibió comer carne durante la Cuaresma.

No debemos perder de vista lo que esta prohibición suponía, ya que en algunos lugares del Sacro Imperio Romano Germánico medieval se castigaba con la muerte el hecho de saltarse esta norma. Es fácil entonces entender el alivio que suponían estos días de celebración que precedían a la gran represión impuesta para la Cuaresma.

Durante el carnaval en la Edad Media se suavizaba la diferencia de clases, permitiendo el uso de máscaras para cambiar por unos días nuestra identidad. Esto permitía cierta relajación en esta época del año para las clases más desfavorecidas y demasiado acostumbradas a las **hambrunas**. Y es que durante unos días podían actuar con más libertad presentando una **caricatura** de la hipocresía y malos hábitos de la sociedad en la que les había tocado vivir.

El Renacimiento, presentado tradicionalmente como oposición a la oscuridad y represión atribuidas a la Edad Media, mantuvo la tradición del Carnaval y adaptó la fiesta a los nuevos usos y costumbres de la corte. La costumbre de asistir a fiestas de máscaras y disfraces se extendió rápidamente entre las clases acomodadas de Italia, que introdujeron incluso desfiles protagonizados por figuras **alegóricas** y espectáculos impresionantes.

Paso 3

En parejas, intentad adivinar el significado de las palabras en negrita por el contexto y sin ayuda de diccionarios.

Paso 4

Vuelve a leer el texto sobre el origen del carnaval y contesta las siguientes preguntas:

1 ¿Qué significa la frase "dejándose llevar por la **euforia** de vivir unos días sin ataduras"?

2 ¿Qué se conmemoraba, según el texto, en la fiesta romana de las *Saturnales*?

3 ¿Por qué eran tan populares los carnavales en la Edad Media?

4 El texto dice que el Renacimiento adaptó la fiesta "a los nuevos usos y costumbres de la corte". Explica esto con tus propias palabras.

5 Además del uso de máscaras y la celebración de banquetes, en las fiestas *Saturnales* los ciudadanos romanos se hacían regalos en los días previos a la finalización del año. ¿Puedes pensar en alguna fiesta o celebración actual con la que guarde paralelismos además del carnaval?

6 Resume en cuatro líneas las ideas más importantes del texto.

Actividad 2

Paso 1

Responde a las siguientes preguntas antes de leer el texto y averiguar las respuestas.

1 Escribe tres características que crees que compartirán todas las celebraciones del carnaval en Latinoamérica.

2 ¿Has estado alguna vez o has oído hablar del carnaval de alguno de los países mencionados en el texto? Si es así, explica lo que sabes acerca de él.

El carnaval en América Latina

México

El Carnaval de Veracruz es sin duda el más conocido de México. Esta celebración, igual que muchas otras a lo largo y ancho del continente, se remonta a la época colonial. El evento principal es el desfile de siete kilómetros por la calle principal de Veracruz. Carrozas y comparsas son los elementos protagonistas de la cabalgata. Lo más curioso de esta fiesta es la Quema del Mal Humor donde, como su propio nombre indica, se queman todos los elementos que los habitantes de Veracruz consideran negativos.

Colombia

Aunque el carnaval más famoso de todos es el de Barranquilla, existe también otro muy conocido en la ciudad de San Juan de Pesto: el Carnaval de Negros y Blancos. Este carnaval precolombino fue prohibido en el siglo XIX debido a los movimientos indígenas.

Sin duda, Colombia es un país de tradición carnavalesca, ya que existen documentos que acreditan la celebración de esta fiesta desde el siglo XVIII, y no solo en Cartagena, sino también en lugares como Magangué.

Perú

Lo natural y lo sobrenatural se entremezclan en los carnavales de Perú. Se celebran en los meses de febrero y marzo y se baila en comparsas compuestas por jóvenes solteros que al son de melodías bailan incansables recorriendo plazas y calles, enfrascados en una competencia por retar la resistencia del sexo opuesto.

Un lugar destacable del carnaval peruano es el que ocupa la *yunza*. El ritual consiste en que varias parejas bailan alrededor de un árbol especialmente decorado para la ocasión, a la vez que lo van talando por turnos. Finalmente, la pareja que esté talando en el momento en el que caiga el árbol será la encargada de organizar la *yunza* del próximo año.

República Dominicana

El carnaval de la República Dominicana, realizado en lo que conocemos como las ruinas de la Vega Vieja, puede que sea el más antiguo de América, ya que existen documentos de febrero de 1520 que acreditan la existencia de lo que fue el origen del carnaval actual. Se cree que la representación de moros y cristianos, que tuvo lugar aquí para homenajear la recepción de Fray Bartolomé de las Casas, fue lo que dio lugar al carnaval tal y como lo conocemos hoy en día.

Panamá

Las fiestas del rey Momo (nombre por el que también se conoce al carnaval en Panamá) tienen su culmen en los cuatro días anteriores al Miércoles de Ceniza. Lo más destacado durante estos días son las "puyas", nombre que recibe la lucha dialéctica que protagonizan dos comparsas, la de Calle Arriba y la de calle Abajo.

Bolivia

El Carnaval de Oruro, declarado Patrimonio Oral e Intangible de la Humanidad por la UNESCO, es una magnífica demostración del sincretismo cristiano-pagano, de la manifestación de la cultura viva y la expresión folclórica de este país.

En Oruro, una ciudad de tradición minera del altiplano, se celebra la procesión de las célebres "Diabladas", comparsas de diablos con danzas típicas y características de la región. En ellas los participantes encarnan al ancestral demonio *Supay* de la cultura Wari, antaño un temido demonio pero hoy guardián de la tierra y de los minerales que en ella encierra y, por lo tanto, garante de la riqueza de la comunidad.

Uruguay

El Carnaval de Montevideo es, según algunos, el carnaval más largo del mundo, ya que dura nada menos que 40 días. El carnaval comienza oficialmente a mediados de enero con su desfile inaugural donde participan todos los que de una manera u otra estarán en las distintas actividades oficiales: los cabezudos, los carros alegóricos, las reinas y princesas, las agrupaciones, los conjuntos... Los festejos se extienden hasta principios de marzo, realizándose actuaciones todas las noches en los "tablados" o escenarios populares y comerciales.

En esta celebración hay dos elementos que destacan por encima de los demás: las *murgas*, de origen español, cuyas letras satíricas son la voz del pueblo y que jugaron un papel socio-cultural importante durante la dictadura (1973–1984); y el *candombe*, que recrea los orígenes africanos de los esclavos negros y las costumbres de la época colonial con sus trajes, cantos y bailes típicos.

Brasil

Aunque no es un país de habla hispana, sería del todo injusto realizar una panorámica del carnaval en los países de América Latina sin hacer mención a Río de Janeiro. Y es que este es, sin lugar a dudas, el carnaval más famoso, multitudinario y popular del mundo. En este evento cobran gran importancia las escuelas de samba, asociaciones que representan a un determinado barrio y que trabajan durante todo el año para desfilar en el "Sambódromo" junto a las 70.000 personas que se dan cita cada año.

CONSEJO

Resumir un texto

Cuando tengas que resumir un texto, asegúrate de que entiendes bien su **significado** y su **sentido general**. Es conveniente que hagas una segunda lectura subrayando los elementos más importantes, pues ese será el punto de partida para realizar un buen resumen. Es muy conveniente que aprendas a distinguir entre la **información importante** y los detalles que resultan **prescindibles** para entender el significado de la obra o fragmento. Recuerda usar tus propias palabras a la hora de escribir el resumen.

Paso 2

Completa el siguiente resumen del carnaval de Colombia. Relee la sección sobre Colombia para encontrar la información que falta.

El carnaval en Colombia se remonta al _____, aunque se prohibió en la ciudad de San Juan de Pasto en el siglo XIX a causa de las _____. El más llamativo es el de _____.

Paso 3

Resume la sección sobre los carnavales de Perú en dos líneas usando tus propias palabras. Compara tu resumen con el de tu compañero o compañera. ¿Qué diferencias y similitudes podéis encontrar?

Actividad 3

Paso 1

Responde a las siguientes preguntas. Después lee el texto y compara tus respuestas.

1 ¿Sabrías situar Santa Cruz de Tenerife y Cádiz en un mapa de España?

2 ¿Cómo te imaginas estas dos celebraciones? ¿Cómo crees que las vive la gente? Como seguramente ya sabes, las Islas Canarias gozan de un clima casi tropical que permite disfrutar de la playa durante casi todo el año. Teniendo en cuenta esto, ¿a qué otro carnaval crees tú que se podría parecer el de Santa Cruz de Tenerife?

El carnaval en España: Cádiz y Tenerife

España es un país de fiestas que atrae año tras año a millones de turistas venidos de todos los rincones del planeta. Las Fallas de Valencia, la Semana Santa, la Tomatina de Buñol, los Sanfermines y por supuesto el carnaval, celebrado en casi todas las provincias españolas, aunque los más conocidos internacionalmente son los de Santa Cruz de Tenerife y los de Cádiz.

El carnaval de Santa Cruz es una gran fiesta llena de luz, color, alegría y magia. Los visitantes que recibe la isla pueden disfrutar de un gran espectáculo universal donde durante unos días no hay normas ni límites. La única regla posible es la de divertirse al máximo. Que en el carnaval de Tenerife no haya **tabúes** ni normas no quiere decir

que sea una fiesta improvisada o desorganizada. Todo lo contrario. Los tinerfeños preparan su gran fiesta durante los meses previos para que todo sea perfecto. El trabajo que hay detrás de las carrozas y de las **parodias** sobre la actualidad política y social tienen un gran trabajo detrás. Y es que el carnaval empieza un sábado con la Cabalgata Anunciadora en la que participan tanto comparsas de estilo brasileño, como murgas, coros y agrupaciones musicales. Este día también se elige a la Reina del Carnaval. Todas las mujeres exhiben trajes diseñados especialmente para este día por su equipo creativo. Sin embargo, el día grande, la **apoteosis** final, tiene lugar el Martes de Carnaval, día donde la luz, la explosión de color y el humor llegan a su momento cumbre.

El Carnaval de Cádiz y el de Tenerife tienen algunas similitudes como la falta de normas, la alegría, la fiesta y los eventos previos al carnaval. En el caso de Cádiz, la fiesta arranca con la Erizada, un evento gastronómico donde se degusta este molusco. Después de esto llega el turno del concurso de coros y **chirigotas** del Teatro Falla que es, sin duda, uno de los actos más importantes del carnaval gaditano. Todos ellos, comparsas, coros, chirigotas, compiten por tener el espectáculo más divertido del carnaval. Al finalizar el famoso concurso, la fiesta se traslada a la calle. Todos los grupos disfrutan al aire libre cantando rimas y pasodobles creados por ellos mismos y llenos de crítica y sátira social. Todo con un humor propio de la gracia y forma de ser de la gente andaluza. El Carnaval de Cádiz finaliza el Domingo de Piñata en una noche en la que nuevamente toda la gente, en grupo o de forma individual, disfruta del día festivo, pero sin olvidar el **civismo** que acompaña al carnaval durante todos estos días, tanto al de Tenerife como al de Cádiz; los carnavales españoles más conocidos mundialmente.

> **Tabú** Palabra, frase, tema o actitud que puede resultar inadecuada en determinados contextos.
>
> **Parodia** Imitación humorística en la que se pretende ridiculizar a la persona u objeto imitado.
>
> **Apoteosis** Momento más importante y emocionante en un evento o celebración colectiva.
>
> **Chirigota** Grupo de personas que durante los carnavales cantan canciones satíricas, normalmente de alto contenido social.
>
> **Civismo** Actitud o comportamiento respetuoso hacia el resto de ciudadanos.

71

Paso 2

Lee el texto de nuevo y contesta las siguientes preguntas:

1   ¿Qué es lo que mejor define, según el texto, el Carnaval de Tenerife?

2   Vuelve a leer el final del texto desde "Al finalizar el famoso concurso". Identifica y define todas las palabras relacionadas con la danza y la música.

3   En el texto se dice que "la Erizada" es una degustación popular de un molusco. ¿Sabes a qué molusco se refiere?

4   ¿Cuáles son las diferencias y similitudes entre estos dos carnavales?

Paso 3

Las siguientes ideas del texto están desordenadas. Colócalas siguiendo su orden original.

a   En Cádiz, los elementos más importantes son la Erizada, el concurso de chirigotas y la celebración en la calle.

b   El Carnaval de Tenerife es una celebración de la libertad, aunque todo está perfectamente organizado desde varios meses antes.

c   En Tenerife, los elementos más importantes son la sátira política, la elección de la Reina del Carnaval y la celebración del Martes de Carnaval como día más importante.

d   Los carnavales más importantes que se celebran en España son el de Santa Cruz de Tenerife y el de Cádiz.

Paso 4

Ahora escribe tú un resumen del texto (100 palabras) usando las ideas del Paso 3.

Actividad 4

Paso 1

Contesta las siguientes preguntas. Después lee el texto y compara tu respuesta a la pregunta 2 con la información recogida en él.

1   ¿Has estado alguna vez en Galicia? ¿Cómo crees que son allí los carnavales? ¿Crees que son parecidos a los de Cádiz o Santa Cruz de Tenerife?

2   Galicia es una tierra de supersticiones y tradiciones ancestrales. ¿Cómo piensas que esto ha influido en la manera de celebrar los carnavales?

El "Triángulo Mágico"

El carnaval es una fiesta universal, aunque no se celebra de la misma manera en todos los lugares del mundo. Por ejemplo, tiene lugar en la misma época del año, pero las fechas exactas varían de un lugar a otro. Aunque puede que a primera vista poco tengan en común las hormigas de Laza con la samba de Brasil, en realidad todo es carnaval. Aunque en Galicia lo llamamos *entroido*.

Y es que Galicia es una tierra llena de peculiaridades que también se trasladan a la manera de vivir el carnaval. Desde un sencillo disfraz de vaquero hasta el oso que asusta a la gente en Salcedo pasando por los latigazos de Laza. En Galicia no hay dos carnavales iguales, de la misma manera que no es lo mismo el *peliqueiro* de Laza, que el *cigarrón* de Verín y que la *pantalla* de Xinzo de Limia.

Carnavales o *entroidos* en Galicia hay muchos y diversos, pero los más famosos y ancestrales son los del llamado "*Triángulo Mágico*" de Ourense ("*Triángulo Máxico*" en el idioma gallego). Las poblaciones de Verín, Xinzo y Laza viven para celebrar y sentir su carnaval. Además, la cercanía de estos tres vértices facilita al turista o curioso disfrutar de esta particular celebración.

El día grande de Xinzo de Limia es el Martes de Carnaval, aunque durante cinco domingos tienen lugar celebraciones de lo más tradicional. Se trata del Domingo *Faraleiro*, el Domingo *Oleiro*, el Domingo *Corredoiro*, el Domingo de *Entroido* y, por último, el Domingo de *Piñata*. Sin duda, lo más representativo de Xinzo de Limia son las *pantallas*. De entre sus funciones para ganarse el respeto de la gente, está el bailar alrededor de las mujeres y llevarse al bar a todo hombre que encuentren sin disfraz para que los invite a unas tazas de vino.

El *cigarrón* es, en cambio, el protagonista indiscutible de Verín. Se cree que este personaje se basa en un recaudador de impuestos o en un policía de la Iglesia que castigaba a todo aquel que no cumpliera con las normas. Los días más destacados en el calendario del Carnaval de Xinzo son el Domingo *Corredoiro* (momento en el que los *cigarróns* golpean con su fusta a la gente cuando sale de misa), el Jueves de Comadres (día en el que las mujeres mandan), el Viernes de Compadreo, el Domingo de *Entroido*, el Lunes *Faraleiro* y, finalmente, el Martes de *Entroido*.

La pequeña localidad de Laza es la que tiene para muchos el carnaval más ancestral de todo el Triángulo. Y es que la celebración arranca ahuyentando a los malos espíritus durante la noche del Viernes de *Folión*. Al igual que en Verín y que en Xinzo, en Laza también tienen una figura destacada, el *peliqueiro*, protagonista al que no se puede tocar pero que fustiga a todo aquel que no participen las celebraciones; como por ejemplo en la de la *Farrapada* del lunes, el día grande de Laza. Durante la mañana de este día tiene lugar en la pequeña y céntrica plaza de A Picota una batalla de trapos embarrados. El lunes festivo continúa con *A Xitanada* (procesión en burro) y con *A Baixada da Morena*, momento en el que tiene lugar el lanzamiento sobre los asistentes de harina mezclada con hormigas.

Paso 2
Contesta las siguientes preguntas basándote en la información recogida en el texto.

1 ¿Qué es el *entroido* y dónde se celebra?
2 ¿Qué es el "Triángulo Mágico"?
3 En el artículo se mencionan los carnavales celebrados en tres localidades diferentes. ¿Qué elementos tienen en común? ¿Cuáles son sus diferencias?

Paso 3
Vuelve a leer el texto y contesta si las siguientes afirmaciones son verdaderas o falsas. En caso de que sean falsas, explica por qué.

1 Los carnavales se celebran durante la misma semana en todo el mundo.
2 Entre los diferentes carnavales de Galicia hay más similitudes que diferencias.
3 La pasión que sienten los gallegos por sus carnavales es equiparable a la de los navarros con sus Sanfermines.
4 Se usan las palabras *cigarrón*, *pantalla* y *peliqueiro* para referirse a la misma figura en cada uno de los pueblos que conforman el triángulo.

📖

CONSEJO

Cómo parafrasear fragmentos de un texto

Cuando te pidan explicar algo con tus propias palabras, intenta buscar sinónimos y estructuras diferentes a las del texto que tienes que parafrasear. Muchas veces explicar una palabra o concepto o resumir una frase o varias palabras en una sola será suficiente.

5   El domingo es el día más importante en los carnavales de Xinzo.

6   En Xinzo, las *pantallas* utilizan vísceras de animales para intimidar a los espectadores que no van disfrazados.

7   Se cree que el *cigarrón* de Verín está basado en un personaje histórico.

8   Los *cigarróns* esperan en la puerta de la iglesia de Verín con palos para golpear a la gente que acude a la misa.

9   Durante el inicio del Carnaval de Laza, la gente trasnocha para espantar a espectros malignos.

10   Durante la *Farrapada*, la gente tira hormigas a los espectadores.

Paso 4

Las siguientes frases son ideas parafraseadas del texto que has leído. Busca el fragmento del texto al que se refieren.

1   El *peliqueiro* es intocable, además de ser el personaje más importante que castiga a los mirones.

2   Todos los carnavales tienen elementos comunes, aunque hay muchas diferencias de un país a otro.

3   Es probable que el *cigarrón* representara al principio la figura de un recaudador de impuestos o un policía de la Iglesia encargado de represaliar a las personas que quebrantaban la ley.

Paso 5

Ahora lee las siguientes frases del texto y escríbelas de nuevo utilizando tus propias palabras.

1   Galicia es una tierra llena de peculiaridades que también se trasladan a la manera de vivir el carnaval.

2   Carnavales o entroidos en Galicia hay muchos y diversos, pero los más famosos y ancestrales son los del llamado "Triángulo Mágico" de Ourense.

3   Lo más representativo de Xinzo de Limia son las *pantallas*. De entre sus funciones para ganarse el respeto de la gente, está el bailar alrededor de las mujeres y llevarse al bar a todo hombre que encuentren sin disfraz para que los invite a unas tazas de vino.

Actividad 5

La narrativa de ficción

Paso 1

Lee la historia que ha escrito un alumno y dale un título. Compara tu título con el de tus compañeros. ¿Cuál creéis que es el mejor título? ¿Por qué?

Cuando salí de casa aquella tarde no tenía ni idea de lo que me deparaba el destino. Hacía cinco años que participaba en la organización de la cabalgata de carnaval y este año no iba a ser una excepción, sobre todo si quería mantener mi tapadera. <u>Mi trabajo ese día no era especialmente</u> | línea 5

<u>difícil, pero cuando me levanté por la mañana volví a notar esa sensación tan extraña. Había pasado tanto tiempo desde la última vez que casi se me había olvidado lo que se siente cuando tienes la certeza absoluta de que te pisan los talones.</u> ¿Pero a qué venía toda esta paranoia ahora?, | línea 10

tenía que olvidarme de una vez por todas de todos estos recuerdos y seguir adelante.

<u>Niños disfrazados acompañados por sus padres, turistas venidos de</u> | línea 15

<u>todas las partes del mundo y las carrozas y los coches engalanados para la ocasión. Lo único que tenía que hacer aquella tarde era contener a la gente para que no se cruzara en medio del desfile. Era lo único que tenía que hacer.</u> Pero no conseguía concentrarme. No paraba de darle | línea 20

vueltas. Ya era hora de irse a otro lugar. "Me iré esta misma noche. Solo es cuestión de tiempo que me encuentren porque una cosa sé seguro; nunca pararán de buscarme". <u>Lo que hice fue alta traición. Y</u> | línea 25

<u>yo era consciente de ello cuando, en vez de cumplir el encargo, advertí al embajador de que su vida corría peligro y de que yo era el que tenía que acabar con ella.</u> Los aplausos del público interrumpieron mis | línea 30

pensamientos. Llegaba la Reina del Carnaval y un niño casi se me escapa, - ¡es la Reina, es la Reina!, me decía mientras trataba de calmarlo, pero entonces me fijé en ella, ¿Sara?, ¡pero si es Sara!, no es posible. Solté al pequeño y corrí hasta la carroza, tenía que verla de nuevo. Ni cuenta me di del alboroto que había causado hasta que un compañero se puso en mi camino, - pero tío, ¿qué es lo que te pasa? - déjame, tengo que verle la cara, - ¡vuelve a tu sitio, estás asustando a los niños! Me di la vuelta para regresar a mi puesto cuando la vi de nuevo entre el público, tapando y destapando su rostro con una careta, riéndose de mí. La veía tras el disfraz de cada mujer. Ya no había duda: me había vuelto totalmente loco; y darme cuenta de eso alivió mis miedos. Sara no estaba, nadie venía a por mí y no tenía por qué seguir huyendo.

El día casi había acabado. Llegué a casa y preparé la bañera para darme un baño caliente. No sé por qué no me sorprendí cuando vi a dos de mis antiguos compañeros allí sentados. Conocía demasiado bien aquella escena, cada uno ocupando su lugar. No les pregunté qué habían venido a hacer, eso ya lo sabía. No hay nada peor en el mundo de los espías que incumplir una orden.

Paso 2

Contesta las siguientes preguntas basándote en la información de la historia.

1   Vuelve a leer el texto desde la línea 5 hasta la 9 ("mi trabajo ese día...te pisan los talones") y explica con tus propias palabras dos motivos por los que el protagonista se sorprendió de tener de nuevo aquella sensación.

2   El autor del texto describe entre las líneas 18 y 20 en qué consistía su trabajo aquella noche y cómo era el ambiente que lo rodeaba. ¿Podrías explicarlo utilizando tus propias palabras?

3   Entre las líneas 25 y 28, el autor explica por qué cree que está siendo perseguido. Explica con tus propias palabras cuál fue su supuesta traición.

4   Vuelve a leer el último párrafo y explica utilizando tus propias palabras la escena que se encontró el protagonista al volver a su casa.

CONSEJO

Conectores

Los conectores son palabras que sirven para unir oraciones y dar cohesión a un texto o a un discurso. Algunos de los más comunes y útiles son aquellos que nos permiten expresar **tiempo** (*De repente*, se oyó un grito) y **oposición o contraste** (*Sin embargo*, nada podría haberme preparado para lo que iba a vivir).

Paso 3

1   **Identifica los conectores de tiempo y contraste en la historia y escríbelos en la tabla.**

Conectores de tiempo	Conectores de oposición o contraste

2   **Ahora, añade a la misma tabla los conectores del recuadro de abajo.**

No obstante	Después	Posteriormente	En cambio	A continuación
Antes	Aunque	A diferencia de	Más adelante	Sin embargo

Paso 4

Lee las siguientes oraciones y busca en la tabla el conector adecuado para rellenar los huecos.

1   Llegué a la cabalgata de carnaval y, _____, me dispuse a ocupar mi posición.

2   Cuando llegué a mi casa había dos extraños sentados en el sofá. _____, no me pareció extraño.

3   Mi trabajo aquel día no debería ser complicado, _____ algo me decía que las cosas no saldrían bien.

4   _____ de salir de casa, ya sabía que algo iba mal.

5   Entré en mi casa. _____ descubrí que había dos hombres esperándome.

Actividad 6

Paso 1

Vuelve a leer la historia de la Actividad 5 y completa el esquema que utilizó el alumno para escribirla.

| Personajes: _____ |
| _____ |

Tiempo y espacio (¿dónde?, ¿cuándo?)	Acontecimientos importantes	Final
_____	• _____	_____
_____	• _____	_____
_____	• _____	_____
_____	• _____	

CONSEJO

Preparar un relato de ficción

Para escribir una historia, primero tienes que planificar su **estructura**, qué **personajes** van a aparecer en ella y el **tiempo** y el **espacio** en el que tienen lugar los hechos. Teniendo un esquema que seguir, la escritura se hace más fácil.

Paso 2

Lee las instrucciones y prepara tu propia historia.

Escribe un texto narrativo en primera persona acerca de un crimen que va a tener lugar en Madrid durante la celebración del carnaval y que solo tú, un destacado miembro del servicio secreto español, podrá impedir.

1   Elige a los personajes de tu historia y anota el papel que va a desempeñar cada uno.

2   Ahora piensa en los detalles de la historia: el dónde, el cuándo y el cómo.

3   Luego, piensa en los acontecimientos importantes de tu historia. Recuerda que la trama deberá tener un clímax para mantener el interés del lector.

4   Por último, decide el desenlace; ¿cómo va a terminar tu historia? Puede ser la parte más importante de la trama.

Personajes: _____

Tiempo y espacio (¿dónde?, ¿cuándo?)	Acontecimientos importantes	Final
_____	• _____	_____
_____	• _____	_____
_____	• _____	_____
_____	• _____	_____

CONSEJO

Escribir un relato de ficción

Tener un esquema te va a ayudar a seguir el hilo de tu historia mientras la escribes. A la vez que vas escribiendo, puedes ir variando cualquier aspecto de tu relato según las necesidades de la narración. Es importante, sin embargo, que vuelvas a leerlo todo una vez esté completo para detectar posibles errores como faltas de ortografía o repeticiones de palabras o frases.

Paso 3

Ahora ya tienes todo el material necesario para tu historia. Escribe entre 350 y 400 palabras en primera persona. Cuando esté lista, revísala y compártela con tus compañeros.

Lista de verificación

¡Fin del Capítulo 5! ¿Qué destrezas has desarrollado? Lee y marca la casilla:
√ (bastante bien), √√ (bien), √√√ (muy bien).

- Puedo explicar las ideas de un texto utilizando mis propias palabras.
- Puedo resumir un texto.
- Puedo utilizar conectores para dar coherencia y cohesión a mis escritos.
- Puedo escribir una historia con una estructura adecuada.

Capítulo 6:
De viaje por América

Temas

- Mitos y leyendas de América
- La arqueología en Hispanoamérica
- La literatura de viajes

Objetivos

- Deducir información no explícita acerca de los personajes o el autor de un texto
- Interpretar las opiniones y sentimientos del autor de un texto
- Planificar un texto a partir de un borrador o una lluvia de ideas
- Escribir un texto descriptivo
- Escribir un texto narrativo
- Hablar acerca de una experiencia y los sentimientos relacionados con ella

Introducción

Mark Twain (1835–1910) fue un escritor estadounidense conocido sobre todo por sus novelas *Las aventuras de Tom Sawyer* y *Las aventuras de Huckleberry Finn*. Mark Twain se inspiraba en su propia vida para sus obras literarias. Viajó por EEUU, Europa y Oriente Medio y dijo una vez que **"viajar es un ejercicio con consecuencias fatales para los prejuicios, la intolerancia y la estrechez de mente"**. Reflexiona acerca de la cita y contesta las siguientes preguntas:

- ¿A qué crees que se refería el escritor?
- ¿Estás de acuerdo con él?
- ¿Se te ocurre algún ejemplo de prejuicio que pueda superarse viajando?

Actividad 1

Paso 1

Nuestro viaje comienza en las ruinas de la antigua ciudad de Teotihuacán, en México, muy cerca de la actual capital del país. Antes de leer el testimonio de nuestro viajero, contesta las siguientes preguntas. Después lee el texto y compara tus respuestas.

1 ¿Qué son unas "ruinas"? ¿Conoces ruinas cerca del lugar donde vives? Explica cuáles y descríbelas.

2 ¿Qué sabes acerca de México? ¿De qué tipo de ruinas crees que se podría tratar? Puedes realizar una búsqueda rápida en internet.

La Pirámide del Sol

Lo mejor que puedes hacer al llegar al complejo de Teotihuacán en México es contratar la ayuda de un guía oficial. Nosotros acertamos de pleno al hacerlo, ya que nos tocó un hombre que conocía muy bien no solo la zona y el sitio arqueológico, sino también las leyendas e historias que rodean a esta impresionante construcción.

Recuerdo que lo mejor del viaje para mí fue sentirme envuelto en una atmósfera mitológica a medida que iba descubriendo más cosas acerca de la cultura y la historia del pueblo que había habitado hace varios siglos la llamada *Ciudad de los Dioses*. Nuestro guía nos contó el mito teotihuacano del nacimiento del quinto sol, un hermoso relato que explicaba los orígenes de la humanidad. Resulta imposible de describir la sensación que produce contemplar el complejo y tratar de imaginar cómo sería la vida entonces.

Aunque ya sabía un poco acerca de las costumbres de los pueblos mesoamericanos, me impactó mucho el hecho de encontrarme en medio del **recinto** donde tiempo atrás se realizaban sacrificios humanos y **ofrendas** en honor a los dioses para apaciguar su ira y asegurar una vida próspera con abundancia de agua y alimentos. Debo confesar que me resulta muy difícil comprender desde una perspectiva actual una tradición que a nuestros ojos resulta tan brutal.

Pero lo más especial es llegar a la cima de la Pirámide del Sol y sentarse exhausto en lo alto contemplando en toda su extensión *La Ciudad de los Dioses*. Existe la creencia de que esta pirámide es un lugar mágico que tiene la capacidad de recoger energía, así que quise comprobar sus efectos en primera persona cerrando los ojos e intentando percibir las vibraciones positivas que supuestamente **emanan** de la pirámide. Aunque no sentí ningún flujo de energía de ningún tipo, estar allí en silencio, en los alto de tan enigmática construcción, me sirvió para darme cuenta de lo pequeños e insignificantes que somos y lo importante que es aprovechar el poco tiempo del que disfrutamos en el mundo.

> **Mito. m.** Narración maravillosa situada fuera del tiempo histórico y protagonizada por personajes de carácter **divino** o **heroico**. Con frecuencia interpreta el origen del mundo o grandes acontecimientos de la humanidad.

CONSEJO

Los sentimientos del narrador:
Para entender cómo se siente el narrador de un texto necesitas localizar todas las palabras y frases que expresen sentimientos. Muchas veces se utilizan directamente fórmulas como "me sentí" o "la sensación", aunque también es necesario estar atentos a verbos como "impactar", "afectar", "comprender", "parecer", "resultar" o "creer".

Paso 2

Lee el texto de nuevo y realiza las siguientes actividades.

1   Con la ayuda del diccionario, explica qué significan las palabras en negrita.

2   Contesta las siguientes preguntas basándote en la información del texto:

   a   ¿Qué significa la frase "se recargaba la energía cósmica a través de una piedra"?

   b   Vuelve a leer las últimas dos líneas del texto. ¿A qué crees que se refiere el autor?

3   Reflexiona acerca de los sentimientos del autor:

   a   ¿Qué frases del texto nos indican que el viaje ha sido una experiencia positiva para el viajero?

   b   ¿Cómo crees que se sintió el viajero cuando visitó por primera vez la Pirámide del Sol? Lee las siguiente respuestas. Decide si son verdaderas o falsas y explica por qué.

      a   Cansado por haber subido todas las escaleras.

      b   Le pareció que era una experiencia única.

      c   Sintió que la pirámide era un lugar mágico y lleno de energía.

      d   Se sintió importante y privilegiado.

Actividad 2

Paso 1

Como decíamos antes, nuestro compañero escucha el famoso "Mito del Quinto Sol" durante su visita a Teotihuacán. La que vas a leer ahora es una de las muchas versiones que existen acerca de la historia. Contesta las preguntas y lee el texto a continuación.

1   Basándote en su título, ¿qué fenómeno cósmico crees tú que pretende explicar este mito?

2   ¿Por qué crees que el sol es tan importante en las religiones y mitologías antiguas?

Mito del Quinto Sol

Los dioses estaban tristes porque en la Tierra no había luz, no había días ni noches. El Señor de los Caracoles se enteró del problema y, como era muy vanidoso, se presentó ante los dioses lujosamente vestido. "Yo merezco brillar. Yo seré el Sol", les dijo. Pero, al mirar a la concurrencia para recibir su aprobación, vio que en un rincón alguien levantaba la mano. "Yo quiero competir", se oyó una voz. Todos se sorprendieron: el que había hablado era el Señor de las Heridas, el más despreciado de los dioses.

Había, por lo tanto, dos candidatos para transformarse en Sol, por lo que se organizó una competición para decidir cuál de ellos merecía semejante honor. Los dos contendientes debían sortear difíciles pruebas y realizar ofrendas para probar su valor.

El día de la competencia, el Señor de los Caracoles mostraba orgulloso sus ropas hermosamente adornadas con metales. "Ese dios irrespetuoso no podrá superar mi riqueza", pensaba al ver al Señor de las Heridas vestido con unos pobres y sucios harapos. Sin embargo, a medida que pasaban las pruebas, el Señor de los Caracoles demostró que no solo era vanidoso, sino también cobarde. Los dioses estaban más contentos con el coraje demostrado por el Señor de las Heridas que con los valiosos regalos ofrecidos por su contrincante.

Por fin llegó el momento de la prueba decisiva. Todos los dioses se sentaron alrededor de la hoguera sagrada: los contendientes debían entrar en las llamas para transformarse en Sol. El Señor de los Caracoles avanzó primero y saludó a los presentes. Al llegar ante la hoguera, sintió miedo y retrocedió. "Las llamas son aún muy débiles", explicó para justificarse.

Ahora era el turno del Señor de las Heridas. En realidad, nadie creía realmente que fuera tan valiente. "Si el Señor de los Caracoles fue incapaz de resistir la prueba, ¿cómo va a lograrlo un dios tan insignificante?", comentaban los dioses. Ante la sorpresa de los presentes, el Señor de las Heridas avanzó sin temor hacia la hoguera y entró tranquilamente en las enormes lenguas de fuego, que en ese momento se hicieron más brillantes. Su rival, al ver la satisfacción de los dioses, no soportó la idea de ser menos que ese dios segundón y repentinamente entró también en el fuego.

De pronto, en el cielo apareció el disco radiante del Sol. Era el Señor de las Heridas, que se había transformado para dar la luz a los hombres. Pero, ¿qué era ese disco de menor tamaño y de luz blanquecina que avanzaba detrás del Sol? "El Señor de los Caracoles no tiene luz propia porque tuvo miedo. Solo se ha convertido en Luna, que refleja la luz del Sol" explicó uno de los dioses. "Dos discos luminosos no pueden brillar al mismo tiempo", sostuvo otro dios. "La luz del Sol es suficiente para los días, no hace falta más". "En cambio, de noche, cuando el Sol descansa, podría sustituirlo la Luna" propuso un tercero. "Su luz no es muy potente, pero también es hermosa". "Entonces, hay que separarlos" acordaron todos.

Y es así que, a partir de ese momento, el Sol irradia su luz y su calor de día, mientras que la Luna ilumina las noches oscuras con su reflejo apagado.

Paso 2

Ahora contesta las siguientes preguntas:

1   Vuelve a leer el primer párrafo. Describe la personalidad del Señor de los Caracoles utilizando dos adjetivos.

2   Vuelve a leer las tres primeras líneas del tercer párrafo "El día de la competencia…" ¿Qué sentía el Señor de los Caracoles hacia su oponente, el Señor de las Heridas?

CONSEJO

Los sentimientos de un personaje ficticio

En textos ficticios como una historia o una leyenda es importante entender la información implícita sobre los personajes. Para hacer inferencias sobre el carácter y los sentimientos de un personaje, debes prestar atención a palabras clave y además usar tus propias experiencias y conocimientos.

---

3   En el quinto párrafo se cuenta cómo los dioses compiten en la última prueba. Describe la actitud y sentimientos de los personajes que aparecen:

    a   el Señor de las Heridas

    b   el Señor de los Caracoles

    c   el resto de los dioses

4   Una de las características más comunes de los mitos es que terminan con una **moraleja** o **enseñanza final**. ¿Cuál crees que es la moraleja o enseñanza final del "Mito del Quinto Sol" de la cultura teotihuacana?

Actividad 3

Paso 1

Contesta las siguientes preguntas y lee la primera parte de la leyenda totonaca a continuación.

1   ¿Para qué crees tú que se construyeron las pirámides mesoamericanas?

2   ¿Por qué crees que es tan difícil establecer una fecha exacta?

3   ¿Conoces alguna construcción o estructura famosa que haya sido erigida antes de la llegada de los exploradores españoles?

Mi visita a la pirámide del Tajín

Uno de los momentos más memorables y emblemáticos de mi viaje a México fue mi visita a la pirámide del Tajín. Recuerdo que llegué a las cinco de la tarde al recinto bajo un sol de justicia. El calor era insoportable. Alcé los ojos y vi a lo lejos lo que me pareció ser una especie de tienda de suvenires en la ladera de la colina. Cuando me estaba acercando, me di cuenta de que el establecimiento aprovechaba una cueva natural, así que sentí un gran alivio al saber que por fin podría relajarme al abrigo de una fresca sombra durante unos minutos.

Entré en la tienda sin pensarlo dos veces. Las paredes estaban decoradas con todo tipo de cachivaches, la mayoría de ellos a la venta. Más que un establecimiento comercial, la cueva parecía el hogar de un chamán, y el anciano que lo regentaba no hacía sino reforzar ese aire místico y ancestral que lo invadía todo. "No te asustes", me dijo al verme un poco turbada. "Entra a echar un vistazo". Pero entre los suvenires y recuerdos de la pirámide que por supuesto vendía había también artículos que parecían sacados de una película de brujería. "¿Qué es este lugar?", pregunté preocupada. "Esta es la Cueva de los Siete Truenos", contestó el anciano. "¿La Cueva de los Siete Truenos?", repetí con curiosidad. Entonces el anciano señaló un pequeño taburete de madera con su mano, invitándome a sentarme.

"Todo empezó en esta cueva. Mucho antes de que los españoles llegaran a México, existía en esta misma cueva un templo dedicado al Dios del Trueno. Este templo servía de lugar de encuentro a siete sacerdotes que se reunían para invocar la lluvia y asegurar un año próspero y libre de **calamidades**.

Un día, la apacible y tranquila vida de los sacerdotes y las gentes de la región se vio perturbada por la aparición de un pueblo extraño que llegaba desde el Golfo de México en busca de tierras más fértiles y abundantes donde **asentarse**."

"¿Los españoles?", pregunté yo con curiosidad. "No", me contestó él. Y prosiguió con su relato.

"Esto sucedió, como ya te dije, mucho antes de la llegada de los españoles. A este pueblo lo llamaron Totonacapán. No se sabe mucho de ellos, pero existen leyendas que aseguran que eran gigantes que construían templos y pirámides con gran facilidad.

En todo caso, los sacerdotes no vieron con buenos ojos que un pueblo extranjero invadiera sus tierras de aquella manera, así que invocaron al Dios del Trueno para anegar el valle donde **moraban** con lluvias torrenciales.

Después de un tiempo y tras sufrir la pérdida de sus cosechas e incluso de sus casas, los **totonacas** se dieron cuenta de que las tormentas las provocaban aquellos sacerdotes que se reunían en el templo del Dios del Trueno para rezar, ...→

Calamidad Desgracia o catástrofe. Suceso negativo y perjudicial.

Asentarse Establecerse. En este caso, el pueblo totonaca se establece en un lugar.

Morar Vivir o habitar en un lugar determinado.

Totonaca Pueblo o etnia mesoamericana que según la historiografía construyó la pirámide del Tajín.

Paso 2

Lee de nuevo la primera parte del texto. ¿Cómo crees que terminará esta leyenda? Discute tus ideas con tu compañero o compañera y a continuación lee el final del relato. ¿Se parece al final que habías imaginado?

→... así que decidieron desterrarlos para siempre enviándolos al mar.

El Dios del Trueno, sin embargo, continuaba produciendo lluvias incesantemente, haciendo la vida en el valle imposible. La única solución para los totonacas fue entonces comenzar a adorar a esta divinidad y rendirle **pleitesía** para apaciguar sus iras.

Es así como los totonacas decidieron erigir la pirámide del Tajín o 'Lugar de las Tempestades' en el idioma totonaca para venerar a su nuevo dios y asegurar la prosperidad y la fertilidad de sus tierras, propiciando que la lluvia caiga en la estación de las **milpas** y haciendo que los cultivos crezcan sanos y fuertes".

Me gustó tanto la historia que no quise irme sin antes haber comprado al anciano muchos recuerdos y regalos para toda mi familia. Cuando salí de allí, ya no podía mirar la pirámide del Tajín con los mismos ojos.

> **Pleitesía** Muestra de cortesía o de sometimiento por parte de una persona hacia una divinidad u otra persona.
>
> **Milpa** Terreno donde se cultiva el maíz en América Central.

CONSEJO

La leyenda

Es un relato a medio camino entre el mito y el suceso verídico o real. Aunque puede incluir elementos fantásticos o sobrenaturales, **se presenta como si fuera una historia verosímil que ha sucedido en realidad**. Se trata pues de un relato tradicional, transmitido de manera oral, basado en **sucesos históricos** y que suele formar parte de la **cultura** y de la **identidad** de una comunidad determinada.

Paso 3

Contesta las siguientes preguntas basándote en la leyenda totonaca.

1 ¿Cómo crees que era la tierra de la que venían los totonacas?

2 Se dice que las leyendas suelen basarse en historias reales. ¿Qué partes de esta historia crees que podrían ser reales y cuáles no? Justifica tu respuesta.

3 Vuelve a leer el segundo párrafo y explica con tus propias palabras cómo se sintió la viajera al entrar en la tienda.

4 Vuelve a leer el último párrafo y describe el impacto que causó la historia en la viajera.

5 ¿Conoces alguna leyenda que se cuente en tu país, pueblo o comunidad?

Actividad 4

Paso 1

Nuestro viaje nos lleva ahora al enclave andino de Machu Picchu, en el actual Perú. Con la ayuda de internet, contesta las siguientes preguntas y lee el texto a continuación.

a ¿Qué pueblo precolombino construyó esta ciudad? ¿Quiénes eran?

b ¿Cuándo fue descubierta Machu Picchu? ¿Por qué crees que se tardó tanto tiempo en descubrirla?

c Existen todavía hoy algunas incógnitas y misterios en relación a cuándo y cómo fue construida esta ciudad, ¿podrías indicar cuáles?

Machu Picchu, la montaña del inca

Siempre pensé que mi viaje a Machu Picchu iba a ser el viaje de mi vida, el más enriquecedor y sorprendente y que, desde luego, iban a ser unos días que no olvidaría jamás. Mis expectativas se cumplieron con creces, y simplemente por el hecho de haber podido contemplar tanta belleza y misticismo me sentí el hombre más afortunado del mundo. Haber visitado lugares como el templo de las Vírgenes y el Intiwatana ("donde se amarra el sol") son experiencias que podré contar a mis hijos con gran satisfacción.

Por consejo de nuestro guía, decidimos subir el Wayna muy temprano para evitar las aglomeraciones de turistas. Llegar a la cima fue duro, pero después de dos horas por fin encontramos el templo de la Luna dentro de una cueva. La caminata por esta maravilla inca duró casi todo el día y el haber ido tan temprano nos ayudó a disfrutar de la soledad y del paraje de una forma más íntima, tal y como la montaña se merece.

Para finalizar, solo me queda añadir un aviso a navegantes: lo maravilloso y embriagador del lugar atrapa al viajero desde la primera pisada en la montaña.

Paso 2

Lee el texto de nuevo. Explica con tus propias palabras cómo se sintió el viajero al llegar a la cima de la montaña. Utiliza los siguientes adjetivos:

impresionante   sorprendente   maravilloso   extraordinario

Paso 3

Escribe una descripción, en menos de cinco líneas, de un lugar que hayas visitado y que te haya impresionado. Intercambia tu descripción con la de tu compañero o compañera. Léela e intenta mejorarla usando adjetivos y verbos más elaborados.

CONSEJO

Cómo escribir una descripción
En los textos descriptivos predomina el uso de adjetivos. Cuando tengas que realizar una descripción, piensa primero en las características generales de la persona, lugar o cosa y céntrate luego en los detalles o particularidades.

Actividad 5

Paso 1

Continuando nuestro viaje por el Nuevo Continente, nos adentramos en las selvas de Colombia en busca de la ciudad perdida de El Dorado. Responde a las siguientes preguntas:

1 ¿Qué sabes acerca de la leyenda de El Dorado?
2 El texto que vas a leer es la entrada de un diario. ¿Qué sabes acerca de este tipo de escritos?
3 Realiza una lectura rápida del texto para tratar de averiguar quién es el narrador.

El Dorado: el diario que provocó la locura

Día 27:

Cuando me desperté esta mañana no podía creerme que tan larga travesía hubiera llegado a su fin. Mis piernas apenas podían sostenerme sobre la cubierta húmeda del barco. Habíamos llegado a la costa pero el panorama era muy poco halagüeño. Se podían ver por todas partes los estragos que la tormenta que atravesamos ayer había ocasionado a La Calavera Negra: restos del trinquete desperdigados aquí y allá, una vela mugrienta cubriendo el cuerpo sin vida de algunos de nuestros compañeros a los que todavía no habíamos podido dar sepultura, cajas con víveres inservibles y putrefactos que desprendían un olor nauseabundo… Parecía que acabábamos de salir de una batalla naval.

Sin embargo, caminé con una ligera sensación de alivio y bienestar por la cubierta gratificado por el agradable pensamiento de haber llegado al Nuevo Mundo. América estaba a nuestros pies. Aunque ahora sé que el temporal nos había llevado a la costa de Colombia, por la mañana no teníamos ni idea de que nos habíamos desviado tan al norte. Es muy difícil para mí explicar la sensación que me recorrió el cuerpo cuando contemplé la playa desde nuestro barco, sabiendo que un golpe de suerte nos había acercado todavía más a nuestro destino.

Todo estaba en calma y el sol calentaba mi cuerpo entumecido por las sacudidas del mar embravecido del Océano Atlántico: sentí que había merecido la pena pagar a uno de los piratas más infames del Caribe para acompañarme en mi expedición.

En seguida me di cuenta de que aquí en América es todo muy diferente de mi tierra natal, tan inalcanzable ahora que estaba tan lejos de España. El tiempo es inclemente e impetuoso, y se puede pasar del Infierno al Paraíso en cuestión de unas pocas horas. Aunque ahora, después de un día de expedición y trabajos, descanso plácidamente en mi camarote bajo un cielo limpio y lleno de estrellas, casi echo de menos la patria que me ha cerrado todas las puertas de manera tan injusta y cruel.

Pero todo eso ha quedado atrás, probablemente para siempre. Ahora estoy en un continente diferente. Todo es nuevo. Todo es excitante y prometedor, lleno de oportunidades para aventureros que, como yo, nada tienen que perder. Escribo estas líneas embargado por la emoción de comenzar a buscar El Dorado. Mañana saldremos a primera hora de la mañana rumbo al corazón de la jungla con la esperanza de encontrar la ciudad de oro y decir así adiós para siempre a una vida de miseria y necesidades.

Paso 2

Lee el diario de nuevo y realiza las siguientes actividades:

1   En la primera línea del texto, el protagonista dice "no podía creerme que tan larga travesía hubiera llegado a su fin". Explica si esto es algo positivo o negativo para el narrador y por qué.

2   Lee el segundo párrafo y explica con tus propias palabras las sensaciones que experimenta el protagonista. ¿Por qué se siente así?

3   En el cuarto párrafo, el autor habla de los sentimientos que alberga hacia su tierra natal, España. ¿Cuáles son estos sentimientos y por qué se siente así?

4   Vuelve a leer el último párrafo del diario y explica con tus propias palabras qué sentía el explorador ante la idea de comenzar su expedición hacia El Dorado.

Actividad 6

Paso 1

En parejas, contestad las siguientes preguntas:

1   ¿Qué crees que le sucedió al autor del diario en España para embarcarse en una aventura tan peligrosa?

2   ¿Podrías describir su personalidad utilizando solamente dos adjetivos?

3   ¿En qué época y siglo crees que suceden los acontecimientos?

4   ¿Qué sucesos importantes ocurrieron en esa época?

5   Algunas de las siguientes oraciones están sacadas de la siguiente página del diario. Indica cuáles no encajan en el contexto y por qué, como en el ejemplo.

Ejemplo. El protagonista se adentró en la jungla dejando atrás el barco, la playa y cualquier deseo de regresar a España.

No, porque la historia tiene que estar relatada en primera persona y no en tercera.

a   Avanzamos por la jungla en grupos de dos. El pirata que caminaba a mi lado había perdido un ojo y lo ocultaba tras un parche negro.

b   Cuando vi aquel extraño animal, no lo dudé, saqué mi cámara y le hice unas fotografías.

c   Fue fantástico ver por primera vez el río Mississippi serpenteando entre los árboles de la selva colombiana.

d   Nunca había visto tanta belleza. La naturaleza lo dominaba todo, y de todos los rincones surgían animales desconocidos para mí.

e   Antes de poder darnos cuenta, apareció ante nosotros un enorme león que rugió amenazante.

f   Teníamos que aprovechar las pocas horas de sol que había al día en aquel rincón maldito del planeta.

Paso 2
Lee las instrucciones y sigue los pasos a continuación.

Imagina que eres un explorador español en el siglo XVI intentando llegar a El Dorado. Ha sido un día agotador en el que tú y tu equipo habéis tenido que luchar contra los insectos, el calor y la selva. Justo después de montar el campamento, hace su aparición un grupo de indígenas. Escribe una entrada en tu diario sobre los acontecimientos.

1 Escribe un esquema con los elementos que vas a describir: la jungla, los animales, los compañeros, los indígenas, el clima, los sonidos, tus sentimientos como explorador, etc. (Puedes añadir más.)

Elemento	Características principales			
Jungla	Peligrosa	Hostil	Sombría	Húmeda
Animales				
Compañeros				
Indígenas				
Clima				
Sonidos				
Sentimientos				

2 Ahora añade a la tabla las características más importantes de cada uno (por ejemplo: "la jungla" = peligrosa / hostil / sombría...).

3 Ordena el contenido: elabora un esquema con lo que vas a escribir en cada párrafo.

Introducción
- _____
- _____

Nudo
- _____
- _____
- _____
- _____

Desenlace
- _____
- _____

Paso 3

Ahora escribe tú una entrada de diario en primera persona basándote en el esquema que has creado en el Paso 2.

> **CONSEJO**
>
> **Escribir un relato en primera persona**
>
> Cuando se te pide que escribas un relato en primera persona, tienes que meterte en la piel del personaje principal. Tienes que imaginar que eres él/ella e intentar imaginar lo que él/ella sentiría y pensaría. Es una forma de escritura íntima pero requiere concentración y habilidad para hacerla creíble ya que tienes que escribir como si fueras el personaje desde un punto de vista subjetivo.

Actividad 7

Paso 1

Un alumno de español fue de vacaciones a Italia el año pasado y se ha ofrecido a hablar de su viaje al resto de la clase. Fíjate en las fotografías que ha utilizado para ilustrar su exposición oral. ¿Cómo crees que le han ayudado a realizar su presentación?

	Hoy voy a hablaros del viaje que hice a Roma el verano pasado. Como probablemente ya sepáis, Roma es la capital de Italia y su clima es mediterráneo, así que suele hacer bastante calor y el ambiente es muy húmedo. De hecho, cuando estuve allí las temperaturas eran altísimas y era muy difícil dormir por las noches.
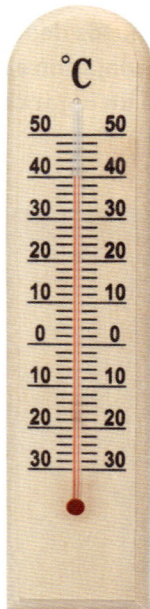	Recuerdo perfectamente la agobiante sensación que sentí cuando salí del avión y respiré aquel aire caliente y húmedo. Parecía que me había metido en una sauna. Después de recoger las maletas, busqué un taxi para ir al hotel. El camino fue un poco accidentado porque el taxista conducía bastante rápido y la carretera no era muy buena, pero por fortuna llegué a mi destino sano y salvo. En el hotel había aire acondicionado, pero se habían olvidado de encenderlo y me tocó pasar calor durante toda la noche.

Roma es una ciudad llena de monumentos y ruinas antiguas. Lo primero que visité fue el Coliseo, un imponente anfiteatro en el que los antiguos romanos realizaban espectáculos como luchas de gladiadores. El Coliseo está muy cerca del Foro Romano y descubrí que se podía entrar en los dos sitios con el mismo tique, así que esa fue mi segunda parada. A pesar de que era mediodía y la temperatura alcanzaba los 37 grados a la sombra, recuerdo que esa fue una de las partes más emocionantes del viaje.

Pero lo que más me gustó de Italia y de Roma fue sin lugar a dudas su comida. Al día siguiente visité el barrio de Trastévere y comí en una pizzería que recomendaban en la guía turística que había comprado. Pedí un *calzone* de jamón y queso exquisito que nunca olvidaré. Esa tarde visité otros monumentos famosos de la ciudad como la Fontana de Trevi y el Panteón Romano.

El último día de mi viaje lo dediqué a ir de compras y buscar regalos para mis amigos y familiares, así que no me dio tiempo a visitar ningún otro punto interesante de la ciudad. Además, tenía que hacer las maletas rápido porque mi vuelo de regreso salía a las siete de la tarde.

Puedo decir sin lugar a dudas que, a pesar de la humedad y del calor insoportable, fueron unas vacaciones inolvidables que espero repetir pronto, aunque seguramente lo haga en primavera u otoño …

Paso 2

Lee la presentación del alumno. ¿Cómo dirías que está estructurada? ¿Está ordenada cronológicamente? ¿Tiene una introducción y un apartado de conclusiones?

Paso 3

Ahora vas a preparar una presentación de 5 minutos describiendo algún viaje que hayas hecho recientemente. Si viajar no es lo tuyo, no te preocupes: puedes pensar en cualquier visita a un lugar cercano que te haya gustado o puedes incluso inventártelo.

1 Busca fotografías o ilustraciones relacionadas con el lugar y prepara una presentación con diapositivas. Primero, piensa en todos los puntos que vas a tratar (situación geográfica, clima, monumentos más emblemáticos, etc.).

Localización	Clima	Monumentos	Visitas	Anécdotas

2 Elabora un esquema para fijar la estructura de tu exposición y saber de qué vas a hablar en cada momento. Por ejemplo, lo más común es hablar de la localización y del clima en la introducción.

3 Planifica el tiempo: cuando tienes que realizar una presentación, lo más normal es que vayas a tener un tiempo limitado. Intenta calcular la duración de manera aproximada.

Lista de verificación

¡Fin del Capítulo 6! ¿Qué destrezas has desarrollado? Lee y marca la casilla:
√ (bastante bien), √√ (bien), √√√ (muy bien).

- Puedo deducir información no explícita acerca de los personajes o el autor de un texto
- Puedo interpretar las opiniones y sentimientos del autor de un texto
- Puedo escribir un texto descriptivo
- Puedo escribir un texto narrativo en primera persona
- Puedo hablar acerca de una experiencia y los sentimientos relacionados con ella

Actividad 1

Paso 1

Contesta las siguientes preguntas. Después lee el texto y comprueba tus respuestas.

1 ¿Alguna vez has oído hablar de la realidad virtual? ¿Qué te sugiere este concepto?

2 ¿Cómo crees que serán las nuevas tecnologías dentro de diez o de cincuenta años? ¿Crees que serán parecidas a como son ahora o cambiarán completamente? Justifica tu respuesta.

    a Dentro de 10 años…

    b Dentro de 50 años…

3 Haz una lectura rápida del texto y elabora, junto con tu compañero o compañera, una lista de aplicaciones que podría tener la realidad virtual en el futuro, como por ejemplo en la medicina. Justificad vuestra respuesta.

Despega la nueva realidad virtual

Sobrevuelo Mallorca. Hace unos meses, un dron grabó imágenes en 360 grados de la isla para que hoy, sin moverme de casa, yo sienta lo mismo que una gaviota cuando planea por los acantilados. Si miro al frente veo las olas rompiendo suavemente en las rocas. Si giro la cabeza, se extiende a mis pies el campo verde. Al ponerme las gafas de RV y comenzar la grabación, he tardado unos segundos en darme cuenta de que la imagen que tenía delante no era plana. He girado nervioso el cuello en todas las direcciones para comprobar que el paisaje no se acababa, como si no me lo terminara de creer.

"Está cambiando el mundo y pocos lo saben", dice Edgar Martín-Blas, fundador de New Horizons RV, productora y consultora especializada en realidad virtual. "Yo era director creativo en otro proyecto, pero cuando recibí las gafas paré lo que tenía entre manos. Pensé en cómo iban a cambiarlo todo. He visto a dueños de empresas del Ibex 35 alucinando como niños cuando les enseñaba lo que se podía hacer con la realidad virtual".

Muy pronto nos probaremos prendas de ropa virtuales

La veremos en otros muchos ámbitos para los que ya están desarrollando contenidos organizaciones como New Horizons VR, la empresa liderada por Martín-Blas. "Los que estamos en esto desde hace tiempo damos pasos en varias direcciones: la publicidad, el cine, las experiencias de las marcas, las tiendas virtuales…", dice este experto. Su empresa firmó hace pocos meses un acuerdo con el gigante de la publicidad Havas Worldwide para trabajar conjuntamente en acciones que incluyan realidad virtual.

"Las marcas quieren ofrecer a los clientes experiencias con sus productos, y esta herramienta lo hace posible. El canal es tan potente que muchas empresas se han subido al carro sin pensárselo. Íbamos con

las gafas a las reuniones, les enseñábamos lo que se podía hacer con ellas y terminaban llamando a otros compañeros para que las probaran", continúa Martín-Blas.

Como nos explica Cristian Domínguez, fundador de la productora Virtual Natives, "el sector publicitario ha sido el primero que ha entrado, y de alguna forma está tirando del carro de las empresas que producimos contenido audiovisual para realidad virtual. Pero las posibles aplicaciones son infinitas. Ahora mismo estoy hablando desde un plató de Antena 3, donde acabamos de grabar el primer informativo en 360 grados. Y esto va a ser muy importante en sectores como la educación, la medicina, el turismo...".

Domínguez y su socio Javier Herreros viajaron a San Francisco hace dos años para pregonar en la meca de la tecnología su propia solución para simplificar la grabación de vídeo en 360 grados. "Lo que nos diferencia de otras productoras es que hemos modificado las lentes de las cámaras GoPro, de forma que con un menor número de estas podemos realizar vídeos en 360°. Lo normal es utilizar entre seis y diez cámaras, pero nosotros somos capaces de hacerlo con solo dos", asegura Domínguez.

En la página de inicio de la web de Virtual Natives puede verse un emocionante vídeo realizado por Google; en él se contempla a niños de diferentes colegios de todo el mundo utilizando la realidad virtual en sus clases. Con unas sencillas y baratas CardBoard de cartón, los alumnos de Kenia o Japón pueden visitar las ruinas del antiguo Egipto o caminar por la Gran Muralla China, mientras el profesor va comentando las características de los monumentos. Pero ¿por qué no entrar en la estructura de un átomo para comprenderlo mejor? ¿O asistir en vivo a la polinización de las flores?

La nueva tecnología podrá ayudar en la esquizofrenia y el autismo

El mérito de Roig ha sido democratizar la tecnología de la realidad virtual en el campo de la psicología. "Nosotros creamos software, aunque también ofrecemos el hardware (gafas y móvil)". El sistema es muy sencillo. El paciente se pone un dispositivo de realidad virtual y es expuesto progresivamente a lo que le causa la fobia: insectos, aviones, agujas... Mientras el individuo penetra en su tenebroso mundo virtual, el psicólogo puede producir en ese entorno artificial lo que desee: turbulencias aéreas, una plaga de arañas… Al mismo tiempo, el terapeuta va recibiendo datos biométricos del paciente, de manera que monitoriza en todo momento sus reacciones. En apenas dos años, Roig ha conseguido que 150 psicólogos de todo el mundo utilicen su software. Pero desea ir más allá: "Queremos crear soluciones para otros trastornos mucho más complejos, como la esquizofrenia o el autismo".

www.muyinteresante.es

Paso 2

Contesta las siguientes preguntas con tus propias palabras basándote en la información recogida en el texto.

1   ¿Qué consecuencias tiene o tendrá la realidad virtual en los sectores mencionados en el artículo?

   a   Turismo:

   b   Comercio:

   c   Medicina:

2   ¿Cuál es la razón de que muchas firmas textiles apuesten ya por la realidad virtual?

3   ¿Cómo está influyendo la realidad virtual en el ámbito de la publicidad?

4   Vuelve a leer el último párrafo del texto y resúmelo en dos líneas utilizando tus propias palabras.

Paso 3

Localiza en el texto un fragmento narrativo y realiza las actividades que se proponen a continuación.

1 Explica con tus propias palabras cómo se siente el autor del texto la primera vez que experimenta la realidad virtual.

2 Define utilizando tan solo un adjetivo la sensación que sintió cuando descubrió que podía explorar el paisaje en 360 grados.

3 ¿Qué opinión dirías que tiene el autor acerca de la realidad virtual? ¿Es una opinión positiva o negativa? Justifica tu respuesta utilizando tus propias palabras pero basándote en la información del texto.

4 ¿Crees que los siguientes adjetivos definen bien la sensación del protagonista? Justifica tu respuesta indicando por qué sí o por qué no.

Increíble	Decepcionante	Aterradora	Tranquila	Envolvente

Paso 4

Explica las siguientes ideas del texto con tus propias palabras.

1 "Al ponerme las gafas de RV y comenzar la grabación, he tardado unos segundos en darme cuenta de que la imagen que tenía delante no era plana" (párrafo 1).

2 "Yo era director creativo en otro proyecto, pero cuando recibí las gafas paré lo que tenía entre manos. Pensé en cómo iban a cambiarlo todo" (párrafo 2).

3 "Su empresa firmó hace pocos meses un acuerdo con el gigante de la publicidad Havas Worldwide para trabajar conjuntamente en acciones que incluyan realidad virtual" (párrafo 3).

4 "Las marcas quieren ofrecer a los clientes experiencias con sus productos, y esta herramienta lo hace posible" (párrafo 4).

5 "El sector publicitario ha sido el primero que ha entrado, y de alguna forma está tirando del carro de las empresas que producimos contenido audiovisual para realidad virtual. Pero las posibles aplicaciones son infinitas" (párrafo 5).

6 "El mérito de Roig ha sido democratizar la tecnología de la realidad virtual en el campo de la psicología" (párrafo 8).

Paso 5

Ahora vas a realizar un resumen del artículo acerca de la realidad virtual. Para ello sigue las siguientes instrucciones:

1 Vuelve a leer el texto detenidamente, subrayando las palabras o frases que resulten esenciales para la comprensión y realizando las anotaciones que estimes oportunas.

2 Elabora un esquema ordenando toda la información que desees incluir.

3 Elige bien las palabras y frases que vas a utilizar: necesitarás parafrasear segmentos del texto, es decir, explicar las ideas del texto con tus propias palabras.

CONSEJO

Resumen

Como ya habrás notado al realizar el Paso 3, en este artículo se incluyen fragmentos de diferente naturaleza: narrativa e informativa. Cuando tengas que resumir un texto de estas características, lo más sencillo es unificarlo. En este caso, por ejemplo, puedes resumir la experiencia del autor en tercera persona y convertirlo en uno más de los diferentes personajes que aparecen realizando declaraciones.

Actividad 2

Paso 1

Ahora vas a escribir un texto narrativo. Continúa la siguiente frase:

Poco a poco, Nora se fue olvidando de la realidad hasta quedar completamente atrapada en un mundo virtual...

Prueba de repaso

Contesta las siguientes preguntas:

1 ¿Qué es una entradilla?

2 ¿Cómo puedes identificar relaciones de causa y efecto en un texto?

3 ¿Para qué sirven los conectores? ¿Podrías poner ejemplos de conectores y dividirlos según su función?

4 Un artículo de opinión es un tipo de texto...

    a Argumentativo

    b Descriptivo

    c Informativo

5 ¿Qué es lo primero que tienes que hacer cuando te pidan que resumas un texto?

6 ¿Cómo se debe planificar un relato de ficción?

7 ¿Qué tipo de palabras necesitas localizar en un texto para identificar los sentimientos del autor, del narrador o de los personajes?

8 ¿Qué es una leyenda y en qué se diferencia del relato histórico?

9 Para escribir una descripción:

    a Debes ir de lo particular a lo general

    b Debes ir de lo general a lo particular

10 ¿Qué aporta a una presentación el uso de imágenes?

Carpeta de fin de curso

Texto argumentativo / discursivo

a Escribe una entrada en tu blog explicando las ventajas y los inconvenientes de la realidad virtual.

b Escribe un email a un amigo o amiga para convencerlos de que vayan a una fiesta de Halloween contigo.

Texto descriptivo

c Imagina cuáles serían tus sensaciones y sentimientos al realizar un viaje a una isla desierta en la que nunca haya estado el ser humano. Descríbelo como si hubiera sucedido realmente.

d Describe tu videojuego favorito y todo lo que has aprendido jugando a él. También puedes incluir las sensaciones que experimentas mientras juegas.

Texto narrativo

e Escribe un cuento fantástico en el que los disfraces de Halloween se vuelven reales y poseen a la gente.

f Escribe una historia con el título "La Isla de Pascua" ambientada en la época de la construcción de los Moáis.

Lecturas recomendadas

Leyendas – Gustavo Adolfo Bécquer

Conjunto de narraciones breves ubicadas en el pasado y caracterizadas por la presencia de elementos mágicos o fantásticos. Estos relatos fueron escritos por Bécquer a mediados del siglo XIX y publicados al principio de manera individual en periódicos de la época. Las *Leyendas* han pasado a la historia de la literatura como uno de los conjuntos más prominentes del romanticismo tardío en España.

Relato de un náufrago – Gabriel García Márquez

Esta novela se basa en la historia real de un hombre que naufraga en aguas del Caribe y lucha por sobrevivir en el mar. Gabriel García Márquez obtiene toda la información que necesita para escribir este relato de marcado carácter periodístico a través de varias entrevistas realizadas al náufrago Luis Alejandro Velasco, elevado a la categoría de héroe nacional a raíz de este suceso.

Los Pazos de Ulloa – Emilia Pardo Bazán

En esta novela se cuenta la vida de un joven e inexperto capellán que es enviado a Los Pazos de Ulloa a servir al Marqués. Nada más llegar, Don Julián se escandaliza por cómo funcionan las cosas en la casa y cómo la gente es tratada, además del decadente estado en que se encuentra la propiedad. En seguida se da cuenta de que Primitivo, el mayordomo de la finca, es quien en realidad controla los negocios y asuntos del Marqués a través de artimañas y malas artes.

Capítulo 7:
El mundo que habitamos

Temas

- El respeto por el medio ambiente
- La contaminación
- Las energías renovables

Objetivos

- Entender diferentes puntos de vista en dos textos
- Comparar y resumir dos textos acerca de un mismo tema
- Escribir una carta de queja utilizando un registro formal
- Escribir un diálogo utilizando un registro formal

Introducción

Al Gore fue vicepresidente de los Estados Unidos de América bajo el mandato de Bill Clinton y candidato a la presidencia por el Partido Demócrata en el año 2000. Sin embargo, para muchos ha pasado a la historia por otro motivo. En el año 2006 se estrenó un documental titulado *Una verdad incómoda*, centrado en la campaña que llevó a cabo a lo largo del país para dar a conocer a la gente los peligros del calentamiento global. En dicha campaña, el político estadounidense pronuncia una frase impactante: **"la contaminación nunca debería ser el precio de la prosperidad"**.

- ¿Qué crees tú que significa esta cita? ¿Estás de acuerdo? Justifica tu respuesta.
- ¿Crees que existe una relación clara entre "desarrollo" y "contaminación"? ¿Por qué?
- ¿Qué significa para ti el concepto "calentamiento global"?
- ¿Es posible que un país produzca riqueza sin necesidad de contaminar el planeta? Justifica tu respuesta.

Actividad 1

Paso 1

El uso de la energía nuclear se ha planteado como una alternativa a los combustibles fósiles tradicionales como el petróleo o el carbón. ¿Sabes en qué consiste? ¿Por qué se llama "nuclear"? Puedes buscar información con la ayuda de internet.

Paso 2

Contesta las siguientes preguntas. Después lee el texto y compara tus respuestas.

1   ¿Cuál crees que es la principal ventaja que ofrece la energía nuclear?

2   ¿Y el principal inconveniente?

La solución a todos nuestros problemas

El futuro de la raza humana se encuentra en una encrucijada. Han pasado ya más de dos siglos desde el estallido de la revolución industrial, dos siglos quemando combustibles fósiles y emitiendo **gases de efecto invernadero**. Quedan ya solo unos pocos testarudos que a estas alturas nieguen la existencia del calentamiento global y de que nosotros mismos lo hemos producido.

El problema está muy claro: el petróleo, el carbón y el gas tienen sus días contados. Incluso si cometiéramos el error de seguir utilizándolos indiscriminadamente y dañando la atmósfera y los ecosistemas, los datos que tenemos indican que los **combustibles fósiles** se agotarían a corto o medio plazo. Lo que no parece estar tan claro es la solución.

En las últimas décadas hemos visto como algunos organismos y asociaciones ecologistas nos prometían un futuro limpio en el que las **energías renovables** sustituirían para siempre a las tradicionales. Pocos discuten ahora que tan nobles propósitos se han estrellado contra la cruda realidad. La producción energética mundial sigue basándose fundamentalmente en la quema de combustibles fósiles, la emisión de gases de efecto invernadero sigue aumentando y las energías renovables han revelado ser más complejas y difíciles de implementar de lo que todos imaginábamos, además del hecho de que su productividad es muy reducida.

Pero la raza humana aún guarda un as bajo la manga: la energía nuclear. Gracias a su ayuda podríamos resolver el problema más urgente, que es el del **calentamiento global**. La energía nuclear es limpia y no tiene ninguna incidencia en el efecto invernadero, ya que durante su producción no se emite dióxido de carbono ni óxido de nitrógeno a la atmósfera. Aunque este motivo ya debería ser suficiente para convencer a la humanidad de la necesidad de adoptar un modelo energético basado en la fusión o fisión nucleares, este modo de producción ofrece muchas otras ventajas.

La cantidad de combustible que se necesita para producir cantidades masivas de energía es insignificante si lo comparamos con el carbón o el petróleo. Esto es muy importante no solo porque se necesitan menos materias primas, sino también porque se ahorrarían importantes sumas de dinero en el transporte y la gestión de recursos. Además, los residuos producidos serán mucho menores.

Otra de las ventajas de este tipo de energía es su aplicación a la medicina. Gracias a la fisión nuclear gozamos de tratamientos y sistemas de diagnóstico como la radioterapia, los radiofármacos y los rayos X, entre otros.

Llegados a este punto, es posible que los detractores de este modelo energético estén pensando ya en los problemas que presenta en materia de seguridad. Es cierto que existen riesgos y que cuando tiene lugar un fallo humano o mecánico las consecuencias pueden llegar a ser catastróficas, pero el ser humano aún está prácticamente descubriendo los entresijos de este tipo de energía. Si ya ahora se trata de una energía limpia y relativamente segura, imagínense lo que podríamos conseguir en el futuro si invertimos en investigación y seguridad.

En este sentido, piensen solamente en la posibilidad de la construcción de centrales que, en lugar de la fisión, utilicen la fusión nuclear. La energía de fusión es mucho más poderosa, eficiente, limpia y segura que la de fisión. Se utiliza como materia prima el hidrógeno, muy abundante en nuestro planeta y prácticamente inagotable. Cuando se fusionan dos átomos de hidrógeno, se obtiene un átomo de helio, un gas inocuo para el ser humano y para el medio ambiente, por lo que desaparecería el problema del tratamiento de residuos.

Tenemos, pues, desde mi punto de vista, dos opciones muy claras ante el agotamiento de los combustibles fósiles tradicionales: no hacer nada y confiar en que las energías renovables obren el milagro que hemos estado esperando desde hace décadas y que todavía no hemos visto, o empezar a tomarnos en serio el problema y apostar por la energía nuclear.

Paso 3

Está claro que en el texto que acabas de leer el autor expresa su opinión, pero ¿sabrías indicar de qué tipo de texto se trata? Elige una de las siguientes opciones y justifica tu respuesta:

a Noticia periodística

b Carta de queja

c Artículo de opinión

d Ficción narrativa

e Ensayo académico

Paso 4

Realiza las siguientes actividades con la ayuda de tu compañero o compañera.

1 Buscad en el texto sinónimos de las siguientes palabras:

    a Disyuntiva

    b Tercos

    c Mundial

    d Hábitats

    e Básicamente

    f Acuciante

    g Minúsculo

    h Cantidades

    i Opositores

    j Secretos

    k Eficaz

    l Inofensivo

2 Comentad lo que sabéis de las expresiones en negrita de la primera parte del texto:

    a gases de efecto invernadero

    b combustibles fósiles

    c energías renovables

    d calentamiento global

3 Con la ayuda de internet, explicad cuál es la diferencia entre "fisión" y "fusión" nuclear.

Paso 5

Realiza las siguientes actividades:

1 ¿Crees que el texto que acabas de leer es objetivo o intenta serlo?

2 ¿Cuál es la posición del autor con respecto a la energía nuclear?

3 Identifica los pasajes del texto donde se puede percibir la opinión del autor.

Actividad 2

Paso 1

Responde a las siguientes preguntas. Después compara tus respuestas con las de tu compañero o compañera y lee el texto para conocer las soluciones.

1   ¿Cuáles crees que son los principales argumentos de los detractores de la energía nuclear?

2   ¿Se te ocurre alguna alternativa viable al uso de combustibles fósiles tradicionales aparte de la energía nuclear?

Nuclear no, gracias

Varios desastres con víctimas mortales y con serias consecuencias medioambientales, el fracaso absoluto en la búsqueda de una solución al tratamiento de residuos, la oposición de la inmensa mayoría de la población… Nada parece disuadir a los fanáticos de la energía nuclear de su propósito de borrar a la humanidad de la faz de la tierra para siempre.

Nos han intentado convencer incansablemente de todas las bondades de la energía nuclear: que si no contamina, que si es la solución al déficit energético, que si es más barata que las energías renovables… Incluso aunque todo esto fuera cierto, un accidente en una central nuclear puede provocar, y normalmente provoca, víctimas mortales. Si eres una persona responsable, que respeta la vida de las personas, este hecho ya debería ser suficiente para posicionarte en contra. Pero ni siquiera sus supuestas ventajas son tan convincentes como las pintan.

Uno de los principales argumentos que esgrimen los partidarios de la energía nuclear es que no contamina. Falso. Ese es precisamente uno de sus peores inconvenientes. Los residuos producidos en la fisión son altamente contaminantes y mortales para el ser humano y los animales. Todavía hoy no se ha encontrado una solución al problema del tratamiento de los residuos, que continúan siendo radiactivos durante siglos.

También se ha venido diciendo desde hace tiempo que es una manera de producir energía a un coste mucho más bajo. Falso. Es extremadamente caro construir una central nuclear, y su vida activa en España es de cuarenta años. Además, el coste de la obtención de las materias primas necesarias para producir energía de fisión es también muy elevado.

Sin embargo, el principal inconveniente de este tipo de energía es sin lugar a duda el riesgo que supone para la seguridad. Cada vez que se produce un accidente las consecuencias son catastróficas. Y casos como el de Chernóbil o Fukushima no son, por desgracia, incidentes aislados. La historia de la energía nuclear está plagada de incidentes: una simple grieta, una pequeña fuga radiactiva, un pequeño error humano y miles de personas pueden quedar expuestas a los efectos de la radiación, como ha venido sucediendo durante décadas no solo en las centrales, sino también en otro tipo de instalaciones en las que se utilizan materiales radiactivos, a veces con fines médicos, como en hospitales o en la industria farmacéutica.

En un mundo en el que las energías renovables han demostrado que pueden solucionar los problemas energéticos que atravesamos en la actualidad, exponer a la población a los peligros de la fisión nuclear es sencillamente irresponsable e inconsciente.

Paso 2

Contesta las siguientes preguntas:

1   ¿Cuál es la opinión del autor del texto en relación al uso de la energía nuclear?

2   ¿Cuál es la principal razón por la que la mayoría de la gente (en palabras del autor) y el propio autor se oponen a este tipo de energía?

3   ¿Crees que el autor de este texto es objetivo? Justifica tu respuesta.

Paso 3

Aunque expresen puntos de vista completamente opuestos, el texto que acabas de leer tiene algunas cosas en común con el de la Actividad 1. Realiza un resumen indicando qué opiniones y características comparten.

> **CONSEJO**
>
> **Realizar un resumen de dos textos con el mismo tema**
> En capítulos anteriores ya hemos aprendido a elaborar resúmenes de un texto. Si en un ejercicio se te pide que sintetices dos textos, lo primero que debes hacer es buscar todos los puntos que tienen en común, como por ejemplo el tema, los protagonistas, el trasfondo social, político o histórico, etc. En el caso de que ambos sean artículos de opinión, resulta muy útil elaborar una lista con todos los argumentos que exponen (sea para respaldarlos o para rebatirlos). Piensa después en los elementos diferenciadores, es decir, todos aquellos elementos que no comparten, y establece una relación entre ellos. Por ejemplo, un texto a favor de la energía nuclear puede omitir cualquier alusión a accidentes en las centrales eléctricas, mientras que en un texto en contra lo que se omitirá son algunas de las ventajas que ofrece este tipo de energía.

> **CONSEJO**
>
> **Analizar textos con opiniones opuestas**
> Cuando se te pida analizar dos textos en los que se ofrecen puntos de vista enfrentados es muy útil que analices cada argumento y contraargumento por separado. Piensa no solo en lo que se dice en los textos, sino también en todo lo que no se dice, ya que omitir información es una característica habitual en textos como artículos de opinión cuya finalidad es convencer al lector de una determinada idea.

Paso 4

Vuelve a leer los dos textos y enumera las ventajas e inconvenientes de la energía nuclear ayudándote de la información que se recoge en ellos.

Ventajas	Inconvenientes

Paso 5

Realiza ahora un resumen de la información recogida en ambos textos centrándote primero en las características comunes y luego en las diferencias. Recuerda recoger todas las ventajas e inconvenientes o consecuencias negativas que mencionan los autores.

Actividad 3

Paso 1

Responde a las siguientes preguntas. Después lee el texto y compara tus respuestas.

1   ¿Qué problemas de contaminación existen en tu ciudad? Discútelo con tu compañero o compañera.

2   Volviendo a la frase de Al Gore del principio del capítulo "la contaminación nunca debería ser el precio de la prosperidad", ¿crees que hay personas o empresas que anteponen la prosperidad o el negocio al cuidado del medio ambiente? ¿Por qué? Justifica tu respuesta.

Ramón, ¿un empresario modelo?

Ramón estaba muy orgulloso de considerarse un hombre hecho a sí mismo. Hijo de un obrero del metal y de un ama de casa, creció en el seno de una familia conflictiva que tenía que hacer números para llegar a fin de mes. A los 16 años dejó de estudiar para empezar a trabajar y contribuir todo lo posible a la economía familiar, que alcanzó un momento crítico cuando a su padre le redujeron la jornada de 8 a 6 horas – en realidad lo único que le habían reducido era el sueldo, porque en la práctica Luis Peregrino seguía trabajando las mismas horas o incluso más.

Pero nada pudo apartar a Ramón de su pasión por los videojuegos y la electrónica. Después de ahorrar durante casi un año, por fin pudo comprarse un ordenador de segunda mano y, con métodos de dudosa legitimidad que no voy a descubrir aquí, logró conectarse a internet de forma "gratuita". Gracias a ello y a su habilidad para aprender de manera autodidacta, el joven consiguió adquirir conocimientos avanzados de programación. Aunque él todavía no lo sabía, el joven Ramón estaba sentando los cimientos de lo que se convertiría en una de las compañías más importantes del sector de la electrónica en España.

Con tan solo 25 años fundó Prog S.L., una empresa dedicada al desarrollo de software para explotar y comercializar una aplicación que había creado. La aplicación registró récords de ventas en las distintas plataformas de teléfonos móviles, y la compañía creció tanto que en menos de un año ya había ocho personas trabajando para él.

Cuatro años después de haber fundado su empresa de software, Ramón decidió dar el salto y comenzar a fabricar componentes: quería controlar toda la cadena de producción y llevar a Prog S.L. a lo más alto del mundo de los negocios. Gracias a su manera de ver el mundo de la electrónica, el éxito parecía perseguirlo en todas las aventuras en las que se embarcaba. Comenzó a producir teléfonos móviles a precios muy bajos cuyos componentes eran íntegramente diseñados, fabricados y "ensamblados" en España. En muy poco tiempo ya tenía fábricas repartidas por seis comunidades autónomas. Ramón era el hombre del momento y parecía que la suerte no iba a abandonarlo nunca.

Sin embargo, gran parte de su éxito se debía al hecho de que, para conseguir fabricar productos a precios reducidos, su empresa tenía que ahorrar en seguridad. Desde el principio siempre hubo sospechas y acusaciones de que el joven empresario se saltaba la legislación y hacía lo que le venía en gana, pero nadie era capaz de demostrarlo.

Un día, Ramón recibió una carta de queja de un padre muy enfadado. Aquel hombre iracundo lo acusaba de que una de sus fábricas estaba realizando vertidos cerca de un parque infantil. No era la primera vez que algún vecino lo increpaba por supuestamente no cumplir con los protocolos de seguridad ambiental, pero tampoco tenía tiempo para escuchar y hacer caso a todos los lunáticos que, seguramente motivados por la envidia y el odio, lo acusaban de manera tan gratuita.

Las cosas empezaron a ponerse feas. Manifestaciones de los vecinos en contra de sus fábricas supuestamente contaminantes, huelgas de trabajadores… La presión era cada vez mayor. Ramón tuvo que comparecer ante los medios y conceder algunas entrevistas en un intento de lavar su imagen, pero la situación no mejoró en absoluto. El gobierno, preocupado por la alarma social que parecía crecer sin fin, se vio obligado a llevar a cabo exhaustivas inspecciones, tras las que se tomó la decisión de cerrar "temporalmente" todas sus fábricas.

Todavía hoy Ramón defiende su inocencia y achaca esta decisión del gobierno a la presión social. Se defiende de lo que él llama "una caza de brujas" y "una cortina de humo" para distraer a los españoles de los problemas que a juicio del empresario son más importantes.

En todo caso, ahora se arrepiente de no haber tomado medidas el día en que recibió aquella dichosa carta de queja.

Paso 2

Contesta las siguientes preguntas:

1   ¿Qué crees tú que opina el narrador del texto acerca del protagonista? ¿Dirías que simpatiza con él? Justifica tu respuesta.

2   ¿Cómo fue la vida de Ramón desde su infancia hasta que montó su primera empresa? Resúmela en dos líneas.

3   Resume en dos líneas el proceso que llevó a Ramón a convertirse en un empresario de éxito.

4   ¿Qué opina el protagonista del texto acerca de que el gobierno le haya cerrado las fábricas? Justifica tu respuesta.

Actividad 4

Paso 1

Lee las siguientes palabras y busca sus antónimos o contrarios en el texto de la Actividad 3 "Ramón, ¿un empresario modelo?":

a   Insatisfecho

b   Aumentar

c   Acercar

d   Básico

e   Irrelevante

f   Disminuir

g   Fracaso

h   Parcialmente

i   Calmado

j   Alabar

k   Amor

l   Empeorar

m   Permanentemente

Paso 2

Compara el texto de la Actividad 3 con el de la Actividad 5 y realiza las siguientes tareas:

a   Explica la relación que existe entre los dos textos.

b   Localiza en el texto de la Actividad 5 las expresiones que indican la opinión del autor y contrástalas con las opiniones del narrador del texto de la Actividad 3.

c   Localiza en el texto de la Actividad 3 el momento en que se producen los hechos descritos en el texto de la Actividad 5.

Paso 3

Ahora vas a realizar un resumen de ambos textos ("Ramón, ¿un empresario modelo?" y "Carta de queja a Ramón Peregrino"). Pero antes, completa las siguientes tablas:

1   **Elementos en común:**

	Elementos en común
Tema	
Argumento	
Personajes	
Tiempo	

2   **Diferencias:**

	Diferencias	
	Texto 3	Texto 5
Tipo de texto		
Autor/ narrador		
Opinión/ punto de vista		
Personajes		
Tiempo		

3   **Esquema de tu resumen:**

Introducción	Presentación de los personajes	
	Presentación de la historia	
Cuerpo	Los hechos	
	Argumentos	
Conclusiones	Comparación entre ambos textos	

4   **Ahora ya tienes el material que necesitas para escribir un resumen en el que compares ambos textos. Escribe entre 100 y 150 palabras sintetizando lo más importante de cada uno y relacionándolos entre sí con la información que has recopilado en las tablas.**

Actividad 5

Paso 1

Contesta las siguientes preguntas, discute tus respuestas con tu compañero o compañera y a continuación lee el texto:

1   ¿Alguna vez te ha parecido que no te atendían de manera correcta, por ejemplo en una tienda o una cafetería? Explica a tu compañero o compañera qué te sucedió.

Existen hojas de reclamaciones a disposicion del cliente

2 Seguramente hayas visto en muchos locales un letrero como este:
Pero, ¿sabes qué son las hojas de reclamaciones y para qué sirven?

3 ¿Cuál crees que es la diferencia entre una hoja de reclamación y una carta de queja? Comentadlo entre toda la clase.

4 En el Capítulo 3 has estudiado las características de las cartas formales e informales. Lee la carta de queja de la página siguiente y compárala con la carta amistosa de la Actividad 3, Capítulo 3 para cubrir la siguiente tabla:

Diferencias	Similitudes
Ej.: El destinatario de una carta amistosa suele ser un amigo o familiar, mientras que la carta de queja se suele dirigir a un desconocido.	*Ej.: Las dos tienen formato de carta e incluyen, aunque con diferencias, características como la fecha, el saludo y la despedida.*

5 ¿Se te ocurre algo que te afecte y por lo que te gustaría escribir una carta de queja formal?

Carta de queja a Ramón Peregrino

Santiago de Compostela, 25 de agosto de 2016

Ramón Peregrino

Presidente, Prog S.L.

Estimado señor Peregrino:

Por medio de la presente me dirijo a usted para transmitirle mis preocupaciones acerca de los vertidos incontrolados procedentes de su fábrica de productos electrónicos. Un compañero de trabajo me ha informado hace unos días de una supuesta fuga cerca del edificio que poseen en la calle del Rosal. Me desplacé al lugar tan pronto como tuve noticia de ello a comprobar si efectivamente se trataba de un vertido, que tuve la ocasión de verificar *in situ*.

A partir de ese momento me he estado informando debidamente de las actividades de su compañía, consultando este problema con varios expertos, e incluso he enviado muestras del líquido en cuestión a analizar en los laboratorios de la universidad. Los resultados han confirmado que se trata de vertidos tóxicos que pueden poner en riesgo la salud de las personas que inhalen sus vapores o que entren en contacto directo con ellos, ya que contienen metales pesados y otros componentes químicos muy perjudiciales.

Lo más indignante de todo este asunto es que los vertidos se están realizando muy cerca de un parque infantil, con el consiguiente peligro que supone para los niños y niñas que van a jugar allí todos los días. A juzgar por los componentes hallados en las muestras, es solo cuestión de tiempo que alguien resulte herido o algo peor, lo cual es especialmente grave al tratarse de niños. Por mi parte, he prohibido a mi hija que se acerque a este parque desde que tengo conocimiento del problema y hasta la solución del mismo.

Según he podido leer en diferentes periódicos y sitios web, no es la primera vez que su compañía se enfrenta a acusaciones de este tipo y sus infracciones están denunciadas en la mayor parte de las comunidades autónomas donde poseen fábricas, lo que me hace pensar que tienen como norma el incumplimiento de los protocolos de seguridad y de respeto del medio ambiente.

He estado hablando con los demás padres y madres de la zona, así como con las diferentes asociaciones de vecinos, y todos ellos comparten mi preocupación por la seguridad de nuestros hijos. Como usted comprenderá, no podemos seguir tolerando esta situación que expone a nuestros hijos e hijas a un riesgo innecesario. Hemos acordado, por lo tanto, que si el problema no se soluciona pronto nos veremos obligados a tomar medidas legales y presentar una denuncia colectiva, aunque confiamos en que usted y su equipo se pondrán a trabajar en el asunto ahora que lo hemos puesto en su conocimiento.

Esperando su pronta respuesta y agradeciendo de antemano su tiempo.

Reciba un cordial saludo,
Antonio del Rosal

Paso 2

Identifica en el texto que acabas de leer las características de las cartas de queja.

Fórmulas	*Ej.: Estimado señor…*
Registro (formal/informal)	
Estructura	
Lenguaje (coloquial/culto)	
Ortografía y puntuación	
Estilo (emisor/receptor) (persona/ tiempo verbal) (adjetivos)	

Paso 3

Teniendo en cuenta esto, identifica en el texto las frases que muestran de manera más clara el enfado de la persona que escribió la carta. Lee las siguientes frases y encuentra su versión en lenguaje formal en el texto:

a Te escribo para decirte que estoy muy cabreado contigo: _____

_____

b Lo que más enfermo me pone de todo esto, es…: _____

_____

c Si no solucionas esto te vas a acordar del día en que naciste: _____

_____

Paso 4

Imagina que eres el autor del artículo de la Actividad 2 "Nuclear no, gracias" y que una empresa eléctrica ha obtenido los permisos para construir una central nuclear muy cerca de tu casa, a lo que te opones radicalmente. Escribe una carta de queja dirigida al consejero de medio ambiente donde expongas tus preocupaciones al respecto. Tu respuesta debe recoger los siguientes aspectos:

a Descripción del lugar donde se va a construir la central y por qué crees que supone un peligro para la seguridad de los habitantes de la zona

b Argumentos en contra de la energía nuclear

Recuerda que tu texto debe cumplir los requisitos de las cartas de queja formales. Escribe 500 palabras.

CONSEJO

Cartas de queja

Las cartas de queja se emplean para mostrar indignación o descontento de una manera educada. Es importante evitar el uso de insultos o frases que puedan resultar ofensivas, pero a la vez ser capaces de expresar nuestro malestar o disconformidad con la situación que queremos denunciar. Las cartas de queja, debido a su propia naturaleza y finalidad, utilizan un registro formal en el que predominan fórmulas de cortesía como "Estimada señora…" o "Reciba un cordial saludo" y el uso del pronombre "usted". Cuando escribas una carta de queja, debes evitar el uso de un lenguaje demasiado coloquial y tener mucho cuidado con la ortografía y la puntuación.

Actividad 6

Paso 1

Contesta las siguiente preguntas. Después lee el texto y compara tus respuestas con la información recogida en la entrevista.

1 Vuelve a leer la carta de queja de la Actividad 5. ¿Cómo crees que se defenderá Ramón Peregrino de tales acusaciones?

2 ¿Crees que el gerente de la fábrica reconocerá haber realizado vertidos tóxicos en una zona de recreo infantil? Justifica tu respuesta.

3 Realiza una lectura rápida del texto. ¿Crees que el señor Peregrino dice la verdad? Justifica tu respuesta.

Entrevista a Ramón Peregrino, gerente de la compañía acusada de vertidos ilegales

Ramón Peregrino: "Desde la compañía nos tomamos muy en serio el tratamiento de residuos"

Ramón Peregrino, presidente de la compañía de aparatos electrónicos Prog, S.L., defiende el buen funcionamiento de su empresa. Desde su despacho de Madrid, se muestra sorprendido por el revuelo generado tras la supuesta aparición de vertidos tóxicos en las inmediaciones de su fábrica en la ciudad de Santiago de Compostela.

¿Qué hay de cierto en las acusaciones de los vecinos?

Absolutamente nada. Todo es falso y así se lo he hecho saber a los vecinos de la zona.

¿Han aceptado sus explicaciones? Ya que en la carta remitida a la compañía y a los medios de comunicación anunciaban medidas legales si no cambiaban sus supuestas prácticas ilegales en el tratamiento de residuos...

Mire, nosotros hemos sido los primeros sorprendidos con el tema. No hubiéramos sabido nada de las falsas sospechas que había hacia nosotros si no llega a ser por la carta que nos han enviado. Lo normal en este caso, y esto es lo que hemos hecho, es agradecerles que se hubieran puesto en contacto con nosotros, ya que ahora podemos resolver todas sus dudas.

¿Entonces niegan la acusación?

Totalmente, de lo contrario estaríamos ante un delito medioambiental muy grave, y todos tenemos hijos. Con esto quiero decir que desde la compañía nos tomamos muy en serio el tratamiento de residuos y que incluso vamos más allá de lo que marca la Unión Europea. Hacemos controles cada semana con la colaboración de dos empresas independientes.

Pero los denunciantes dicen que varios expertos aseguran que se han encontrado vertidos tóxicos que salen de su fábrica...

En realidad desconozco qué tipo de experto ha llevado a cabo qué estudio, pero aprovecho su entrevista para invitarles a que entren en nuestra fábrica y a que conozcan de primera mano cómo trabajamos. Se les facilitará cualquier dato o muestra que necesiten.

Pero según ellos los análisis demuestran que en la zona hay vertidos tóxicos...

Si eso es así nos gustaría colaborar con ellos y analizar las muestras para localizar el origen. Como ya he dicho, todos tenemos hijos y es un tema que nos preocupa enormemente.

¿Se ha abierto algún expediente a su compañía a raíz de este tema?

No. De momento no hemos recibido nada. Como ya le digo: máxima transparencia y colaboración.

Paso 2

Realiza las siguientes actividades:

1 ¿A qué género periodístico pertenece el texto que acabas de leer? ¿Cuáles son sus principales características?

    a La entrevista es un diálogo en el que dos personas se hacen preguntas mutuamente.

    b En la entrevista suele aparecer la información que el periodista considera más relevante, como por ejemplo una declaración entrecomillada.

    c El destinatario es el lector del periódico o revista donde se publica la entrevista.

    d Las personas entrevistadas siempre son famosas.

    e En las entrevistas solo intervienen dos personas: entrevistador y entrevistado.

    f Aunque sean publicadas en medios escritos, su base u origen está en la comunicación oral entre entrevistador y entrevistado.

    g La persona entrevistada es relevante por algún motivo para los lectores del periódico o revista.

2 Localiza en la entrevista todos los elementos que indican que nos encontramos ante un texto escrito en registro formal.

CONSEJO

Consejo para la carpeta de curso

Si decides escribir una entrevista para tu carpeta de curso, recuerda que plantear preguntas acerca de temas de actualidad o interés general como la energía nuclear, el aborto o la eutanasia suele resultar interesante para el lector. Por otro lado, y aunque sí se pueden incluir preguntas incómodas, es muy importante guardar las formas en todo momento e intentar no ofender a la persona entrevistada.

Paso 3

Vuelve a leer la texto de la Actividad 5. Imagina que eres un periodista que está investigando el incidente de los vertidos ilegales de la fábrica de Ramón Peregrino. Escribe una entrevista ficticia al alcalde o alcaldesa de la ciudad, pero antes…

1 Haz un borrador con todas las preguntas que te gustaría realizar.

    Ej.: ¿Por qué cree que la gente está tan molesta con el asunto de los vertidos?

2 Antes de contestar las preguntas, intenta ponerte en el lugar de la persona entrevistada: ¿cuáles son sus intereses?, ¿cuál es la mejor manera de protegerlos?

3   Recuerda que una entrevista es una oportunidad excelente para promocionar tu punto de vista o tus intereses. Como alcalde o alcaldesa, tienes que convencer a los lectores de que tu gestión de la crisis ha sido la adecuada y de que has escuchado detenidamente a todas las partes involucradas en el asunto.

4   Ahora ya tienes todo el material que necesitas para redactar tu texto. Inventa una entrevista al director o directora de una central nuclear (500 palabras).

Lista de verificación

¡Fin del Capítulo 7! ¿Qué destrezas has desarrollado? Lee y marca la casilla:
√ (bastante bien), √√ (bien), √√√ (muy bien).

- Puedo entender diferentes puntos de vista en dos textos.
- Puedo comparar y resumir dos textos acerca de un mismo tema.
- Puedo escribir una carta de queja utilizando un registro formal.
- Puedo escribir un diálogo utilizando un registro formal.

Capítulo 8:
Una vida sana

Temas

- Salud y bienestar
- Una alimentación saludable
- El ejercicio físico y la moda del *running*
- Cómo establecer relaciones saludables con los demás

Objetivos

- Identificar las opiniones explícitas del autor de un texto formal
- Entender la opinión implícita del autor acerca de temas formales y complejos
- Escribir una carta informal aconsejando a un amigo
- Contestar a todas las partes de una actividad
- Usar muletillas en una presentación oral

Introducción

Hipócrates fue un célebre filósofo y físico griego, definido por muchos como padre de la medicina. Vivió entre los años 460 y 377 antes de Cristo y uno de sus mayores logros fue separar la medicina de las supersticiones, afirmando que todas las enfermedades y dolencias se deben a motivos fisiológicos y no a la ira de los dioses o espíritus malignos. Hipócrates nos legó una frase que sigue vigente hoy en día y que tanto dietistas como médicos actuales suelen corroborar: **"nuestra comida debería ser nuestra medicina y nuestra medicina debería ser nuestra comida"**.

- ¿Qué crees tú que significa esta cita? ¿Estás de acuerdo? Justifica tu respuesta.
- ¿Qué significa para ti una "dieta sana"?
- ¿Crees que existe una relación clara entre nuestra dieta y nuestro estado de ánimo? ¿Por qué?
- ¿Crees que llevar una dieta saludable ayuda a prevenir o a tratar enfermedades? ¿Por qué?
- ¿Qué crees que significa la famosa frase de la Roma clásica "mente sana en cuerpo sano"?

Actividad 1

Paso 1

Contesta las siguientes preguntas. Después lee el texto y contrasta la información.

1 Con la ayuda de internet, averigua en qué consiste una dieta "crudivegana". ¿Te parece una dieta saludable? ¿Por qué?

2 ¿Conoces otros ejemplos de dietas o costumbres alimentarias polémicas?

Tom, el adolescente crudivegano

Tom Watkins es un adolescente como muchos otros en el mundo. Vive en una gran ciudad, tiene novia, habla poco y usa ropa con un cierto aire hiphopero. Pero hay algo que distingue a este quinceañero holandés de la mayoría de los chicos de su edad. Tom no come hamburguesas, ni patatas fritas, ni raviolis, ni chocolates. Tampoco pescado a la plancha o verduras al vapor. Únicamente ingiere frutas y verduras crudas.

El hábito del chico comenzó cuando su madre, Francis Kenter, decidió adoptar la dieta crudivegana. En aquel entonces, Tom tenía cinco años de edad. Una década más tarde, la mujer mantiene su **convicción** de que ingerir productos cocinados o de origen animal es perjudicial para la salud. Médicos y miembros de los servicios sociales aseguran que esta práctica está limitando el crecimiento de Tom y puede causar daños irreparables en su organismo, por lo que han tratado de quitar a Kenter la custodia de su hijo. Pero el adolescente asegura que come así porque quiere, no porque ella le obligue.

Este es el apasionante punto de partida de *Rawer*, un documental holandés. La película, segunda parte de un documental anterior titulado *Raw* ("crudo" en inglés), vuelve a entrar en la intimidad de esta familia para contar sus razones, su vida cotidiana y su pelea con el Estado para mantener sus posiciones **dietéticas**. Y a la vez toca temas tan sensibles como los derechos de los padres y los hijos, la educación o los límites de la libertad personal.

"Después de grabar *Raw*, seguí en contacto con Tom y su madre", relata la directora de ambas películas, Anneloek Sollart, según crónica publicada por Mikel López Iturriaga en el periódico madrileño El País. "Un día Francis me llamó por teléfono para contarme que los servicios sociales para el bienestar infantil la acusaban de negligencia materna. En el hospital decían que Tom estaba malnutrido, pero ella no estaba de acuerdo y seguía sin querer cambiar su dieta. En ese momento supe que tenía que cerrar el círculo y hacer una secuela".

Francis asegura en el documental que el pescado está "repleto" de mercurio y causa esquizofrenia, comer carne produce cáncer, el cacahuete está contaminado por un hongo muy dañino y los lácteos son bombas de hormonas que causan un crecimiento anormal en los niños. Este último argumento le sirve para justificar la corta estatura de Tom, que según los médicos podría ver reducida su altura en 12 centímetros por culpa de su dieta, pobre en calorías, proteínas, calcio y ciertos tipos de grasas. "Tiene los síntomas de malnutrición de un niño africano", dice una especialista que aparece en el documental. La situación es **acuciante** porque los daños en la formación de los huesos entre los 10 y los 20 años son irreversibles, hecho que, sumado a los intentos de Francis de sacar de la escuela a su hijo para educarlo en casa, empujan a los servicios sociales especializados en la infancia a llevarla a los tribunales.

La admiración de Francis por David Wolfe, gurú estadounidense de la *raw food* que defiende toda clase de **dislates** pseudocientíficos – como la relación entre el dolor crónico o el cáncer con la **ingesta** de alimentos cocinados – no deja a esta señora en una posición muy creíble. Tampoco los ayunos a los que somete a su perro cuando tiene infecciones de oído "para que su cuerpo se concentre en combatir la enfermedad". Ahora bien, otros personajes que desfilan por el documental ponen de relieve que el asunto no es tan simple como el de una madre loca con un niño víctima. El padre de Tom, por ejemplo, dice no estar de acuerdo con la dieta crudivegana, pero insiste en que acusar a su ex mujer de negligencia es absurdo. Y una asistente social se pregunta si a la larga no sería peor para el bienestar del chico verse separado de su madre que crecer 12 centímetros menos.

Si *Raw* fue polémica en Holanda, *Rawer* lo fue aún más. Su emisión en televisión generó una gran **controversia**, en especial por la decisión de Francis de desescolarizar a Tom. "Todos los periódicos y telediarios se hicieron eco de la noticia, y las cosas fueron aún peor: los servicios sociales decidieron llevar a Tom a un hogar de acogida. Francis huyó con su hijo y durante un par de días nadie supo dónde estaban. Entonces les asignaron un **mediador**, y Francis y los servicios sociales empezaron a buscar una solución juntos. Ahora Tom ha vuelto a ir a la escuela un día a la semana para poder quedarse con su madre".

www.montevideo.com.uy

Paso 2

Lee las siguientes oraciones y busca en el texto las palabras que faltan.

1   Para la mayoría de las personas, decir que la única manera de llevar una dieta saludable es comer vegetales crudos es un auténtico _____.

2   La leche de soja está considerada por muchos un producto _____.

3   En caso de conflictos de difícil solución es muy recomendable contar con la ayuda de un _____.

4   La OMS ha afirmado recientemente que la _____ de carnes procesadas aumenta el riesgo de padecer cáncer de colon.

5   Tanto vegetarianos como veganos tienen la _____ de que comer carne está mal.

6   Obligar a los hijos a seguir dietas tan restrictivas genera gran _____.

7   Pocas cosas hay tan _____ como cambiar nuestra relación con el medio ambiente para que nuestros hijos puedan heredar un planeta limpio y habitable.

Paso 3

Contesta las siguientes preguntas basándote en la información del texto y justificando todas tus respuestas.

1   ¿Cuál crees que es la opinión del autor acerca de la dieta crudivegana? Cita las partes del texto que te han llevado a esa conclusión.

2   Vuelve a leer el tercer párrafo del texto, desde "Este es el apasionante" hasta "los límites de la libertad personal". ¿Qué opina el autor del texto del documental? ¿Le parece que aborda un tema interesante?

3   Vuelve a leer el sexto párrafo, desde "La admiración de" hasta "12 centímetros menos". ¿Qué opina el autor del texto acerca de David Wolfe? ¿Y acerca de la madre de Tom?

4   ¿Crees que el autor del texto se posiciona a favor o en contra de la madre de Tom? ¿Por qué?

> **CONSEJO**
>
> **La opinión del autor**
>
> Para identificar y entender lo que piensa el autor de un texto necesitas localizar todas las palabras y frases que expresen opiniones. Algunas veces es muy sencillo, ya que el autor introduce su punto de vista directamente con expresiones como "en mi opinión", "creo que" o "estoy convencido de que", por poner algunos ejemplos. Otras veces resulta un poco más complicado, y necesitamos fijarnos más en otras palabras como los adjetivos que utiliza para calificar personas, hechos u opiniones, o en el tono en el que se expresa.

Actividad 2

Paso 1

Responde a las siguientes preguntas. Después compara tus respuestas con las de tu compañero o compañera y lee el texto "Un abrazo, por favor" para averiguar las respuestas.

1   ¿Qué significa para ti la expresión "abrazos gratis"?

2   ¿Qué harías si un desconocido se te acercara por la calle para ofrecerte un abrazo?

3   ¿Por qué crees que existen los abrazos? ¿Crees que son una manera de expresarse?

Un abrazo, por favor

El creador del movimiento "Abrazos Gratis" cuenta que la primera vez que le regalaron un abrazo se sintió "como un rey". Tal fue su alegría que decidió salir a la calle **con el único objetivo de** regalar abrazos a desconocidos. Con este gesto totalmente desinteresado nació el movimiento, hoy mundialmente conocido, "Abrazos Gratis". Su creador es Juan Mann, nombre ficticio que viene a ser un juego de palabras con la pronunciación en inglés de *one man*, que en español significa "un hombre". Y es que una sola persona, con el gesto más sencillo del mundo, puede cambiarlo todo.

La primera vez que oí hablar de esta iniciativa fue a través del telediario. En la noticia explicaban cómo había nacido esta práctica en la ciudad australiana de Sidney y cómo había llegado a España poco tiempo después. Lo primero que pensé es que era algo bastante raro y que por lo tanto tenía que ser obra de gente igualmente rara. Gente que seguramente **no tendría otra cosa mejor que hacer** que andar por la calle con un cartel anunciando "abrazos gratis". Recuerdo que hasta me pareció peligroso, ¿quién iba a dejarse abrazar por un desconocido?, ¿qué intenciones ocultas tenía?, pensé. Pero luego, me fijé en que la gente que recibía estos abrazos no parecía asustada, al contrario, sonreían. ¡Estaban felices! La escena tenía lugar en una céntrica plaza de Madrid llena de terrazas. Hacía muy buen día y había muchísimas parejas, familias y grupos de

amigos disfrutando de la tarde. Después de la incredulidad inicial, poco a poco la gente se fue animando y empezó a abrazar al "voluntario". Al ver esto me sentí fatal por haber pensado mal de ese hombre y descubrí que un gesto tan pequeño y gratis puede **alegrarte el día**.

No volví a saber nada más del tema hasta que una tarde, tomando algo con unos amigos, apareció un grupo de personas ¡regalando abrazos! Tanto mis amigos como el resto de gente de la plaza parecían extrañados ante tan pintoresca imagen, algunos incluso comentaban que se trataba de una broma. Traté de explicarles que estaban equivocados, y que solo era un movimiento solidario en busca de felicidad. Sin embargo, como notaba que mis palabras **no terminaban de convencerlos**, decidí **pasar a la acción**. Me levanté y les di un abrazo. Simplemente eso. Y detrás de mí se animaron muchos otros. Al final, todos aplaudimos y los "abrazadores" pudieron marcharse a otro lugar para seguir repartiendo alegría.

Algunos estudios han señalado que los abrazos juegan un papel fundamental en el desarrollo de las neuronas desde que nacemos, consiguiendo estimularlas para que no mueran y así completar nuestro desarrollo. El abrazo ayuda además a prevenir enfermedades físicas y mentales, ya que mejora el sistema inmune, rejuvenece nuestro cuerpo y eleva nuestro estado de ánimo y nuestra autoestima.

No creo que Juan Mann conociese los beneficios que los abrazos tienen para nuestra salud, supongo que el suyo fue más bien un acto espontáneo gracias al cual descubrió el poder de esta "terapia". Estoy convencido de que todos sentimos la necesidad de abrazar y de ser abrazados en algún momento de nuestra vida, y no solo para **manifestar** afecto hacia un ser querido, sino también para sentirnos bien con nosotros mismos. De hecho, creo que abrazarse resulta tan efectivo con las personas que queremos como con los desconocidos. Y lo sé porque aquella tarde en la que unos desconocidos decidieron regalarme un abrazo, sin conocerme de nada, me alegraron el día y, todavía hoy, **me reconforta** recordar aquella experiencia tan **fuera de lo común**. Quizás por este motivo, por ser algo poco habitual y desconocido, la policía ha querido detenerlos en alguna que otra ocasión alegando desorden público, pero ¿sabéis que hacen los "abrazadores" ante semejante situación? Piden a las autoridades un abrazo, por favor.

Paso 2

Completa las frases de la columna de la izquierda con las expresiones de la columna de la derecha.

1	Abandonó su vehículo	a	pasar a la acción.
2	Si te dedicas a perder el tiempo con tonterías parecerá que	b	me reconforta.
3	Ver en las noticias que mi equipo había ganado	c	no tienes otra cosa mejor que hacer.
4	Ayer devolví mi teléfono nuevo porque	d	con el único objetivo de increpar a otro conductor.
5	A veces es mejor dejarse de tanta charla y	e	me alegró el día.
6	Si no estás de acuerdo con algo debes	f	no terminaba de convencerme.
7	Pensar que soy afortunado en la vida es algo que	g	fuera de lo común.
8	Los atletas profesionales tienen un físico	h	manifestar tu descontento.

Paso 3

Contesta las siguientes preguntas:

1   Vuelve a leer el primer párrafo y señala las frases en las que el autor muestra su simpatía hacia el movimiento de "abrazos gratis".

2   Vuelve a leer el segundo párrafo y explica qué quiere decir el autor del texto con "Gente que no tiene nada más que hacer".

3   Vuelve a leer el tercer párrafo. ¿Cuál es la actitud del autor del texto hacia el movimiento "abrazos gratis"?

4   Vuelve a leer las últimas seis líneas del texto, desde "Quizás por este" hasta "un abrazo, por favor". ¿Qué le parece al autor del texto que la policía haya tratado de parar esta iniciativa? Justifica tu respuesta.

Actividad 3

Paso 1

En parejas, un alumno va a trabajar en el texto A y otro en el texto B:

<u>Texto A:</u> **Contesta las siguientes preguntas. Después lee el texto A y compara tus respuestas.**

1   Parece que hay cada vez más gente que sucumbe a la moda del *running*. ¿Por qué crees que se está convirtiendo en un deporte tan popular y tan practicado, según estadísticas del gobierno de España por delante incluso de deportes tradicionales como el baloncesto?

2   ¿Cuáles son los beneficios de salir a correr?

Texto B: Contesta las siguientes preguntas. Después lee el texto B y compara tus respuestas.

1   Nadie discute que hacer ejercicio es algo altamente beneficioso para la salud y hay cada vez más gente que sale a correr para mantenerse en forma pero, ¿qué inconvenientes presenta salir a correr regularmente? ¿Puede suponer un peligro para la salud?

2   ¿Crees que salir a correr es más beneficioso o más perjudicial para la salud que otros deportes?

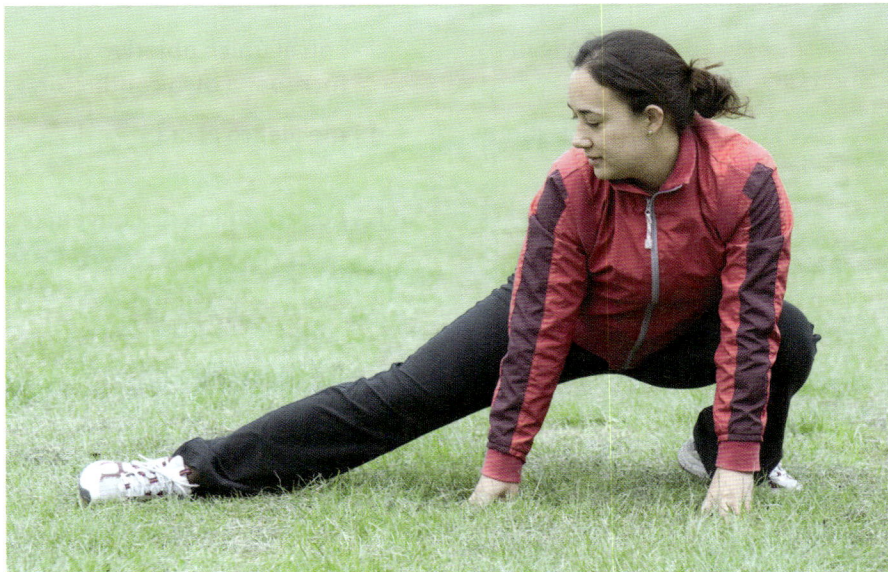

Texto A: El *running*, un estilo de vida bueno, bonito y barato

Muchos pensaban que el *running* tan solo sería una moda pasajera, pero lo cierto es que se ha convertido en un hábito realmente sano que practican diariamente millones de personas. En España ya somos 2,5 millones los que hemos sucumbido a las bondades de este deporte nacido en Estados Unidos alrededor de 1970.

Lo nuevo que trae esta práctica deportiva que, reconozcámoslo, ha venido para quedarse, es que situándose muy lejos de otros deportes denominados elitistas, como el golf o el pádel, es practicado por todo tipo de personas; ricos y pobres, trabajadores estresados y desempleados aburridos, jóvenes y mayores, famosos y anónimos, hombres y mujeres. Y es que es innegable el hecho de que en los últimos meses han aumentado las páginas web, aplicaciones para dispositivos móviles y blogs que nos informan tanto del calendario de carreras disponibles como de las experiencias y retos superados por cada corredor. Además, existen carreras para todos los gustos y distancias. Vivas donde vivas. Por cierto, si alguno tiene pensado correr, por ejemplo, la maratón de Nueva York o de Londres, que sepa que es muy probable que tenga que comprar un dorsal en la reventa de internet.

Porque nuestros hábitos han cambiado y, actualmente, los amantes de los deportes ya no son solo aquellos que se acercan al estadio para comprar una entrada o los que pagan una suscripción mensual para ver los mejores canales

de deporte por la televisión, sino que ha nacido otra especie menos pasiva de personas que decide, día tras día, calzarse sus zapatillas y, simplemente, salir a correr.

Hoy en día, todavía muchos se preguntan qué es lo que hace del *running* un hábito tan formidable. La primera razón de todas es que correr es gratis. Y esto es una realidad indiscutible. Aunque también es cierto que estamos ante un gran negocio que genera cada año unos 300 millones de euros, pero esto no deja de ser una consecuencia colateral. Salir a correr no cuesta dinero, cualquiera que tenga un poco de voluntad puede hacerlo, y la falta de tiempo ha dejado de ser una excusa porque incluso los hombres y mujeres más ocupados del planeta salen a correr para combatir su estrés laboral y para superarse a sí mismos también en el ámbito deportivo. Otro gran argumento utilizado para explicar los beneficios de este deporte está relacionado con la salud, ya que gracias al *running* podemos mantenernos en forma, bajar de peso, mejorar nuestra resistencia cardiorrespiratoria, disminuir la ansiedad y, en definitiva, conseguir sentirnos mejor con nosotros mismos, día tras día, meta tras meta.

Texto B: Adictos al *running*, la "droga" de moda en la clase media-alta

El *running* se ha convertido en un **fenómeno social** durante los últimos años. Los retos deportivos y la capacidad de **superación personal** generan numerosos beneficiosos, tanto físicos como psíquicos, pero todo en exceso es malo. ¿Dónde están los límites?

Las características de esta adicción no difieren en demasía de cualquier otra, incluyendo el síndrome de dependencia, tolerancia y abstinencia. "La adicción al deporte tiene tres fases: una primera en la que se hace por placer; una segunda, en la que el objetivo es mejorar la belleza física, el bienestar, liberarse del estrés o relacionarse con otras personas; y una tercera en la que aparece el abuso y la necesidad de hacer deporte a toda costa, a pesar de que se sepa que puede traer consecuencias negativas", según aclaraba la autora de la investigación.

La tercera etapa, la del "abuso y necesidad", es la única con consecuencias negativas, puesto que las otras dos son altamente beneficiosas para la salud y el bienestar mental. Las consecuencias de llegar a este peligroso punto, según explica el psicólogo especialista en tratamiento de adicciones Miguel del Nogal, se resumen en que "el *running* acaba **eclipsando** todas nuestras actividades, se convierte en el **eje central** de nuestro día a día y nos hace vivir por y para él". De este modo, añade, "se dejan de hacer otras cosas con la familia o los amigos, y si un día no es posible hacer deporte debido a una lesión o a un compromiso importante, el sentimiento de malestar se apodera de uno".

Con el tiempo, suele suceder que "el círculo de amistades comienza a estrecharse únicamente entre las personas que comparten la misma afición por el deporte, mientras que las metas son cada vez más altas, convirtiéndose en una obsesión que puede ir acompañada de mucho sufrimiento físico y psíquico", añade del Nogal.

123

La adicción al deporte, y más concretamente al fenómeno del *running*, tiene, como también ocurre en las adicciones con substancias, un componente físico y otro ambiental. En lo referente al físico, este se debe a la liberación de endorfinas en nuestro cerebro que, como explica del Nogal, actúan como un opiáceo endógeno que nos genera bienestar. "Son un refuerzo impresionante que nos anima y nos hace sentirnos bien con nosotros mismos, pero cuando dependemos de ese refuerzo para estar bien corremos el riesgo de depender de él", añade.

En lo que respecta al componente ambiental tiene mucho que ver el factor de la moda, por un lado, y la buena imagen social que tiene, por otro. "La sociedad nos marca y correr está de moda, pero al mismo tiempo tiene un componente positivo, pues está muy bien visto ser deportista y ser competitivo, y ambas cosas van de la mano", dice del Nogal. Una imagen que, como ocurre con la adicción al trabajo, que también es una conducta que goza de **buena prensa**, implica el riesgo de que no se interprete como una problemática, a pesar de que la reflejen diferentes síntomas.

Para Molina tiene sentido que las maratones y las pruebas de resistencia, como los triatlones, se hayan puesto de moda entre los ejecutivos, desplazando otras actividades deportivas más tradicionales entre este sector de la población. "Hay ciertos deportes que, debido a la gran cantidad de adrenalina y otras hormonas que liberan al practicarlos, reducen los niveles de estrés, ayudan a olvidar los problemas y generan refuerzos que son muy positivos para la gente con trabajos estresantes".

Ser conscientes de las limitaciones de cada uno es fundamental para no caer en la obsesión por superarse cada día, y ponerse metas muy altas como realizar una *ironman* cuando uno no está preparado para asumir un reto de estas características. Sin embargo, en el caso de los altos ejecutivos, que trabajan en un mundo ultracompetitivo, es difícil discernir cuándo es suficiente. "Plantearse metas está bien, pero cuando el objetivo es demasiado ambicioso, como saltar de las carreras de diez kilómetros de distancia a una maratón en muy poco tiempo y sin estar en condiciones, caerás en la obsesión y comenzarás a dedicarte exclusivamente a alcanzar este reto", apunta Molina.

Otra de las cuestiones asociadas a este fenómeno, que cada vez se debate más en los congresos, según añade el psicólogo, es que el *running* y los deportes de resistencia en general, son adicciones que sustituyen a otras adicciones. "Cada vez nos encontramos a más pacientes en consulta que se vienen a tratar de drogodependencias. Fomentas que realicen ejercicio, superan su problema y acaban teniendo una cierta dependencia hacia el deporte. Es cierto que son personas más predispuestas a las adicciones, pero ahora el debate entre los psicólogos está en si esto es un problema adicional o no, aunque superen su drogodependencia, y si lo más ideal en estos casos es fomentar el ejercicio".

www.elconfidencial.com

Paso 2

1 **Explica a tu compañero o compañera el texto que acabas de leer y comparad los puntos de vista de ambos autores acerca de las cuestiones que se mencionan en la siguiente tabla:**

	Texto A	Texto B
Estilo de vida saludable		
Adicción al deporte		
Efectos positivos		
Efectos negativos		

2 **Ahora contestad entre los dos a las siguientes preguntas basándoos en la información recogida en el texto A.**

a ¿Cuál es la opinión del autor del texto acerca de la "nueva" moda de salir a correr? Cita cinco frases del texto que respalden tu respuesta.

b ¿Qué dos argumentos utiliza principalmente el autor para respaldar esta opinión?

c Localiza dos frases en el texto en las que el autor **no** está dando su opinión personal sino que trata de ser objetivo.

d ¿Qué opinión tiene el autor de este texto acerca del hecho de que este deporte sea gratuito? Justifica tu respuesta.

3 **En parejas, relacionad las palabras y frases en negrita del texto B con su significado.**

1 Fenómeno social

a capacidad que tiene el ser humano para mejorar venciendo obstáculos y dificultades.

2 Superación personal

b el elemento más importante alrededor del cual gira, en el caso del texto, tu vida.

3 Eclipsar

c situación que se pone de moda entre un gran número de personas en un momento determinado.

4 Eje central

d cualidad de la que goza una persona, cosa o, en este caso, actividad, que es vista como positivo por el conjunto de la sociedad.

5 Buena prensa

e acción mediante la cual una situación cobra importancia hasta el punto de que todo lo demás pasa a un segundo plano.

> **CONSEJO**
>
> **La opinión del autor**
>
> En innumerables ocasiones las opiniones del autor no se expresan directamente en el texto, aunque se pueden intuir. Omitir información es una de las maneras más típicas de defender un punto de vista sin necesidad de expresar directamente la posición personal. Es importante tener en cuenta que detrás de cada texto hay un autor con un punto de vista propio y que, aunque en algunos géneros periodísticos como la noticia se persiga la imparcialidad, en la práctica es muy difícil desligarse de las opiniones personales. Nuestro trabajo como lectores competentes es saber distinguir entre información objetiva e información subjetiva, parcial o sesgada. Para ello es muy útil intentar averiguar si el autor maneja fuentes concretas y si estas son o no fiables.

Paso 3

1   Contesta las siguientes preguntas basándote en la información del texto A y justificando todas tus respuestas.

   a   Vuelve a leer el segundo párrafo, desde "Lo nuevo que trae" hasta "hombres y mujeres". ¿Qué crees que opina el autor del texto acerca de lo que él llama "deportes elitistas"?

   b   Vuelve a leer el tercer párrafo. ¿Qué opinión crees que tiene el autor del texto de los aficionados al deporte que se limitan a verlo por televisión o en el estadio?

   c   Vuelve a leer el último párrafo, desde "Aunque también es cierto" hasta "consecuencia colateral". ¿Qué crees que opina el autor del texto acerca del negocio que rodea a este deporte? ¿Es una opinión positiva, negativa o neutral?

2   Contesta las siguientes preguntas basándote en la información del texto B y justificando todas tus respuestas.

   a   Localiza en el texto las secciones en las que el autor expresa su opinión personal y escríbelas en tu cuaderno.

   b   ¿Qué opina el autor del texto acerca de salir a correr por deporte?

   c   ¿Con qué se compara el *running* en el segundo párrafo? ¿Es una comparación positiva?

   d   Vuelve a leer el sexto párrafo, desde "Una imagen que" hasta "diferentes síntomas". Explica con tus propias palabras la opinión del autor acerca de la adicción al deporte. ¿Con qué otra adicción la compara?

   e   Vuelve a leer el octavo párrafo, desde "Ser conscientes de" hasta "cuándo es suficiente". ¿Qué crees que opina el autor de los ejecutivos y su actitud ante el deporte y la vida? ¿Crees que tiene una opinión negativa o positiva hacia ellos?

Paso 4

En anteriores capítulos has aprendido a resumir dos textos acerca de un mismo tema. Realiza un resumen de los dos artículos acerca del fenómeno del "*running*" y escribe al final un párrafo en el que contrastes la información con tu opinión personal acerca de los beneficios y los perjuicios del deporte.

Actividad 5

Paso 1

Contesta las siguientes preguntas, discute tus respuestas con tu compañero o compañera y a continuación lee el texto:

1 ¿Alguna vez te has planteado seguir una dieta? ¿Por qué?

2 ¿Hasta qué punto crees que es saludable controlar lo que se come? Justifica tu respuesta.

3 ¿Conoces la expresión "contar calorías"? Comenta su significado con tu compañero o compañera.

Paso 2

Aunque en los últimos años se ha generalizado el uso de aplicaciones de mensajería como el WhatsApp y de las redes sociales como Facebook o Twitter, seguramente hayas enviado también muchos correos electrónicos a lo largo de tu vida, pero ¿en qué contextos y con qué finalidad utilizas cada una de estas formas de comunicarse relativamente nuevas?

Correo electrónico	Aplicaciones	Redes sociales	Mensajes de texto

Paso 3

En el Capítulo 3 has aprendido las características de un correo electrónico informal. ¿Podrías identificarlas en el siguiente correo? Completa la tabla a continuación con ejemplos recogidos en el texto.

Para: pepemiguelez@correo.es

Asunto: Dieta sana

Hola Pepe:

¿Cómo te va? Yo más o menos igual. Contestando a tu correo electrónico, te voy a contar un poco por encima qué fue lo que hice yo para quitarme esos "kilitos" de más. Lo peor de todo fue ir retrasando lo de empezar a hacer ejercicio y mejorar un poco la alimentación. Siempre encontraba alguna excusa para dejarlo para otro día y, cuando llegaba ese día, pues para el siguiente, y así hasta que se acabaron los días y ya ni la ropa me valía. Bien, lo primero que debes hacer es marcarte un objetivo realista que realmente creas que puedes cumplir. Lo mejor que puedes hacer es ponerte en manos de un médico para que tu dieta sea equilibrada y todas esas cosas que ya sabemos.

Voy a empezar dándote un consejo que a mí me ayudó mucho. Hacer dieta no significa que tengas que comer cosas insípidas que no le gustan a nadie. La comida sana puede ser tan sabrosa como la comida basura. Solo tienes que echarle un poco de imaginación y dedicar algo de tiempo a planificar tu menú. Por ejemplo, los platos de cuchara, como las lentejas o los garbanzos, pueden llevar salsas de tomate y sofritos riquísimos preparados con tan solo una cucharadita de aceite. Créeme cuando te digo que la clave está en comer cosas ricas, porque si te gusta lo que comes y disfrutas cocinando ni siquiera notarás que estás intentando adelgazar.

Otra pequeña recomendación: intenta buscarle el punto a la comida asada o a la plancha y verás como nunca más volverás a freír un filete de ternera, y si no, tiempo al tiempo, amigo. Estoy pensando que a lo mejor te resulta difícil hacer una comida diferente de la del resto de tu familia, pero no te desanimes, prepárala tú mismo y ya verás como todos terminan copiando tu menú y presumiendo de tener un cocinillas en casa.

De verdad que es más fácil de lo que parece. Intenta mantenerte activo y pasar pocas horas delante de la tele comiéndote la cabeza. Del tema del deporte no te digo nada porque creo que entre el trabajo de la semana y el partidillo de los sábados es más que suficiente. ¡Ah, se me olvidaba algo súper importante!, puedes darte algún caprichito de vez en cuando, ya verás qué bien te sienta.

¡Mucho ánimo y ya quedaremos para intercambiar alguna receta chula!

Un abrazo,

Miguel

Fórmulas	*Ej.: ¿Cómo te va?…*
Registro (formal/informal)	
Estructura	
Lenguaje (coloquial/culto)	
Ortografía	
Estilo	

Paso 4

¿Qué tipo de relación crees que tiene con el destinatario del texto la persona que escribió el correo electrónico? Justifica tu respuesta e identifica todas las secciones del texto que reflejan esta relación.

Paso 5

Has decidido escribir una entrada para un blog especializado en alimentación con consejos para perder peso de manera sana y natural. Vuelve a leer la carta y elabora un texto con consejos alimentarios para los lectores del blog, pero antes…

> **CONSEJO**
>
> **Consejo para la carpeta de curso: el blog**
>
> Un blog es un sitio web donde uno o varios autores escriben textos, normalmente a modo de diario público, hablando de las cosas más diversas, como por ejemplo experiencias personales, deportes, literatura, alimentación, etc. Al contrario que un diario privado, el contenido de un blog está pensado para ser leído por otras personas que en la mayoría de los casos pueden incluso realizar comentarios acerca de cuestiones relacionadas con el texto. Si decides escribir una entrada de blog en tu carpeta de curso, asegúrate de tener en cuenta no solo el formato del texto sino también el público al que va dirigido.

1   Elabora una lista con todos los consejos que vas a incorporar:

1	*Ej.: Márcate un objetivo realista*
2	
3	
4	

2 Escribe un esquema dividido en introducción, desarrollo y conclusiones.

Introducción	
Desarrollo	
Conclusiones	

3 Realiza ahora un borrador del texto basado en el esquema que acabas de elaborar.

4 Ahora ya tienes todo el material que necesitas para redactar tu texto. Escribe una entrada para el blog sobre alimentación de 900 palabras dando consejos sobre cómo perder peso de una manera sana y natural. Asegúrate de cubrir los siguientes puntos:

- Qué es una dieta equilibrada
- Qué alimentos se deben evitar
- Qué alimentos hay que consumir con moderación
- Cuáles son los alimentos y platos más recomendables

> **CONSEJO**
>
> **Contestar a todas las partes de una actividad**
>
> Por norma general, las tareas escritas incluyen una serie de puntos que tienes que cubrir. Asegúrate de incluirlos todos en tu respuesta ya que, de lo contrario, la actividad podría considerarse incompleta y tu resultado se vería perjudicado.

Actividad 6

Paso 1

Contesta las siguientes preguntas. Después lee el texto y compara tus respuestas con la información recogida en el blog:

1 Vuelve a leer los textos de la Actividad 3. ¿Qué consejos le darías a una persona que quiere hacer *running* por primera vez? Discute tus ideas con tu compañero o compañera.

2 ¿Has salido a correr alguna vez? Si es así, piensa en los consejos que te hubiera gustado escuchar antes de haberlo hecho y explica por qué.

3 ¿Cuáles crees que son las consecuencias de realizar una actividad deportiva sin experiencia previa y sin conocerla muy bien? Justifica tu respuesta.

Runner's Blog: La pregunta de la semana

Bienvenidos a la entrada de hoy de Runner's Blog

Hoy es viernes, así que ya sabéis lo que toca: una recopilación de las mejores respuestas que habéis dejado en las redes sociales contestando a la pregunta de la semana. ¿Estará tu consejo entre los seleccionados? Sigue leyendo y descúbrelo tú mismo.

Habéis sido muchos los que os habéis animado a contestar a la siguiente pregunta: **¿Qué es lo primero que tiene que hacer una persona que quiere iniciarse en el running?** Como siempre, gracias por vuestras respuestas. Esta vez hemos estado a punto de batir nuestro récord de participación.

1   Elige unas buenas zapatillas para correr.

"La primera vez que salí a correr lo hice con mis deportivas de toda la vida y al final lo pagué muy caro porque terminé con los pies hechos papilla. Mi compañero de carrera me aconsejó hacerme con unas zapatillas específicas de running que además fuesen adecuadas a mi pisada. Porque resulta que no todos pisamos de la misma manera… Después de mi primera mala experiencia en el mundo del running hice caso a mi amigo y me fui a una tienda especializada. Fue lo mejor que pude haber hecho." (Respuesta de Ana, de Castellón).

2   Corre sin prisa y con calma.

"Batir récords y presumir de ellos con nuestros relojes súper modernos está muy bien si te va ese rollo. Pero si te metes mucha caña en tu primera carrera tendrás unas agujetas horribles que te quitarán las ganas de volver a salir. Elige un terreno llano y uniforme para tu primera vez y empieza despacio. No te dejes llevar por la emoción y si notas que estás al límite no fuerces la máquina tontamente. Al principio puedes alternar periodos de carrera con otros de caminata. ¡Y respira correctamente!" (Consejo de Antonio, de Ciudad Real).

3   Respeta los días de descanso.

"Pasar de no hacer nada a salir a correr todos los días no es una buena idea.

Hay días para correr y días para descansar. Si respetas los ciclos de entrenamiento tu rendimiento será mucho más efectivo. En el running no hay lugar para las locuras". (Anónimo).

4   Calienta antes y estira después.

"Hay que calentar antes de salir a correr sí o sí. Y hay que estirar al terminar sí o sí. Así de simple. Recuerda que si no lo haces te expones a sufrir lesiones que te pueden tener alejado del asfalto más tiempo del deseado. (Equipo de Runner's Blog).

Esperamos que estos consejos sean útiles para todos aquellos que están pensando en unirse a la carrera.

Síguenos también en redes sociales y podrás leer todos los consejos y muchas sorpresas más.

Ahí va la pregunta de la semana:

¿CUÁL ES LA MEJOR HORA DEL DÍA PARA SALIR A CORRER?

Paso 2

Realiza las siguientes actividades:

1   ¿En qué medios de comunicación o en qué soportes crees que podrías encontrarte con un texto como este? Justifica tu respuesta.

2   Localiza en el texto características propias del registro informal.

Paso 3

Ahora vas a escribir tú un correo electrónico informal a un amigo para intentar convencerlo de que salga contigo a correr (700 palabras). Si no recuerdas las características de los correos electrónicos informales, puedes repasarlas en el Capítulo 3.

1   Realiza una lista con los beneficios que tiene salir a correr con frecuencia.

2   Intenta utilizar un lenguaje positivo y motivador, evitando comentarios negativos.

3   Escribe un esquema para ordenar todo lo que quieres decirle a tu amigo o amiga. Intenta utilizar los argumentos más convincentes primero y dejar los más débiles para el final.

4   Escribe el texto.

Actividad 7

Paso 1

La siguiente lista contiene algunas de las muletillas o frases hechas más utilizadas en español. Divídelas según su función en los grupos que se indican en la tabla.

¿Sabes?	Es decir	Pues	O sea	¿Entiendes?	Y tal	Es decir
Y eso	A fin de cuentas	Digamos	Bueno	Quiero decir	De hecho	Más o menos

Corregir lo que se ha dicho	Hacer una puntualización	Finalizar una frase
Es decir		

CONSEJO

Utilizar muletillas en una presentación

Las muletillas son palabras o frases que utilizamos para hacer una pausa durante nuestro discurso mientras hablamos y así tener tiempo de pensar lo que se va a decir a continuación. También son muy útiles para corregir algo que hemos dicho, para realizar una puntualización o para finalizar una frase. Este tipo de recursos lingüísticos suelen indicar duda en el hablante, y por eso no conviene abusar de ellos. De hecho, es mejor limitar el uso de muletillas lo máximo posible y, si es imposible evitarlas, no repetir siempre la misma.

Paso 2

Lee las siguientes oraciones y compara tu opinión o tu punto de vista con el de tu compañero o compañera. Indicad si estáis a favor o en contra de las siguientes afirmaciones y explicad de forma oral el motivo. Utilizad cuando sea necesario las muletillas que habéis aprendido en el paso anterior.

1   Es mejor no hacer nada de deporte que hacer deporte en exceso.
2   Se debería controlar más la venta y el consumo de comida basura.
3   Deberían invertir todo el dinero necesario para construir carriles bici en las ciudades.
4   Todos los deportes son saludables si se practican con moderación.
5   Debería ser obligatorio practicar un deporte para todos los niños en edad escolar.
6   El gobierno debería quitar la custodia en casos como los del adolescente crudivegano.
7   Algunas dietas deberían estar prohibidas por la ley.
8   La propuesta "abrazos gratis" es una pérdida de tiempo.

Paso 3

Ahora vas a preparar una presentación de 5 minutos describiendo todas las cosas que haces durante la semana para llevar una vida saludable. Si crees que tus hábitos son poco saludables, puedes describir qué crees que tendrías que hacer para mejorar tu salud, ¡y recuerda que nunca es demasiado tarde para empezar a tener una vida sana!

1 Elabora primero una lista con todos los hábitos saludables que se te ocurran:

	Hábito	Veces por semana
1		
2		
3		
4		
5		

2 Piensa cuántas de estas cosas haces a lo largo de la semana. Señala también el número de veces a la semana e indícalo en la tabla.

3 Piensa cuáles de estas cosas no haces o no haces con toda la frecuencia que te gustaría o que deberías.

4 Elabora ahora un esquema poniendo por orden todo lo que vas a decir en la presentación. El esquema te va a ayudar a acordarte de las cosas que quieres mencionar, así que intenta que sea lo más completo posible.

5 Realizar las presentaciones en grupos de cuatro o cinco personas. Mientras uno expone, el resto deben tomar notas acerca de su uso del lenguaje y de su expresión oral cubriendo la siguiente tabla:

Entonación	
Fluidez	
Uso de muletillas	
Orden (introducción, cuerpo y conclusiones)	
Coherencia y claridad	
Lenguaje corporal	
Contacto visual	

Lista de verificación

¡Fin del Capítulo 8! ¿Qué destrezas has desarrollado? Lee y marca la casilla:
√ (bastante bien), √√ (bien), √√√ (muy bien).

- Puedo identificar las opiniones explícitas del autor de un texto formal.
- Puedo entender la opinión implícita del autor acerca de temas formales y complejos.
- Puedo escribir una carta informal aconsejando a un amigo.
- Puedo contestar a todas las partes de una actividad.
- Puedo usar muletillas en una presentación oral.

Capítulo 9:
Usar y tirar

Temas

- El consumismo en la sociedad actual
- La relación del individuo con el mercado
- Los efectos de nuestro modo de vida en el medio ambiente
- La política de las grandes multinacionales

Objetivos

- Entender el lenguaje figurativo
- Identificar los recursos de estilo más importantes y su función en un texto
- Utilizar lenguaje figurativo y recursos de estilo en una historia
- Usar estilo directo en una historia
- Escribir la continuación de una historia

Introducción

El expresidente de Uruguay José Mujica ha desafiado al mundo con su modo de vida humilde y austero. Durante su mandato rechazó vivir en el palacio presidencial y todavía hoy conduce su viejo Escarabajo de 1987. Tanto políticos como periodistas de todo el mundo han expresado su sorpresa, y algunos han llegado incluso a burlarse del mandatario uruguayo. A todos ellos, José Mujica dedica esta frase: **"No soy pobre, soy sobrio, liviano de equipaje, vivir con lo justo para que las cosas no me roben la libertad"**.

- ¿Qué crees que quiere decir José Mujica con esta afirmación? ¿Estás de acuerdo? Justifica tu respuesta.
- ¿Por qué crees que otros políticos han criticado el modo de vida de José Mujica? ¿Estás de acuerdo con ellos? Justifica tu respuesta.
- ¿Qué significa para ti la palabra "consumismo"? ¿Qué relación guarda con la cita del expresidente uruguayo? Justifica tu respuesta.
- ¿Podrías poner algún ejemplo de consumismo?

Actividad 1

Paso 1

Contesta las siguientes preguntas. Después lee el texto y compara tus respuestas con la información recogida en él.

1 ¿Alguna vez se te ha estropeado de repente un teléfono móvil, un ordenador o una impresora sin ninguna causa aparente? ¿A qué crees que pudo ser debido? Coméntalo con tu compañero o compañera.

2 ¿Has oído hablar de la "obsolescencia programada"? Si no sabes lo que es puedes realizar una búsqueda rápida en internet.

Felicidad de usar y tirar

La Real Academia Española define el **término** consumismo como una "tendencia inmoderada a adquirir, gastar o consumir bienes, no siempre necesarios". Y si no siempre son necesarios, ¿de dónde viene entonces <u>esa fiebre incontrolable</u> de hacerse siempre con el último modelo de teléfono móvil? ¿Por qué nos parece tan importante **comprar** un nuevo ordenador portátil, más potente, más pequeño y más portátil? Quizás deberíamos aprender a distinguir y separar lo necesario de lo **superfluo** <u>igual que se separa el oro de la paja</u>. Solo así podríamos <u>quitar el velo a este gran engaño</u> que tan ingeniosamente han **perpetrado** las compañías publicitarias para hacer pasar lo prescindible por imprescindible.

Escuchamos tantas veces la frase "el dinero no da la felicidad" que ya ha perdido su significado y, sin embargo, encierra una verdad **inapelable**: la felicidad no se puede comprar. Cualquiera que se pare a reflexionar se dará cuenta de que, como norma general, los ricos no suelen ser más felices que los pobres. La clave de la felicidad se encuentra en saber apreciar las cosas que de verdad importan, así como saber disfrutar de los pequeños placeres de la vida. El gran triunfo del capitalismo moderno ha sido, sin embargo, hacernos creer que el dinero puede comprarlo todo, y que el consumo en sí mismo es una expresión de la felicidad. De hecho, felicidad es lo que nos vende la publicidad. No nos vende un producto, ni un servicio, sino el deseo y la felicidad de comprarlo y poseerlo. Es por ello que en los anuncios siempre aparece una persona disfrutando

del nuevo teléfono móvil de la marca X, o de este o ese perfume, o de la conducción del nuevo supermodelo de coche híbrido. Es esa felicidad **efímera** la que sostiene y alimenta al monstruo del consumismo que no deja de crecer a medida que compramos y compramos cosas que no necesitamos con el único propósito de experimentar esa falsa sensación de bienestar. Al final, todo lo que nos preocupa es comprar.

La cima de esta montaña de **vanidad** está coronada por la bandera de la obsolescencia programada, la **quintaesencia** del consumismo y una de las **paradojas** más absurdas del sistema capitalista. Un buen día, hace ya muchos años, una mente iluminada tuvo la genial idea de sentenciar a muerte los electrodomésticos, de fabricar productos predestinados a durar tan solo unos pocos años. Lo que empezó con una bombilla de baja calidad y con unas determinadas horas de duración llegó hasta nuestros días en forma de impresoras con un límite de impresiones, de teléfonos móviles que se estropean al cabo de dos o tres años (coincidiendo misteriosamente con la finalización de la garantía) y de toda suerte de aparatos más o menos **sofisticados** que, de manera repentina y sin previo aviso, se mueren. Y no solo eso, sino que el precio de su reparación sobrepasa muchas veces el precio del propio producto, obligando a las personas a comprar uno nuevo y caer en ese ciclo eterno de consumismo absurdo provocado en gran medida por esta obsolescencia programada.

Mientras los fabricantes de electrodomésticos basan su negocio en este continuo comprar, usar y tirar, el planeta se **resiente** con la aparición de otro monstruo: los residuos electrónicos. Nuestro consumo desmesurado, nuestra falsa necesidad de poseer siempre el último modelo de todo, sumado a la prepotencia y arrogancia de los mandatarios de los países occidentales, han conducido a la creación de gigantescos vertederos en países menos afortunados, principalmente en África. Uno de los casos más emblemáticos es el de Ghana, donde ciudades enteras han sido enterradas bajo un amasijo de monitores, teclados, teléfonos móviles y televisiones inservibles.

Todo esto demuestra que el consumo irresponsable y descontrolado no solo no da la felicidad, sino que está destruyendo nuestro planeta y muchas de las cosas que sí importan y que sí podrían contribuir a nuestra felicidad.

Paso 2

Relaciona las palabras en negrita del texto (columna de la izquierda) con sus sinónimos (columna de la derecha).

1	Comprar	a	Fugaz
2	Superfluo	b	Soberbia
3	Perpetrar	c	Contradicción
4	Inapelable	d	Palabra
5	Efímera	e	Complejo
6	Vanidad	f	Realizar
7	Quintaesencia	g	Adquirir
8	Paradoja	h	Fundamento
9	Sofisticado	i	Debilitarse
10	Resentirse	j	Indiscutible

Paso 3

Contesta las siguientes preguntas basándote en la información que se recoge en el texto.

1   ¿Por qué crees que el texto se titula "Felicidad de usar y tirar"? ¿Estás de acuerdo con este concepto? Justifica tu respuesta.

2   ¿Cuál es el engaño del que se habla en el primer párrafo?

3   ¿Qué quiere decir el autor del texto con la frase "el dinero no da la felicidad"?

4   ¿Crees que la obsolescencia programada es real o es una fantasía? Justifica tu respuesta.

5   ¿Qué relación existe entre el consumismo y la obsolescencia programada?

6   ¿Qué efectos tiene el consumo irresponsable sobre el medio ambiente? ¿Crees que existe algún modo de reducir este impacto? Justifica tu respuesta.

CONSEJO

Los recursos de estilo

Metáfora: Es una de las figuras más utilizadas. Consiste en transferir un significado de un elemento real a otro imaginario. Es decir, atribuir un significado o identidad a un sujeto por medio de otro. Existen dos tipos de metáforas, la pura y la impura. En la metáfora impura se hacen explícitos tanto el término real como el término imaginario, mientras que en la pura solo se emplea el elemento metafórico. "Cabellos de oro" es un ejemplo de metáfora impura ya que "cabellos" es el elemento real y "oro" el imaginario. En cambio, "fue un león durante la guerra" es una metáfora pura ya que prescindimos del elemento real y atribuimos las características propias de un león a una persona sin nombrarla explícitamente.

Comparación: Recurso que consiste en relacionar un término real con otro figurado con el que guarda cierta relación. Suele estar precedido de la palabra "como". Algunos ejemplos son "tus dientes son como perlas" o "sus ojos son como luceros".

Hipérbole: La hipérbole es un recurso mediante el cual se altera la realidad de forma exagerada mediante el uso de palabras o frases que buscan enfatizar o destacar algo en concreto. Si tomamos la frase "te lo he dicho un millón de veces", entendemos que no tiene un sentido literal (un millón de veces), sino que pretende exagerar el hecho de que hemos dicho algo en repetidas ocasiones (podrían ser solo cinco, por poner un ejemplo).

Personificación: Consiste en atribuir propiedades inherentes del ser humano a entidades del mundo natural o seres inanimados. Por ejemplo, si decimos que "el cielo llora", estamos atribuyendo al cielo la capacidad humana de llorar.

Pregunta retórica: Se trata de un recurso mediante el cual formulamos una pregunta sin esperar una respuesta y sin dirigirnos necesariamente a un interlocutor específico. La intencionalidad de no esperar respuesta puede ser debida a que ya se tiene una o a que resulta imposible dar con ella. De hecho, el objetivo de este recurso es hacer reflexionar sobre un tema o cuestión. Ejemplos de preguntas retóricas son "¿cuántas veces tengo que decírtelo?" o "¿por qué me atormento de esta manera?".

Paso 4

Las frases subrayadas en el texto son recursos de estilo. ¿Sabrías indicar de qué tipo de recurso se trata cada uno y describir su función?

1   Esa fiebre incontrolable.

2   Igual que se separa el oro de la paja.

3   Quitar el velo a este gran engaño.

4   El monstruo del consumismo.

5   Todo lo que nos preocupa es comprar.

6   Esta montaña de vanidad.

7   La bandera de la obsolescencia programada.

8   Los dispositivos electrónicos se mueren.

9   Ese ciclo eterno de consumismo.

10   Otro monstruo: los residuos electrónicos.

Paso 5

Vuelve a leer el recuadro de los recursos de estilo y escribe dos ejemplos de cada uno con la ayuda de tu compañero o compañera.

a   Metáfora

b   Comparación

c   Hipérbole

d   Personificación

e   Pregunta retórica

Actividad 2

Paso 1

Responde a las siguientes preguntas. Después compara tus respuestas con las de tu compañero o compañera y lee el relato.

1 ¿Qué harías si descubrieras una manera de que las baterías de los dispositivos electrónicos durasen diez veces más?

2 ¿Qué crees que hace falta hoy en día para triunfar en el mundo de las nuevas tecnologías? Justifica tu respuesta.

3 ¿Te gustaría trabajar para una compañía del sector tecnológico? Justifica tu respuesta.

Un descubrimiento incómodo

<u>Alegre como el verano</u>, salió corriendo de su habitación y empezó a gritar por toda la casa "¡Lo conseguí! ¡Lo conseguí!" <u>Como una cabra</u>… Sabíamos que llevaba meses trabajando en un proyecto que comenzó con una idea que había tenido en el instituto, pero poco más. <u>Era un secreto de estado</u>, "<u>el nacimiento de una era</u>", como ella lo llamaba.

Lo que había empezado hace unos diez años como una pequeña afición, se había convertido en un estilo de vida para ella. Su cuarto <u>se parecía más a un laboratorio o a un taller que a un dormitorio</u>: cables encima de la cama, carcasas de teléfonos móviles por los suelos, herramientas encima de la mesilla… <u>Parecía la habitación de R2-D2</u>.

Pero, <u>¿qué podía haber construido o diseñado mi hermana para bautizarlo como "el nacimiento de una era"?</u> Mi hermana, que tenía tan solo diecisiete años por aquel entonces… De un modo u otro, tanto mis padres como yo la creímos, porque éramos muy conscientes de su inteligencia y su habilidad para la electrónica y la informática. "<u>La Einstein de la familia</u>", solía decir mi tía Asunción. Y claro, que mi hermana recibiera tales elogios me hacía sentir <u>como el patito feo</u>, pero eso no me ha impedido estar siempre a su lado, ayudándola y apoyándola en todo lo que puedo.

El caso es que, como soy un poco ñu, no tengo ni idea de cómo lo ha logrado, pero se las ha apañado para diseñar una batería para teléfonos móviles con una vida útil hasta diez veces mayor que las que veníamos utilizando hasta ahora. Quizás dicho así no parezca la penicilina, pero si tenemos en cuenta que una batería suele funcionar alrededor de dos o tres años a pleno rendimiento, significaría que "la Einstein de la familia" ha conseguido que ahora funcionen durante veinte o treinta años. ¡Una eternidad!

Pero nuestra alegría duró poco y pronto comenzó el calvario. Nadie discutía la genialidad de mi hermana y su invento, pero después de comunicar su descubrimiento a varias personas nos dimos cuenta de que pisábamos terreno minado. El primer obstáculo que se encontró fue su profesor de tecnología. Exacto, el mismo que había plantado sin saberlo aquella idea en su cabeza. "Estoy muy sorprendido. Has conseguido algo increíble", le dijo a mi hermana en cuanto comprendió lo que había hecho. "Sin embargo, no creo que ninguna compañía quiera utilizar este tipo de producto". ¿Cómo podía decir aquello? ¡Las compañías se iban a pelear por comprar la patente! O al menos eso era lo que pensábamos todos. De hecho, creímos que la reacción del profesor había sido en parte motivada por la envidia, porque mi hermana supo ver un filón que a él se le había pasado desapercibido.

Ella no se desanimó. Se entrevistó con una interminable lista de gente. Recorrió universidades, oficinas y consejerías hasta que, casi por azar, un catedrático de física le concertó un encuentro con el gerente de una pequeña compañía tecnológica. "¿Qué tal ha ido?", le pregunté nada más verla. "Mal", contestó decepcionada. "No quiere ni oír hablar de baterías que duren más de tres años". "¿Cómo es posible?", pregunté sorprendido. "¿No es obvio? ¡He estado perdiendo el tiempo! ¿Qué empresa querría comercializar una batería que dura eternamente? ¡Solo podrían vender una por cliente!", dijo enfadada.

Tenía razón. A nadie le interesaba fabricar dispositivos sin fecha de caducidad. El negocio, el gran negocio está en los productos de usar y tirar. Estamos tan preocupados por poseer lo último en tecnología que no nos hemos dado ni cuenta de que todo, absolutamente todo, dura cada vez menos. Prueba de ello es la televisión que todavía sigue encendida en la casa de mis abuelos. Está allí desde que tengo memoria y *sigue funcionando como el primer día*. Sin embargo, en casa de mis padres ya hemos tenido que cambiar de tele dos veces…

Pero la palabra "fracaso" no existe en el diccionario de mi hermana. Nunca se da por vencida. Continuó peleándose con expertos, fabricantes y demás saltimbanquis del mundo de las nuevas tecnologías hasta que un buen día, mientras estábamos comiendo, recibió una llamada del fabricante de teléfonos móviles que más dinero genera en todo el mundo. "¿Diga?"

CONSEJO

Narrador testigo

El narrador testigo es un personaje secundario que cuenta los hechos desde su punto de vista. Al contrario que el narrador omnisciente, el narrador testigo no conoce toda la información, solo aquella a la que tiene acceso porque presencia los acontecimientos o porque se le es comunicada. Su punto de vista es parcial y subjetivo y se suele posicionar cuando se presenta un conflicto.

Paso 2

Contesta las siguientes preguntas basándote en la información del texto.

1. ¿Cómo se sentía el narrador ante el éxito de su hermana?
2. ¿Cuál fue el gran logro de la protagonista?
3. ¿Por qué se dice que a nadie le interesa "fabricar dispositivos sin fecha de caducidad"?
4. ¿Cómo eran en el pasado, según el narrador, los electrodomésticos?

Paso 3

En parejas, cada alumno explica el significado de sus frases subrayadas en el texto e indica el recurso que emplea el autor en cada una de ellas.

Alumna/o A:

1. Alegre como el verano.
2. Como una cabra.
3. Era un secreto de estado.
4. El nacimiento de una era.
5. Se parecía a un laboratorio o a un taller.
6. Parecía la habitación de R2-D2.
7. ¿Qué podía haber construido mi hermana para bautizarlo como "el nacimiento de una era"?
8. La Einstein de la familia.
9. Me hacía sentir como el patito feo.
10. Soy un poco ñu.
11. No parece la penicilina.

Alumna/o B:

1. Una eternidad.
2. Comenzó el calvario.
3. Pisábamos terreno minado.
4. Había plantado aquella idea en su cabeza.
5. ¿Cómo podía decir aquello?
6. Un filón.
7. Una interminable lista de gente.
8. Sigue funcionando como el primer día.
9. El diccionario de mi hermana.
10. Continuó peleándose con expertos.
11. Saltimbanquis del mundo de las nuevas tecnologías.

143

CONSEJO

Consejo para la carpeta de curso

Para tu carpeta de curso tendrás que escribir un texto literario, narrativo o descriptivo. Es muy importante que utilices para ello los recursos que hemos visto en esta capítulo de manera adecuada, aunque no debes obsesionarte con llenar tu texto de metáforas o comparaciones. Muchas veces unos pocos recursos son suficientes para crear un texto literario de calidad.

Actividad 3

Paso 1

En parejas, responded a las siguientes preguntas y comparad vuestras respuestas con el texto de Miguel Delibes.

1 ¿Crees que existía el consumismo en los años 60 del siglo XX? Justifica tu respuesta.

2 ¿Qué tipo de productos crees que estaban de moda en aquella época?

3 ¿Sabes qué tipo de gobierno tenía España en esos años? Si no lo sabes puedes consultarlo con la ayuda de internet.

En teniendo con qué alimentarnos y con qué cubrirnos, estemos con eso contentos. Los que quieren enriquecerse caen en tentaciones, en lazos y en muchas codicias locas y perniciosas que hunden a los hombres en la perdición y en la ruina, porque la raíz de todos los males es la avaricia, y por eso mismo me será muy difícil perdonarte, cariño, por mil años que viva, el que me quitases el capricho de un coche. Comprendo que a poco de casarnos eso era un lujo, pero hoy un Seiscientos lo tiene todo el mundo, Mario, hasta las porteras si me apuras, que a la vista está. Nunca lo entenderás, pero a una mujer, no sé cómo decirte, le humilla que todas sus amigas vayan en coche y ella a patita, que, te digo mi verdad, pero cada vez que Esther o Valentina o el mismo Crescente, el ultramarinero, me hablaban de su excursión del domingo me enfermaba, palabra. Aunque me esté mal el decirlo, tú has tenido la suerte de dar con una mujer de su casa, una mujer que de dos saca cuatro y te has dejado querer, Mario, que así qué cómodo, que te crees que con un broche de dos reales o un detallito por mi santo ya estás cumplido, y ni hablar, borrico, que me he hartado de decirte que no vivías en el mundo pero tú, que si quieres. Y eso, ¿sabes lo que es, Mario? Egoísmo puro, para que te enteres, que ya sé que un catedrático de instituto no es un millonario, ojalá, pero hay otras cosas, creo yo, que hoy en día nadie se conforma con un empleo. Ya, vas a decirme que tú tenías tus libros y "El Correo", pero si yo te digo que tus libros y tu periodicucho no nos han dado más que disgustos, a ver si miento, no me vengas ahora, hijo, líos con la censura, líos con la gente y, en sustancia, dos pesetas. Y no es que me pille de sorpresa, Mario, porque lo que yo digo, ¿quién iba a leer esas cosas tristes de gentes muertas de hambre que se revuelcan en el barro como puercos? Vamos a ver, tú piensa con la cabeza, ¿quién iba a leer ese rollo de "El Castillo de Arena" donde no hablas más que de filosofías? Tú mucho con que si la tesis y el impacto y todas esas historias, pero ¿quieres decirme con qué se come eso? A la gente le importan un comino las tesis y los impactos, créeme, que a ti, querido, te echaron a perder los de la tertulia, el Aróstegui y el Moyano, ese de las barbas, que son unos inadaptados. Y no sería porque papá no te lo advirtiera, bueno es, que leyó tu libro con lupa, Mario, a conciencia, ya lo oyes, y dijo que no, que si escribías para divertirte, bien, pero que si pretendías la gloria o el dinero lo buscases por otro camino, ¿te acuerdas?, bueno, pues tú erre que erre. Y me explico que a otro cualquiera no le hicieras caso, pero lo que es a papá, un hombre bien objetivo que es, no me digas, que colabora en las páginas gráficas de ABC yo creo que desde que se fundó, hace muchísimo, y en otra cosa puede que no, pero en eso de escribir, sabe la tecla que toca, ¡vaya si sabe! Y yo misma, Mario, ¿no te dije yo misma mil veces que buscases un buen argumento, sin ir más lejos el de Maximino Conde el que se casó con la viuda aquella y luego se enamoró de la hijastra? Pues esos argumentos son los que interesan a la gente, Mario [...].

***Cinco horas con Mario*, Miguel Delibes**

Paso 2

Contesta las siguientes preguntas. Después lee el consejo y comprueba tus respuestas.

1 Vuelve a leer la cita que aparece al principio del texto. ¿De qué famoso libro podría estar extraída?

2 ¿Quién es Mario y qué relación tiene con la persona que habla?

Paso 3

Contesta las siguientes preguntas basándote en la información del texto.

1 ¿Cuál es el bien de consumo que tanto ansiaba Carmen y por qué está tan molesta con Mario por no habérselo comprado?

2 ¿Por qué se siente Carmen humillada ante el hecho de que todas sus amigas tengan coche?

3 ¿Por qué no era, según Carmen, una buena idea dedicarse a escribir libros y ser editor de un periódico?

4 ¿De qué tratan las novelas de Mario y qué opina Carmen sobre ellas?

5 ¿Qué pensaba el padre de Carmen acerca de las novelas de su yerno?

6 ¿Qué tema, según Carmen, sería bueno para una novela?

Paso 4

Identifica y analiza todos los recursos de estilo que encuentres en el texto.

Actividad 4

Vuelve a leer el texto "Un descubrimiento incómodo" de la Actividad 2. Vas a escribir un texto narrativo donde continúes la historia. Puedes revisar los consejos sobre cómo escribir un texto narrativo del Capítulo 5.

Paso 1

Lee estas dos continuaciones y escribe tú otras dos:

a La compañía le compra la idea y todos los derechos pero no la desarrolla y sigue produciendo baterías que duran unos pocos años.

b La compañía le compra la idea y desarrolla este nuevo tipo de baterías, provocando una revolución en el mundo de la electrónica.

c _____

d _____

Ahora elige una de las cuatro para escribir tu texto.

Paso 2

Lee las instrucciones y completa la siguiente tabla:

1 Elige a los personajes de tu historia y anota el papel que va a jugar cada uno.

2 Ahora piensa en los detalles de la historia: el dónde, el cuándo y el cómo.

CONSEJO

Cinco horas con Mario

Cinco horas con Mario es una novela de Miguel Delibes en la que la viuda de Mario mantiene, durante el velatorio de su marido, un soliloquio con él. Cada capítulo comienza con una cita de la Biblia que el difunto había subrayado y continúa con el monólogo de su esposa. En realidad, Carmen está pensando en voz alta, y por eso el texto se estructura en un único párrafo que se caracteriza por la fluidez y el estilo coloquial y donde los pensamientos se van encadenando de manera desordenada. Como el propio título de la obra indica, Carmen se pasa cinco horas velando el cuerpo de su marido y manteniendo este monólogo o soliloquio en el que le reprocha todo tipo de cosas, especialmente su falta de ambición para crecer socialmente.

3 Luego, piensa en los acontecimientos importantes de tu historia. Recuerda que la trama deberá tener un clímax para mantener el interés del lector.

4 Por último, decide el desenlace; ¿cómo va a terminar tu historia? Puede ser la parte más importante de la trama.

Personajes:		
Tiempo y espacio (¿dónde?, ¿cuándo?)	**Acontecimientos importantes**	**Final**
_____	• _____	_____
_____	• _____	_____
_____	• _____	_____
_____	• _____	_____

CONSEJO

Estilo directo

El estilo directo es un segmento de discurso en el que se mencionan los pensamientos o las palabras de una persona tal y como son producidos de manera original. Es decir, el estilo directo reproduce fielmente y sin alterar las palabras o pensamientos de un personaje. Este tipo de discurso suele ir entrecomillado o introducido por guiones y es muy utilizado en los textos narrativos.

Ej.: Juan dijo a su madre:
"¡No quiero comer más garbanzos!"
–¡No quiero comer más garbanzos! –dijo Juan a su madre.

Paso 3

Ahora ya tienes todo el material necesario. Escribe un texto de 600 palabras continuando el relato de "Un descubrimiento incómodo". Tu historia ha de cumplir los siguientes requisitos:

- Utilizar el mismo tipo de narrador (narrador testigo) que en el texto original
- Utilizar al menos dos de los recursos que has aprendido en este capítulo
- Profundizar en la idea de "obsolescencia programada" y sus efectos

Actividad 5

Paso 1

El siguiente texto está escrito en estilo indirecto. Pásalo a estilo directo utilizando guiones (–):

Su madre le dijo que ya estaba bien, que no le volvería a comprar un teléfono móvil por muy pesado que se pusiera, pero él le contestó que no había sido culpa suya, que había tratado el teléfono como a un hijo, vamos, que lo tenía como oro en paño y que, de repente, de la noche a la mañana, había dejado de funcionar.

Entonces fue a hablar con su hermana y le aseguró que el móvil no se había llevado ningún golpe y que lo había cuidado muy bien durante aquellos dos años, a lo que su hermana contestó que aquellos aparatos funcionaban cada vez peor y que seguramente los sinvergüenzas de los fabricantes habían hecho algo para que se estropearan al cabo de un tiempo.

Javier se preguntó cómo podía ser aquello posible, si a todo el mundo debería interesarle que sus productos fueran de calidad y lo más duraderos posible, así que decidió investigar un poco por su cuenta y llegar al fondo de la cuestión.

En seguida se dio cuenta de que había gente que creía que los fabricantes producían dispositivos con una vida útil limitada con el único fin de que los consumidores compraran uno nuevo, y pensó que aquello no tenía ningún sentido y que era absurdo fabricar productos defectuosos que tendríamos que tirar al cabo de un tiempo, ya que además se generaban una cantidad de residuos inmensa que perjudicaban seriamente el medio ambiente.

CONSEJO

Pasar un texto a estilo directo

Como ya te habrás fijado, cuando cambiamos el estilo de indirecto a directo tenemos a veces que cambiar los tiempos verbales. El imperfecto de indicativo "estaba" pasa a ser presente de indicativo "está", el condicional "volvería" a futuro "volveré", el pluscuamperfecto de indicativo "había sido" a perfecto "ha sido" y el imperfecto de subjuntivo "estropearan" a presente de subjuntivo "estropeen".

Paso 2

Subraya todos los verbos del texto que necesitan cambiar de tiempo al pasarlos a estilo directo.

Paso 3

Escribe ahora una historia de 600 palabras sobre un adolescente que, cansado de que se estropeen todos sus teléfonos móviles al cabo de uno o dos años, decide denunciar a una de las compañías que los fabrican y se ve envuelto en juicios y en extrañas conspiraciones. Tu texto debe cumplir con los siguientes requisitos:

- Utilización del estilo directo
- Utilización de al menos dos recursos de estilo de los que has visto en este capítulo

147

Lista de verificación

¡Fin del Capítulo 9! ¿Qué destrezas has desarrollado? Lee y marca la casilla:
√ (bastante bien), √√ (bien), √√√ (muy bien).

- Puedo entender el lenguaje figurativo
- Puedo identificar los recursos de estilo más importantes y su función en un texto
- Puedo utilizar lenguaje figurativo y recursos de estilo en una historia
- Puedo usar estilo directo en una historia
- Puedo escribir la continuación de una historia

Actividad 1

Paso 1

El texto que vas a leer relata el primer encuentro del protagonista con los chimpancés. ¿Crees que en general se tratará de una experiencia positiva o negativa? Lee el texto y comprueba tu respuesta.

Mi primer día con los primates. Frente a frente con los chimpancés. (Primera parte)

Mi primer día fue verdaderamente impresionante pues me causó unas sensaciones difíciles de describir y ciertamente profundas que me dejaron mucho para reflexionar. Podría decir que fue una experiencia que sacudió hasta la última neurona de mi cerebro, llevándome en unos instantes a sentirme tan intimidado por su poder como asombrado por su obvia inteligencia y la mirada tan profunda que tienen, que te transmite sensaciones de compasión, tristeza y, por qué no decirlo, de miedo y profundo respeto.

Ese día comenzó para ellos como cualquier otro día de rutina. Dado que las instalaciones son muy grandes y hay tanto que hacer, el día se te va volando, por lo que hay que trabajar a contrarreloj. Debemos limpiar las instalaciones de cada grupo de animales y sus correspondientes áreas abiertas donde pasan el día, además de prepararles los tres alimentos basándonos en rigurosas dietas específicas compuestas de vegetales y frutas, así como de preparados especiales que se denominan "enriquecimiento". Todas las comidas se preparan por separado y con mucha higiene, siguiendo las instrucciones especiales para cada hora del día, para cada grupo y, en algunos casos, para cada individuo en particular…

Me tocó iniciarme en la sección que comprende a los chimpancés y los babuinos, divididos en sus propias áreas. Existen muchas medidas de seguridad y se sigue un estricto protocolo de cosas que puedes hacer y que no debes hacer, pues en un instante de descuido por nuestra parte puede ocurrir una tragedia, dado que son animales extremadamente poderosos. Desde que nos acercamos se escuchaban gritos ensordecedores y golpes continuos en las puertas del interior. En los documentales sobre chimpancés que pasan por la televisión escuchas los gritos, pero este es solo un pequeño rango de las ondas sonoras que no se acercan en lo absoluto a lo que escuchas en vivo. Ese instante es verdaderamente intimidante, y sientes como tu cuerpo vibra con los profundos sonidos que penetran hasta tus huesos. Al entrar al encierro de los chimpancés (la zona interior donde duermen), el ruido de los gritos era tan fuerte que a pesar de no estar aún frente a ellos, y a tan solo unos centímetros de mi guía no podía escucharle nada de lo que me decía casi a gritos. Sentí miedo de siquiera acercarme, aun sabiendo que existe una gruesa reja metálica entre ellos y nosotros.

De alguna forma ellos sabían que alguien nuevo había llegado, y podría asegurar que eran capaces de olfatear la inseguridad que emanaba de cada célula de mi cuerpo. En ese momento yo aún no podía ver a los chimpancés, pues hay un pasillo muy pequeño, donde una delgada cortina me ocultaba de sus miradas que atentamente buscaban alguna señal de debilidad por mi parte.

Entre gritos y golpes en las rejas y puertas se me advirtió mantenerme alejado de los barrotes, no hacer movimientos bruscos ni mirarlos fijamente a los ojos. Mi guía me dijo (sin tomarle importancia) que algunos chimpancés acostumbran escupir a los extraños, y que por ningún motivo debía reaccionar a su agresión, pues sería un estímulo para que continuaran haciéndolo. Apenas terminó sus palabras y ya estábamos de frente a los ocho chimpancés que estaban ansiosos por conocerme. En cuanto me acerqué a "distancia de tiro" recibí un enorme escupitajo, jugoso y de penetrante olor que me dio atinadamente en un costado de la cara. Un segundo escupitajo a unos segundos del anterior me volvió a salpicar la cara, el cuello y mi chamarra. Valiente y obedientemente resistí la sensación de cómo poco a poco estos escurrían por mi cuello, hasta que tras unos largos segundos se me permitió tomar una toallita de papel para secarme. El resto del día no pude quitarme el olor, como un recordatorio de quienes mandan en estas instalaciones. Tras unos segundos de una desagradable experiencia, los chimpancés se tranquilizaron y me observaron hasta el último detalle sin agresión alguna, dejando de hacer ese ensordecedor bullicio. Fue como si esta hubiera sido mi bienvenida, para no llamarle una "novatada". Habiendo aceptado humildemente su bienvenida, reconozco que el día estuvo plagado de agradables sensaciones y buenas experiencias (…).

relatosdelanaturaleza.org

Paso 2
Busca en el texto los sinónimos de las siguientes palabras y explica su significado.

Amedrentado: _____

Ataque: _____

Incentivo: _____

Ávidos: _____

Algarabía: _____

Inocentada: _____

Paso 3
Las siguientes expresiones del texto son más propias del español de América que del europeo. ¿Sabrías indicar su significado?

1 Sin tomarle importancia

2 Chamarra

Paso 4
Contesta las siguientes preguntas:

1 En el tercer párrafo, el protagonista dice "en un instante de descuido por nuestra parte puede ocurrir una tragedia". ¿A qué crees tú que se refiere? Coméntalo con tu compañero o compañera.

2 ¿Por qué dice el narrador, en el mismo párrafo, "sentí miedo de siquiera acercarme". Justifica tu respuesta.

3 En el cuarto párrafo se dice "una delgada cortina me ocultaba de sus miradas que atentamente buscaban alguna señal de debilidad por mi parte". Explica con tus propias palabras el significado de esta afirmación.

4 ¿Quién manda en las instalaciones, según la información recogida en el último párrafo del texto? Justifica tu respuesta y comenta con tu compañero o compañera si estás de acuerdo con esta afirmación.

5 ¿Crees que, en general, la visita a este centro ha sido una experiencia positiva para el protagonista? ¿Por qué?

Paso 5

Las siguientes frases reproducen algunos de los recursos de estilo utilizados en el texto. Identifícalos, define su función y explica el significado del fragmento.

1 Fue una experiencia que sacudió hasta la última neurona de mi cerebro

    a Recurso: _____

    b Función/efecto: _____

    c Significado: _____

2 El día se te va volando

    a Recurso: _____

    b Función/efecto: _____

    c Significado: _____

3 Trabajar a contrarreloj

    a Recurso: _____

    b Función/efecto: _____

    c Significado: _____

4 Los profundos sonidos que penetran hasta tus huesos

    a Recurso: _____

    b Función/efecto: _____

    c Significado: _____

5 La inseguridad que emanaba de cada célula de mi cuerpo

    a Recurso: _____

    b Función/efecto: _____

    c Significado: _____

6 El día estuvo plagado de agradables sensaciones

    a Recurso: _____

    b Función/efecto: _____

    c Significado: _____

Dos de los recursos que has analizado son tan frecuentes en el lenguaje cotidiano que ya los percibimos como expresiones o frases hechas. Identifícalos y escribe un ejemplo con cada uno.

Actividad 2

Paso 1

Después de describir su primera experiencia con los chimpancés, el narrador dedica unos párrafos a explicar su opinión acerca de estos seres y de la actitud que la mayoría de los seres humanos tiene hacia ellos. Pero antes de leer el final del texto, contesta las siguientes preguntas:

1 ¿Crees que las instalaciones descritas en el texto respetan los derechos de los animales? Justifica tu respuesta.

2 ¿Qué enseñanza crees que extraerá el narrador de su primer contacto con los chimpancés? ¿Por qué? Coméntalo con tu compañero o compañera.

Mi primer día con los primates. (Segunda parte)

No solo compartimos el 99% de nuestros genes, sino que llevamos una herencia igualmente compartida de actitudes y acciones instintivas que me resultan tan asombrosas como familiares. Aprendí una lección de humildad, reconociendo en ellos ese espíritu que los humanos tenemos y que nos hace ser tanto agresivos y conspiradores como amables y tiernos, curiosos, inquisidores e inventivos.

Veo en ellos a unos seres increíblemente inteligentes que, por nuestra ingenuidad e ignorancia, hemos obligado a vivir como animales de circo, creándoles traumas irreparables y forzándolos a vivir de una forma que ningún animal o humano merece. El trabajo que en esta fundación se realiza es admirable los mires como lo mires, pero es doblemente loable al luchar por brindarle a éstos animales una vida digna y llena de tranquilidad, a la vez que luchar incansablemente por promover la creación de mejores leyes y sobre todo por educar a la sociedad y evitar que más animales sean esclavizados en circos y zoológicos o torturados en laboratorios.

A todos aquellos que niegan nuestra relación evolutiva con los primates, les digo que deberían de interactuar de cerca con ellos. Eso les ayudará a ser mejores personas; no solo porque verán en ellos a seres inteligentes, sino porque en ellos se refleja tanto lo peor como lo mejor de los seres humanos. Una cura de humildad no le viene mal a nadie.

relatosdelanaturaleza.org

Paso 2

Contesta las siguientes preguntas y justifica tus respuestas.

1   ¿Qué opina el narrador acerca de los chimpancés? ¿Es una opinión negativa o positiva?

2   ¿Cuál es la opinión del narrador acerca del trato que los humanos damos a estos animales?

3   ¿Qué se dice en el segundo párrafo acerca del lugar donde tienen a los chimpancés? ¿Es según el narrador un lugar adecuado para tener a los chimpancés? ¿Estás de acuerdo con él?

4   ¿Por qué es conveniente, según el protagonista, conocer a estos animales?

Actividad 3

Paso 1

Ahora vas a escribir una carta a un amigo describiendo el trato que reciben los chimpancés en este centro y dando tu opinión al respecto. Puedes recoger información acerca de otros lugares donde los chimpancés estén en cautividad y establecer comparaciones en tu texto.

Prueba de repaso

Contesta las siguientes preguntas:

1   ¿Por qué se omite información importante en algunos textos argumentativos?

2   ¿Qué estrategias debes seguir para resumir dos textos acerca de un mismo tema?

3   ¿Para qué sirve una carta de queja? ¿Cuáles son sus principales características?

4   ¿De qué manera suele introducir el autor de un texto su punto de vista?

5   ¿En qué adjetivos debemos fijarnos para identificar el punto de vista del autor o narrador de un texto?

6   ¿Qué son las "muletillas" y para qué sirven?

7   ¿Qué son los recursos de estilo y para qué se utilizan?

8   Define los siguientes recursos de estilo:

   a   Metáfora

   b   Comparación

   c   Hipérbole

   d   Personificación

   e   Pregunta retórica

9   ¿Cuáles son las características del "narrador testigo"?

10   ¿Qué es el "estilo directo" y para qué se utiliza?

Carpeta de fin de curso

Texto argumentativo / discursivo

a   Escribe una entrada en tu blog explicando las ventajas y los inconvenientes del coche eléctrico.

b   Escribe un discurso para convencer a la sociedad de la importancia de ser consumidores responsables.

Texto descriptivo

c   Describe el día de un participante en un maratón desde que se despierta por la mañana hasta que termina la carrera.

d   Describe en primera persona una visita a un vertedero de basura tecnológica.

Texto narrativo

e   Escribe una historia acerca de Tom (el niño "crudivegano") y de las dificultades a las que se enfrenta en su vida adulta.

f   Escribe la historia de un activista que es detenido y juzgado por protestar contra la energía nuclear.

Lecturas recomendadas

La familia de Pascual Duarte – **Camilo José Cela**

Novela escrita en primera persona y excelente ejemplo de narrador protagonista. Pascual Duarte cuenta sus memorias desde que nace hasta su muerte, relatando todas las desgracias que sufre en su vida y que lo convierten en lo que es. Pascual es un producto de su educación y de su entorno que siempre está preparado para recurrir a la violencia como forma de interactuar con los demás.

Cinco horas con Mario – **Miguel Delibes**

Cinco horas con Mario es una novela escrita mayoritariamente en segunda persona donde una mujer llamada Carmen entabla un soliloquio de cinco horas con su marido fallecido durante el velatorio de su cuerpo. En este soliloquio, Carmen se desahoga y echa en cara a Mario no haber podido ofrecerle una vida mejor, motivada en gran medida por el anhelo de bienes materiales. *Cinco horas con Mario* es una novela excelente para explorar técnicas narratológicas poco comunes y para plantearse algunas cuestiones filosóficas como el consumismo o el deseo de prosperar socialmente.

El Lazarillo de Tormes – **Anónimo**

Una de las obras más celebradas de la literatura española de todos los tiempos. *El Lazarillo de Tormes* narra la vida de un niño que tiene que atravesar todo tipo de dificultades para poder alimentarse y subsistir, cosa que logra a duras penas sirviendo a varios amos. El escritor aprovecha para satirizar todos los estamentos sociales de la época y para poner de relieve la hipocresía que se vive en la España de los Siglos de Oro. Al igual que *La Familia de Pascual Duarte*, *El Lazarillo* es una obra escrita en primera persona y cuyo narrador es también el protagonista.

153

Capítulo 10:
El mundo laboral

Temas

- Solicitudes de empleo
- Ambiente en el trabajo
- El trabajo en tiempos de crisis
- Entrevistas de trabajo

Objetivos

- Identificar hechos a partir de ideas y opiniones
- Deducir los objetivos del autor
- Escribir un diálogo formal acerca de una entrevista de trabajo
- Comentar un fragmento de un texto
- Aprender a usar un lenguaje corporal adecuado

Introducción

El filósofo chino K'ung-fu-tsu, conocido en el mundo occidental como Confucio, fue uno de los pensadores asiáticos más influyentes del mundo, llegando incluso a ser apodado como el "Aristóteles chino". Sus ideas llegaron a la Italia del Renacimiento y se extendieron por todo el continente europeo. Confucio escribió en una de sus obras la siguiente cita: **"elige una profesión que te guste y no tendrás que trabajar ni un solo día de tu vida"**.

- ¿Qué crees tú que significa esta cita? ¿Estás de acuerdo? Justifica tu respuesta.
- La palabra "trabajar" procede del latín *tripalliare*, que significaba "torturar", "sufrir" o "atormentar". ¿Por qué crees que su significado ha evolucionado de este modo? ¿Existe alguna relación entre el significado que posee ahora y el que tenía en la antigüedad?
- ¿Crees que la cita de Confucio presenta una imagen positiva del trabajo? ¿Qué trabajos hoy en día están considerados como fáciles y divertidos? Justifica tus respuestas.
- ¿Qué crees que es lo más importante para conseguir un buen trabajo hoy en día?

Actividad 1

Paso 1

Contesta las siguientes preguntas. Después lee el texto y compara tus respuestas con la información recogida en él.

1 Si un futbolista de élite tuviese una empresa, ¿cómo crees que trataría a sus empleados? ¿Por qué?

2 ¿Cómo crees que se puede propiciar un entorno laboral agradable en una empresa? ¿Crees que es algo importante o darías prioridad a otras cuestiones? Justifica tu respuesta.

Una conversación con Gerard Piqué

En las primeras Navidades de vida de una empresa de videojuegos de Barcelona, su propietario investigó uno por uno los perfiles de Facebook de cada trabajador hasta descubrir el regalo perfecto. Después, se encargó él mismo de comprarlos: una guitarra, una tabla de skate, ropa técnica de escalada, una escopeta de aire comprimido... Este año, como tuvo menos tiempo, se decidió por algo más sencillito. O no. Alquiló una sala de cine entera y a las 00:01 del viernes 18 de diciembre, y en el primer minuto en que se permitía, proyectó *Star Wars: El despertar de la fuerza* solo para sus 45 empleados. Por si se había quedado corto, luego les regaló un *hoverboard* (sí, el monopatín volador) a cada uno. ¿Quieren un jefe así? Bien, pregunten por Gerard Piqué, presidente de Kerad Games.

Exacto, ese Piqué. Ya saben, el de los 28 títulos y sumando, el del pelazo y los ojos azules, el de Kevin Roldán y los pitos, el de los **tuits incendiarios** y los charcos, el que divide España en pros y antis solo con unos emojis mientras a él le da la risa. Un futbolista diferente. Si me lo permiten, uno más interesante.

Si es tan inteligente, dirán, ¿por qué se mete en tantos problemas? ¿Por qué le silban en León, Oviedo, Logroño o Alicante cuando juega con España? ¿Por qué no hace como la mayoría de sus colegas y se limita a responder con frases hechas e inocuas? ¿Por qué, si intenta alejarse del estereotipo del futbolista, se comporta como un divo con la **Guardia Urbana**? Son buenas preguntas y para eso hemos quedado con él. Les adelanto una cosa: Piqué lo tiene todo calculado. Todo.

¿Te compensa meterte en tantos líos?

GP: Nunca he valorado si me compensa o no. Soy muy impulsivo, una persona a la que **le va la marcha** y que intenta **romper un poco con lo establecido**. Parece que todos nos tenemos que comportar de una manera que marca la sociedad y que no nos podemos salir de esa línea. Y a mí, a veces, me gusta salirme. Hago lo que siento en todo momento y soy feliz comportándome así.

Pero acabas creándote una imagen negativa para mucha gente.

GP: Hace ya unos años que hay un tipo de periodismo, además el que tiene más repercusión, que habla de todo menos de fútbol. Solo polémica. Hay programas que son líderes de audiencia y no sacan ni un gol. Y la gente lo consume, así que no puedes decir nada.

*Tus tuits y tus bromas contribuyen a ese **ruido extrafutbolístico**.*

GP: Se le da demasiada trascendencia. Para mí todo es un juego. Pasármelo bien, **echarme unas risas...** Pero alguna gente **se lo toma muy a pecho, a vida o muerte**. Parece que esté matando a alguien cuando estoy haciendo simplemente bromas.

¿Has pensado en parar, en comportarte como el futbolista estándar?

GP: Llevo muchos años en esto y cada vez que hago algo sé la repercusión que va a tener. Por ejemplo de agosto a diciembre, que nos jugamos menos, me meto en todos los fregados. Luego paro. No tengo intención de cambiar porque, sencillamente, me lo paso bien.

Piqué nos recibe en las oficinas de Kerad Games, a medio camino entre su casa y la ciudad deportiva del Barcelona y por donde pasa tres o cuatro mañanas por semana. Está claro que ha tomado notas en sus visitas a los gigantes tecnológicos de California: cristaleras, suelo de césped artificial, post-its pegados por las paredes, zona común con tele, Play y máquina recreativa retro... Entran ganas de pedir un trabajo. O una cerveza.

Mi lado desconfiado asoma: ¿de verdad le importa todo esto o es solo postureo para parecer interesante? ¿Será un capricho de niño rico? Veamos...

Como no tenía tiempo para matricularse, recibió en su casa un curso particular de Administración de Empresas y Economía con profesores de la prestigiosa ESADE. Y a menudo, organiza comidas con expertos en política, economía, tecnología, cultura... Se sienta y escucha. Al menos durante unos minutos. "Al principio Gerard está callado, pero cuando empiezas a pensar que se aburre, <u>lanza una pregunta o una idea que no te plantearía un estudiante de máster</u>. El tío es muy inteligente", relata un asistente habitual a esos encuentros.

Si es un capricho, lo está disimulando muy bien.

"Me gusta ser siempre el que menos sabe de la mesa. Así aprendo seguro", explica el futbolista. "La gente opina sin saber y así no vamos a ningún sitio. Me impacta mucho en estas comidas cómo piensa y ejecuta gente como Mark Zuckerberg [fundador de Facebook]. <u>Crees que van a ser supergeniales o superlunáticos y al final hacen cosas muy sencillas, pero muy bien hechas. Esa es la clave</u>".

www.elmundo.es/papel

Paso 2

¿Cuál dirías que es la intención del periodista que realiza esta entrevista a Piqué? Justifica tu decisión. (Puede haber más de una respuesta correcta.)

a Realizar una crítica mordaz de la sociedad actual.

b El periodista es del Real Madrid y su objetivo es ridiculizar al astro barcelonista.

c Sorprender a un sector importante de los lectores que tiene una opinión negativa del catalán.

Paso 3

Las palabras de la columna de la izquierda aparecen en el texto. Relaciónalas con su significado:

1	pitos	a	Cualidad de no tener ningún efecto negativo.
2	charcos	b	Silbidos que se emiten para censurar algo o a alguien, especialmente en eventos deportivos.
3	emojis	c	Problemas que surgen como consecuencia de acciones impulsivas (1).
4	inocuas	d	Actitud de la persona que solo actúa con la finalidad de ofrecer una imagen determinada y normalmente falseada.
5	estereotipo	e	Imágenes esquemáticas que sirven para expresar una idea, sentimiento u opinión sin necesidad de escribir la palabra entera.
6	divo	f	Problemas que surgen como consecuencia de acciones impulsivas (2).
7	impulsivo	g	Artista que goza de enorme fama.
8	fregados	h	Idea o prejuicio aceptada y a veces promovida por una determinada comunidad acerca de sí misma y de otras culturas.
9	postureo	i	Escuela Superior de Administración y Dirección de Empresas, cuya sede está ubicada en la ciudad de Barcelona.
10	ESADE	j	Persona que actúa sin pensar en las consecuencias.

Algunas de las palabras de arriba pertenecen a un registro muy coloquial o informal, ¿sabrías decir cuáles?

Paso 4

En parejas, averiguad con la ayuda de internet el significado de estas expresiones (en negrita en el texto):

tuits incendiarios	Guardia Urbana	le va la marcha
romper un poco con lo establecido	ruido extrafutbolístico	echarme unas risas
se lo toma muy a pecho	a vida o muerte	futbolista estándar

Paso 5

Explica las ideas subrayadas en el texto y contrástalas con tus propias opiniones.

1 Parece que todos nos tenemos que comportar de una manera que marca la sociedad y que no nos podemos salir de esa línea. Y a mí, a veces, me gusta salirme.

2 Parece que esté matando a alguien cuando estoy haciendo simplemente bromas.

3 Está claro que ha tomado notas en sus visitas a los gigantes tecnológicos de California.

4 Lanza una pregunta o una idea que no te plantearía un estudiante de máster.

5 Crees que van a ser supergeniales o superlunáticos y al final hacen cosas muy sencillas, pero muy bien hechas. Esa es la clave.

¿Quién es el autor de cada una de estas frases?

Actividad 2

Paso 1

Responde a las siguientes preguntas. Después compara tus respuestas con las de tu compañero o compañera y lee el texto de Pío Baroja.

1 ¿Cómo crees que era el mundo laboral en la España de principios del siglo XX?

2 ¿Qué crees que hacía la gente para encontrar o conseguir un trabajo?

3 ¿Te parece que han cambiado mucho las cosas desde entonces? Justifica tu respuesta.

CONSEJO

Deducir los objetivos del autor

Para comprender los objetivos del autor o narrador de un texto es importante entender dicho texto lo mejor posible. Para ello es necesario realizar varias lecturas prestando atención a todos los detalles que nos puedan ayudar a determinar su intencionalidad. Normalmente, los apartados de introducción y conclusiones (el principio y el final) suelen ilustrar los objetivos del autor o narrador, aunque a veces puede tratarse de un texto irónico o sarcástico, por lo que deberemos estar atentos a comentarios en clave de humor y a las hipérboles o exageraciones.

CONSEJO

Pío Baroja y *La busca*

Pío Baroja y Nessi fue uno de los escritores más renombrados de la llamada Generación del 98, caracterizada fundamentalmente por una profunda preocupación por España. Sus obras reflejan un país desolado en el que la gente intenta sobrevivir y abrirse camino en una sociedad que le cierra todas sus puertas.

La busca es una de estas obras de fuerte contenido social. Forma parte del conjunto *La lucha por la vida*, trilogía que relata la historia de Manuel Alcázar y su fracaso al intentar encajar en una sociedad empobrecida y desigual desde su llegada a Madrid.

Cuando salió a la calle habían abierto la zapatería. La Petra y el chico entraron.

— ¿No está el señor Ignacio? — preguntó ella.

— Ahora viene — contestó un muchacho que amontonaba zapatos viejos en el centro de la tienda.

— Dígale usted que está aquí su prima, la Petra.

Salió el señor Ignacio. Era un hombre de unos cuarenta a cincuenta años, seco y **enjuto**. Comenzaron a hablar la Petra y él, mientras el muchacho y un chiquillo seguían amontonando los zapatos viejos. Manuel les miraba, cuando el **mozo** le dijo:

— ¡Anda, tú, ayuda!

Manuel hizo lo que ellos, y cuando terminaron los tres, esperaron a que cesaran de hablar la Petra y el señor Ignacio. La Petra contaba a su primo la última hazaña de Manuel, y el zapatero escuchaba sonriendo. El hombre no tenía trazas de mala persona; era rubio e **imberbe**; en su labio superior solo nacían unos cuantos pelos **azafranados**. La **tez** amarilla, rugosa, los surcos profundos de su cara, el aire cansado, le daban aspecto de hombre débil. Hablaba con cierta vaguedad irónica.

— Te vas a quedar aquí— le dijo la Petra a Manuel.

— Bueno.

Este es un **barbián** — exclamó el señor Ignacio, riendo —; se conforma pronto.

— Sí; este todo lo toma con calma. Pero, mira —añadió, dirigiéndose a su hijo—, si yo sé que haces alguna cosa como la de ayer, ya verás.

Se despidió Manuel de su madre.

— ¿Has estado mucho tiempo en ese pueblo de Soria con mi primo? —le preguntó el señor Ignacio.

— Dos años.

— Y qué, ¿allí trabajabas mucho?

— Allí no trabajaba nada.

— Pues hijo, aquí no tendrás más remedio. Anda, siéntate a trabajar. Ahí tienes a tus primos —añadió el señor Ignacio, mostrando al mozo y al chiquillo—. Estos también son unos guerreros.

El mozo se llamaba Leandro, y era robusto; no se parecía nada a su padre: tenía la nariz y los labios gruesos, la expresión testaruda y varonil; el otro era un chico de la edad de Manuel, delgaducho, **esbelto**, con cara de pillo, y se llamaba Vidal.

Se sentaron el señor Ignacio y los tres muchachos alrededor de un **tajo** de madera, formado por un tronco de árbol con una gran muesca. El trabajo consistía en desarmar y deshacer botas y zapatos viejos, que en grandes **fardos**, atados de mala manera, y en sacos, con un letrero de papel cosido a la tela, se veían por el almacén por todas partes. En el tajo se colocaba la bota destinada al **descuartizamiento**; allí se le daba un golpe o varios con una

159

cuchilla, hasta cortarle el tacón; después, con las tenazas, se arrancaban las distintas capas de suela; con unas tijeras se quitaban los botones y tirantes, y cada cosa se echaba en su **espuerta** correspondiente: en una, los tacones; en otras, las gomas, las correas, las hebillas.

A esto había descendido *La regeneración del calzado*: a justificar el título de una manera bastante distinta de la pensada por el que lo puso.

El señor Ignacio, maestro de obra prima, había tenido necesidad, por falta de trabajo, de abandonar la **lezna** y el **tirapié** para dedicarse a las tenazas y a la cuchilla; de crear, a destruir; de hacer botas nuevas, a destripar botas viejas. El contraste era duro; pero el señor Ignacio podía consolarse viendo a su vecino, el de *El león de la zapatería*, que solo de Pascuas a Ramos tenía alguna mala **chapuza** que hacer.

La primera mañana de trabajo fue pesadísimo para Manuel; el estar tanto tiempo quieto le resultó insoportable. Al mediodía entró en el almacén una vieja gorda, con la comida en una cesta; era la madre del señor Ignacio.

— ¿Y mi mujer? —le preguntó el zapatero.

— Ha ido a lavar.

— ¿Y la Salomé? ¿No viene?

— Tampoco; le ha salido trabajo en una casa para toda la semana.

Sacó la vieja un puchero, platos, cubiertos y un pan grande de la cesta; extendió un paño en el suelo, sentáronse todos alrededor de él, vertió el caldo del puchero en los platos, en donde cada uno desmigó un pedazo de pan, y fueron comiendo. Después dio la vieja a cada uno su ración de cocido, y, mientras comían, el zapatero discurseó un poco acerca del porvenir de España y de los motivos de nuestro atraso, conversación agradable para la mayoría de los españoles que nos sentimos regeneradores.

La Busca, *Pío Baroja*

Paso 2

Algunas de las palabras en negrita del texto están relacionadas con el mundo laboral o con el oficio de zapatero. Distribúyelas en la siguiente tabla:

~~Enjuto~~	~~Mozo~~	Imberbe	Azafranados	Tez	Barbián
Esbelto	~~Tajo~~	Fardos	Descuartizamiento	Espuerta	Lezna
		Tirapié	Chapuza		

Mundo laboral	Oficio de zapatero	Otras
Mozo	*Tajo*	*Enjuto*

Paso 3

Vuelve a leer el texto y comenta con tu compañero o compañera el significado de las expresiones subrayadas.

a   No tenía trazas de mala persona

b   Hablaba con cierta vaguedad irónica

c   Lo toma con calma

d   No tendrás más remedio

e   La expresión testaruda y varonil

f   De Pascuas a Ramos

Paso 4

Contesta las siguientes preguntas basándote en la información recogida en el texto.

a   En el diálogo que mantienen en la zapatería, la madre de Manuel le dice a este: "si yo sé que haces alguna cosa como la de ayer, ya verás". ¿A qué crees que se refiere?

b   En el texto aparecen, en cursiva, las frases "La regeneración del calzado" y "El león de la zapatería". ¿A qué se refieren?

c   Se dice que el señor Ignacio tuvo que "abandonar la lezna y el tirapié para dedicarse a las tenazas y a la cuchilla". ¿Qué significa esto?

d   Casi al final del texto se habla de que a una tal Salomé "le ha salido trabajo en una casa para toda la semana". ¿De qué tipo de trabajo crees que están hablando? Justifica tu respuesta.

Paso 5

Contesta las siguientes preguntas:

a   Vuelve a leer desde "El hombre no tenía" hasta "con cierta vaguedad irónica". ¿Qué imagen del zapatero quiere transmitir el narrador?

b   Vuelve a leer desde "Se sentaron el señor Ignacio" hasta "las correas, las hebillas". ¿Qué describe aquí el narrador? ¿Te parece un trabajo agradable? ¿Crees que se sigue trabajando igual hoy en día? Justifica tus respuestas.

c   Vuelve a leer el último párrafo del texto, desde "Sacó la vieja un puchero" hasta "nos sentimos regeneradores". ¿Qué situación de la vida laboral o cotidiana se está describiendo? ¿Crees que esta costumbre perdura hoy en día en algunos empleos o tiendas? Justifica tu respuesta.

Actividad 3

Paso 1

Contesta las siguientes preguntas, discute tus respuestas con tu compañero o compañera y a continuación lee el texto:

1   ¿Alguna vez has ido a una entrevista de trabajo o has escuchado a alguien hablar de una entrevista a la que haya ido? Explica a tu compañero o compañera la experiencia.

2 Los entrevistadores aprovechan las entrevistas de trabajo para recopilar toda la información relevante posible acerca de sus futuros empleados. Si tu fueras el o la entrevistadora, ¿qué preguntas crees que te ayudarían a conocer mejor a los candidatos?

La entrevista

¿Es capaz de trabajar bajo presión?

Sí. De hecho considero que siempre es bueno tener un poco de presión a la hora de trabajar. Además, en nuestro sector esta es la manera habitual de hacer las cosas, ya que siempre estamos sometidos a los plazos que nos marca el mercado. Es por ello que me he acostumbrado a priorizar y resolver los problemas más importantes primero.

¿Puede hablarme de algún error que haya cometido en su vida profesional?

A lo largo de mi carrera siempre me he esforzado por obtener algún beneficio de mis errores y de los errores de los demás, y creo que esto me ha ayudado a progresar tanto en lo profesional como en lo personal. Todos los seres humanos cometemos errores, y creo que lo que nos diferencia a unos de los otros es la manera en la que lidiamos con ellos para enmendarlos y seguir aprendiendo. Por ejemplo, ha habido a veces momentos en los que he sido demasiado individualista o, todo lo contrario, en los que he confiado demasiado en la capacidades de los demás para resolver determinados problemas, pero haberme dado cuenta de ello me ha ayudado a ser más consciente de la necesidad de encontrar un equilibrio entre trabajo individual y trabajo en equipo.

¿Cómo sería para usted un jefe ideal?

Por supuesto, es muy importante conocer la empresa y el sector en el que se trabaja, además de tener excelentes dotes organizativas, pero en mi opinión, lo más importante para ser un buen jefe es conocer bien a los empleados. Una empresa funciona bien si los trabajadores están motivados y existe un buen ambiente entre ellos. Además, un jefe competente tiene que ser capaz de resolver los conflictos en el momento en el que se presentan para que la situación no empeore.

¿Podría mencionar algún problema que haya tenido en su entorno laboral y cómo consiguió solucionarlo?

Creo que la mejor manera de enfrentarse a los problemas es prevenirlos. Si una persona es organizada y seria y si se esfuerza en hacer las cosas bien, tanto el número como la gravedad de los problemas se verán reducidos notablemente.

Dicho esto, todos cometemos errores y es inevitable que surjan algunos imprevistos, así que lo mejor es tener siempre un plan de contingencia que nos ayude a atajar el problema antes de que nos crezca en las manos. Recuerdo una vez que el representante de una firma acudió a mí furioso porque nuestra empresa no había podido cumplir los plazos estipulados y por si fuera poco nuestros compañeros de atención al cliente no le contestaban sus correos electrónicos. Mi primera reacción fue intentar que se calmara y dejar que expusiera sus problemas mostrándole toda mi atención, tomando incluso nota de sus quejas. Después le aseguré que trataría el asunto a la mayor brevedad posible y que le daría una respuesta ese mismo día. Di prioridad total al asunto y en menos de dos horas conseguí solucionarlo con la ayuda de mi equipo.

¿Cómo era la relación con sus compañeros en su anterior empleo?

La verdad es que siempre he tenido mucha suerte con mis compañeros y compañeras de trabajo. No solo eran grandes profesionales, sino también excelentes personas. Algunos de mis mejores amigos y amigas han trabajado conmigo antes, y el hecho de haber pasado tantas horas juntos en un entorno laboral nos ha proporcionado unos niveles de confianza y complicidad que difícilmente se pueden encontrar en otros ámbitos.

Como ya le he comentado antes, para que una empresa funcione bien me parece imprescindible que reine el buen ambiente. No todos tenemos que ser amigos, pero el respeto y la cordialidad deben ser siempre el punto de partida en toda relación laboral.

Paso 2

Contesta las siguientes preguntas y justifica tus respuestas.

1 ¿Para qué puesto y para qué sector crees que es la entrevista que acabas de leer?

2 ¿Con qué parte de la entrevista se corresponde (principio, medio o final)?

3 ¿En tu opinión, está la persona entrevistada contestando de manera correcta? ¿Te parece un buen candidato? ¿Por qué?

4 ¿Crees que las preguntas del entrevistador son las adecuadas? ¿Por qué?

5 ¿Qué otras preguntas incluirías tú para determinar que la persona a la que estás entrevistando es la adecuada para el puesto? ¿Por qué?

6 ¿Cómo empezarías la entrevista si fueras tú el o la entrevistadora?

Paso 3

Elabora una tabla con las características de la persona entrevistada a partir del texto que has leído. Marca con una 'X' y justifica tu decisión.

	Muy mal	Mal	Regular	Bien	Muy bien
Proactividad					
Creatividad					
Espontaneidad					
Trabajo en equipo					
Disciplina					
Inteligencia					
Experiencia					

Paso 4

Un amigo tuyo ha enviado su currículo a la empresa de Gerard Piqué y ha sido seleccionado para realizar una entrevista con los responsables de selección de personal. Vuelve a leer el texto acerca del jugador del F. C. Barcelona y escribe la entrevista ficticia, pero antes…

1 Piensa en las preguntas que vas a incorporar (puedes utilizar las mismas que has sugerido en el ejercicio 5 del Paso 2). Ten en cuenta que las preguntas del principio tienen que servir para romper el hielo y preparar el terreno para las preguntas más importantes.

Inicio	1	
	2	
Medio	3	
	4	
Final	5	
	6	

2 En parejas, haceos las preguntas que habéis preparado. Recordad que el objetivo de las respuestas es dar buena imagen para ser seleccionado para el puesto.

3 Ahora ya tienes todo el material que necesitas para redactar tu texto. Escribe la entrevista ficticia que tiene lugar entre el responsable de recursos humanos de la empresa y tu amigo. Escribe entre 450 y 500 palabras y asegúrate de cubrir los siguientes puntos:

- Por qué tu amigo cree que es un buen candidato
- Qué esperan de tu amigo en la empresa del futbolista
- Cuáles son las perspectivas de futuro de tu amigo

Actividad 4

Paso 1

1 El enfoque del comentario o análisis de un fragmento depende siempre de la naturaleza del mismo pero, ¿cuáles de los siguientes elementos son susceptibles de ser analizados o comentados en cualquier tipo de texto? Justifica tu respuesta.

Tiempo	Espacio	Estructura	Recursos de estilo	Tipo de narrador
Tipo de verso	Métrica	Tema	Vocabulario	Personajes	Registro
Figuras literarias	Ideas	Opiniones	Argumento	Lengua y estilo

2 ¿Cuáles de ellos pueden ser analizados solo en la narrativa de ficción?

3 Ahora lee el texto y comenta con tu compañero o compañera cuáles de los elementos del ejercicio 1 son relevantes aquí:

> En el piso bajo de la casa, en la parte que daba a la calle del Águila, había una cochera, una carpintería, una taberna y la zapatería del pariente de la Petra. Este establecimiento tenía sobre la puerta de entrada un rótulo que decía:
>
> A LA REGENERACIÓN DEL CALZADO
>
> El historiógrafo del porvenir seguramente encontrará en este letrero una prueba de lo extendida que estuvo en algunas épocas cierta idea de regeneración nacional, y no le asombrará que esa idea, que comenzó por querer reformar y regenerar la Constitución y la raza española, concluyera en la muestra de una tienda de un rincón de los barrios bajos, en donde lo único que se hacía era reformar y regenerar el calzado.
>
> *La Busca, Pío Baroja*

Paso 2

1 Indica cuál es el tipo de texto del fragmento que acabas de leer y explica qué elementos te han ayudado a identificarlo:

Periodístico	Académico	Divulgativo	Literario	Epistolar

2   Contesta las siguientes preguntas:

  a   ¿Dónde crees que se sitúa este texto dentro de la novela de *La Busca* de Pío Baroja? ¿Crees que es anterior o posterior al texto de la Actividad 2? Justifica tus respuestas.

  b   Explica con tus propias palabras por qué el dueño de la zapatería elige el nombre "A la regeneración del calzado" para su tienda.

  c   ¿Qué opinión le merecen al narrador las intenciones del dueño de la zapatería? ¿Es una opinión positiva o negativa? Explica tu respuesta.

Paso 3
Ahora lee el comentario del fragmento e identifica en él el análisis de los siguientes elementos:

a Espacio   **b** Estructura   **c** Recursos de estilo

d Tipo de narrador   **e** Tema   **f** Lengua y estilo

g Personajes   **h** Figuras literarias   **i** Argumento

Este texto es un fragmento de *La Busca*, una novela escrita por Pío Baroja a principios del siglo XX. Se trata de un texto descriptivo en el que un narrador de tipo omnisciente (es decir, un narrador en tercera persona que conoce todos los detalles acerca de los personajes y de la acción) dibuja cómo era el lugar donde se ubicaba la zapatería "A la regeneración del calzado" y realiza una digresión para explicar el significado del nombre del establecimiento.

La idea más importante de este fragmento es la decadencia de la sociedad española, que no supo llevar a cabo la "regeneración nacional" de la que todo el mundo hablaba en aquel entonces. El narrador explica este intento fallido en las últimas líneas al decir que "comenzó por querer reformar y regenerar la Constitución y la raza española" y terminó como nombre de un establecimiento comercial "de los barrios bajos, donde lo único que se hacía era reformar el calzado".

Podemos dividir este fragmento en dos partes atendiendo tanto a su estructura externa como interna. En el primer párrafo, el autor se dedica simplemente a describir el bajo del edificio donde se encuentra la zapatería, explicando primero su localización, "En el piso bajo de la casa, en la parte que daba a la calle del Águila", para enumerar luego los establecimientos comerciales ubicados en dicho bajo, "una cochera, una carpintería, una taberna y la zapatería del pariente de la Petra". Aquí aparecen los dos personajes principales del fragmento: Petra, la madre de Manuel que acude a la zapatería con la esperanza de conseguir un empleo para su hijo; y su pariente, el dueño de la zapatería. Como se puede observar, el estilo es sencillo y la enumeración o sucesión de elementos separados por comas confieren velocidad a la lectura. La última línea del párrafo la emplea el narrador para describir el rótulo con el nombre de la zapatería, lo que dará lugar a la reflexión que introduce inmediatamente después.

CONSEJO

El análisis de fragmentos o segmentos de un texto

Uno de los factores más importantes que hay que tener en cuenta cuando comentamos un fragmento es identificar el tipo de texto del que forma parte. En un fragmento narrativo, por ejemplo, deberemos tener en cuenta factores como el tipo de narrador, el espacio, el tiempo o los personajes, mientras que en un poema nuestra atención debería centrarse en recursos literarios como las metáforas o las repeticiones. Aunque en los textos literarios el contenido también es relevante, en otro tipo de textos como los artículos de opinión o las noticias dicho contenido pasaría a ocupar el primer plano, quedando el lenguaje figurativo y los recursos de estilo relegados al segundo lugar.

En la segunda y última parte de este fragmento, que se corresponde con el último párrafo, se realiza, como hemos dicho antes, una digresión, que es un recurso narrativo que rompe el hilo argumental del discurso para explicar o exponer alguna idea o hecho. En este caso, el narrador aprovecha estas líneas para analizar, en tono burlesco, la idea de "regeneración nacional" y la incapacidad del pueblo español para llevarla a cabo de una manera seria y eficiente para salir de la crisis y la decadencia en la que se encontraba en aquel entonces. A este respecto dice que dicha idea de "regeneración nacional" concluyó "como muestra de una tienda de un rincón de los barrios bajos".

El estilo en esta segunda parte es muy diferente del de la primera. En primer lugar, se utilizan frases mucho más complejas: el párrafo entero es una única oración con varias conjunciones subordinadas. Asimismo, aparece una suerte de personaje, "el historiógrafo del porvenir", al que el narrador apela y dedica la digresión. Se introduce además un juego de palabras para comparar "la regeneración nacional" con "la regeneración del calzado", ridiculizando así esta idea tan "extendida", en palabras del narrador, "en algunas épocas".

Para concluir, cabe mencionar que tanto este fragmento como toda la novela de Pío Baroja muestran la profunda preocupación del autor por la situación de inestabilidad política y de miseria generalizada que vive España a principios del siglo XX. Este texto es una buena muestra del pesimismo que se respiraba en aquel entonces entre los círculos intelectuales de los que Pío Baroja, como uno de los máximos exponentes de la Generación del 98, formaba parte.

Paso 4

Realiza un comentario del siguiente texto de Cortázar siguiendo las indicaciones que se proponen a continuación.

1   Realiza una lectura rápida del fragmento e identifica el tipo de texto:

Como a veces no puede dormir, en vez de contar corderitos contesta mentalmente la correspondencia atrasada, porque su mala conciencia tiene tanto insomnio como él. Las cartas de cortesía, las apasionadas, las intelectuales, una a una las va contestando a ojos cerrados y con grandes hallazgos de estilo y vistosos desarrollos que lo complacen por su espontaneidad y eficacia, lo que naturalmente multiplica el insomnio. Cuando se duerme, toda la correspondencia ha sido puesta al día. Por la mañana, claro, está deshecho, y para peor tiene que sentarse a escribir todas las cartas pensadas por la noche, las cuales cartas le salen mucho peor, frías o torpes o idiotas, lo que hace que esa noche tampoco podrá dormir debido al exceso de fatiga, aparte de que entre tanto le han llegado nuevas cartas de cortesía, apasionadas o intelectuales y que Lucas en vez de contar corderitos se pone a contestarlas con tal perfección y elegancia que Madame de Sévigné lo hubiera aborrecido minuciosamente.

Un tal Lucas, **Julio Cortázar**

2   Vuelve a leer el texto, esta vez de manera detenida, subrayando todos los elementos que te ayuden a realizar tu comentario del fragmento literario.

3 Completa el siguiente esquema con las características fundamentales del texto:

Tema	
Tipo de narrador	
Estructura	
Argumento	
Espacio	
Personajes	
Recursos de estilo	
Lengua y estilo	
Figuras literarias	

4 Tu comentario. Escribe un análisis de 500 palabras del fragmento de *Un tal Lucas* de Julio Cortázar en el que expliques todos los elementos del ejercicio anterior.

Actividad 5

Paso 1

Contesta las siguientes preguntas y compara tus respuestas con las de tu compañero o compañera.

1 ¿Qué es el lenguaje corporal? Da algunos ejemplos.

2 ¿Qué partes del cuerpo son más importantes en la comunicación no verbal?

3 ¿Qué es la entonación o el tono de voz y qué ejemplos conoces?

4 ¿Del 1 al 10, cómo dirías que es de importante el lenguaje corporal y la entonación en una entrevista de trabajo? ¿Y en una presentación?

Paso 2

El siguiente texto ofrece consejos para utilizar de manera eficaz el lenguaje corporal. Léelos y ordénalos de mayor a menor importancia (el más importante primero). Justifica tu decisión.

El lenguaje corporal

1. Contacto visual. Mantener contacto visual, sobre todo con gente que acabas de conocer, es un aspecto fundamental en cualquier tipo de relación. Se trata de un gesto que demuestra interés por la persona con la que estás hablando. Apartar tu mirada del rostro de la otra persona durante unos breves instantes también ayuda a que tu interlocutor se sienta más cómodo. La idea sería mostrar interés manteniendo contacto visual durante la conversación y, a la vez, asegurarnos de que nuestro interlocutor se siente relajado con breves momentos de descanso.

2. La postura de tu cuerpo. Debes asegurarte en todo momento de mantener una buena y adecuada posición corporal. Lo correcto sería mantener tu espalda recta sin que ello pueda resultar intimidatorio, es decir, una posición erguida a la vez que natural. Evitar recostarse o curvarse es fundamental en cualquier tipo de

conversación, sobre todo en las de tipo formal como por ejemplo en las entrevistas de trabajo.

3. La posición de la cabeza. Dependiendo del efecto que quieras conseguir puedes variar la posición de tu cabeza. Si quieres mostrar seguridad en ti mismo, mantén tu cabeza totalmente nivelada tanto horizontal como verticalmente. Si deseas mostrarte receptivo, puedes ladearla ligeramente.

4. Movimientos de brazos y manos. La manera en la que colocas tus brazos puede decir mucho de ti. Por ejemplo, si mantienes tus brazos cruzados puedes dar la impresión de ser una persona que no se deja conocer o que intenta protegerse. Lo ideal sería no utilizar tus brazos a modo de "barrera" y mantenerlos cerca de tu cuerpo, incluso puedes acompañar tu discurso moviéndolos ligeramente, pero nunca en exceso, ya que ello podría provocar el rechazo de los que te escuchan. De la misma manera, si colocas las palmas de tus manos hacia arriba da la sensación de que eres una persona receptiva, pero si el movimiento es al revés puedes dar una imagen de persona autoritaria e incluso agresiva.

5. El saludo. Es muy probable que en una entrevista de trabajo tengas que estrechar la mano de tu entrevistador. Lo correcto sería un apretón firme y breve, teniendo cuidado de no ejercer demasiada fuerza.

6. Las piernas. Recuerda que si acudes a una entrevista de trabajo o te encuentras en compañía de gente que acabas de conocer no es bueno mover tus piernas excesivamente, tanto si estamos sentados como de pie, ya que ello podría dar la sensación de nerviosismo. Busca una postura en la que te encuentres cómodo y procura mantenerla durante el tiempo que dure la conversación.

7. Orientación del cuerpo y distancia. Si dirigimos u orientamos nuestro cuerpo hacia la persona con la que estamos hablando estamos indicando que nos interesa lo que nos está diciendo, pero siempre debemos mantener una distancia adecuada, ya que si nos acercamos en exceso podremos conseguir el efecto contrario o incluso intimidar a esa otra persona.

8. Los movimientos de la boca. Evita signos de nerviosismo como por ejemplo morderte los labios. Factores como la sonrisa también dicen mucho de ti: no te tapes la boca al sonreír y recuerda que en una sonrisa de verdad no solo sonreímos con nuestros labios, sino que lo hacemos con todo nuestro rostro. Esta autenticidad es fácilmente detectada por los demás.

CONSEJO

El lenguaje corporal en una presentación
Como has tenido la oportunidad de leer en los consejos del Paso 2, el lenguaje corporal es muy importante para nuestra expresión oral. Muchas veces nuestros gestos, posturas o contacto visual dicen mucho más de nosotros que las palabras que pronunciamos, y por ello es un aspecto que tenemos que tener muy presente en entrevistas y presentaciones. En líneas generales, es fundamental mostrar seguridad y confianza en uno mismo en este tipo de situaciones y el lenguaje corporal es nuestro mejor aliado para conseguirlo.

Paso 3

Con la ayuda de tu compañero o compañera vas a preparar dos entrevistas de trabajo de 10 minutos cada una (una como entrevistador o entrevistadora y otra como entrevistado o entrevistada) utilizando las preguntas que habíais elaborado en la Actividad 3. Para ello deberéis centraros en los consejos del Paso 2 sobre la correcta utilización del lenguaje corporal.

Lista de verificación

¡Fin del Capítulo 10! ¿Qué destrezas has desarrollado? Lee y marca la casilla:
√ (bastante bien), √√ (bien), √√√ (muy bien).

- Puedo identificar hechos a partir de ideas y opiniones ☐
- Puedo deducir los objetivos del autor ☐
- Puedo escribir un diálogo formal acerca de una entrevista de trabajo ☐
- Puedo comentar un fragmento de un texto ☐
- Puedo usar un lenguaje corporal adecuado ☐

Capítulo 11:
En busca de una vida mejor

Temas

- La fuga de cerebros
- La nacionalización de los deportistas de élite
- Los efectos de la globalización
- La emigración de trabajadores no cualificados y la polarización social

Objetivos

■ Seleccionar información de varios textos para elaborar un escrito de respuesta

■ Escribir un texto argumentativo

■ Expresar argumentos con claridad

■ Dar cohesión a un texto

Introducción

El mexicano Librado Rivera dijo lo siguiente: "Si fuera la patria como una madre cariñosa que da abrigo y sustento a sus hijos, si se les diera tierras y herramientas para sembrar, nadie abandonaría su patria para ir a mendigar el pan a otros países en donde se les desprecia y se les humilla." Los grandes movimientos migratorios han existido desde el inicio de la humanidad, y vienen marcados por la búsqueda de una vida mejor. Aunque nunca ha sido una experiencia fácil, la inmigración contribuye al enriquecimiento cultural de las sociedades de acogida. Observa las fotografías que ejemplifican diferentes experiencias de los españoles desplazados a otros países: desde los exiliados que marcharon a Latinoamérica después de la guerra civil española hasta los jóvenes que se ven afectados por la recesión económica. Después, comenta con tus compañeros:

• ¿Qué experiencias crees que tienen en común estos españoles?

• ¿Crees que es más fácil emigrar hoy en día?

• Si tuvieras que marcharte de tu país, ¿qué echarías de menos?

Actividad 1

Paso 1

¿Cuál crees que es el significado de la expresión "fuga de cerebros"? ¿A qué tipo de personas se alude con el término "cerebros"? Lee el primer texto y comprueba tus respuestas.

Texto 1
La fuga de cerebros

La fuga de cerebros es una epidemia que azota a nuestro país en los últimos tiempos. Con este término se denomina el proceso de migración masiva de jóvenes profesionales con excelentes titulaciones académicas que abandonan su país a causa de la falta de oportunidades laborales provocada por una recesión económica y el aumento del paro. Se desplazan al extranjero para obtener sencillamente un trabajo o para acceder a un puesto mejor remunerado o con más perspectivas de futuro dentro de su campo profesional. Debido al impacto emocional que tiene la fuga de cerebros sobre los jóvenes emigrantes y sus familias, ha sido calificada de "sociodrama".

Basta comparar algunas cifras para hacerse una idea de la gravedad del problema. Según datos de Eurostat, la tasa de paro juvenil en España en el año 2015 fue de 49,6%, mientras que en Alemania fue de 7,2%. La media en los 28 países de la UE fue 20,7%. Si además se añade que el salario medio en el Reino Unido en el año 2014 era de 3.684 euros al mes, mientras que en España era de 2.180 euros al mes, es comprensible que los jóvenes más dotados y audaces se lancen a la aventura de buscarse un trabajo en el extranjero.

Sin embargo, la realidad laboral de estos jóvenes es a menudo dura, sobre todo en los inicios. A no ser que hablen y escriban muy bien idiomas como el inglés o el alemán, es muy probable que logren tan solo trabajar en restaurantes, fábricas o empresas de limpieza. No obstante, sus condiciones mejorarán si se esfuerzan en aprender la lengua y adquirir titulaciones en el país de acogida. Ese fue el caso de Luis, que en sus primeros tiempos en Berlín estaba de camillero, pero que pasado un tiempo comenzó a trabajar de lo suyo, en un estudio de arquitectura. En la actualidad, Luis tiene un nivel de alemán C1 y después de compartir piso durante muchos años, reside con su pareja en su propia casa en un barrio de las afueras de la ciudad. Con todo, no se identifica plenamente con la cultura alemana, y se alegra de que los vuelos económicos y las innovaciones tecnológicas le permitan mantener contacto regular con sus familiares y amigos en España.

La recesión económica no ha afectado en exclusiva a los jóvenes. Al contrario, muchas pequeñas y medianas empresas acusan una fuerte pérdida de beneficios y han llegado a encontrarse al borde de la quiebra. Cuando esto estuvo a punto de sucederles a Federico y Gabriela, trasladaron su negocio de diseño gráfico a Manchester. Gabriela hablaba inglés con fluidez, y por eso pudo investigar el mercado en profundidad e informarse de todos los aspectos legales. Eso les facilitó mucho la transición. Hoy en día, la empresa de Federico y Gabriela tiene una amplia cartera de clientes y dan trabajo a tres personas.

Sin lugar a dudas, la fuga de cerebros tiene repercusiones emocionales en nuestra sociedad. Esta especie de diáspora juvenil deja desoladas a las familias y a los

amigos de quienes se ven obligados a emigrar. Lo que antes se veía como una aventura, salir al extranjero, se ha convertido en la única salida que les queda. El sociodrama continúa.

Texto 2

Declaraciones de doña Elena Heredia Paredes, Presidenta de la Asociación Recreativa "Miguel Mihura" de la Tercera Edad:

"Cansados estamos de oír hablar en los medios de la famosa "fuga de cerebros". Parece que esta generación de jóvenes no se contenta con los sueldos que se pagan en España, y que para tantos de nosotros han tenido que ser suficientes durante años. Aspiran a darse la gran vida que ven que llevan los famosos en la televisión: coches caros, ropa de marca, viajes de acá para allá. Y por eso se marchan a Inglaterra o a Alemania. Bien parece irles, puesto que muchos otros les siguen, con lo que eso supone para España en cuestión de pérdida de talento, impuestos y cotizaciones. Pues bien, yo propongo lo siguiente: si aquí no podemos beneficiarnos de su trabajo, ya que rendirán cuentas a la Hacienda de aquellos países, como quiera que se llame, que devuelvan entonces, a plazos mensuales, el dinero que costó la educación que recibieron, y que yo he estado pagando con mis propios impuestos."

Paso 2

Lee el segundo texto y contesta las preguntas.

1   Explica con tus propias palabras cuál es la postura de los autores de los textos ante la fuga de cerebros.

2   ¿Cuál de los dos textos presenta argumentos más convincentes para defender su punto de vista? ¿Qué es lo que les hace convincentes?

3   Según el texto 1, ¿emigran solamente los jóvenes?

4   Según el texto 1, ¿qué factor determina el éxito de los jóvenes emigrantes en el país de acogida?

5   En el texto 1 se describe la fuga de cerebros como una "diáspora". ¿Por qué? ¿Qué efecto produce el uso de esta palabra?

Paso 3

Lee la carta que envió una joven a doña Elena Heredia Paredes en respuesta a sus declaraciones.

- Señala en azul la información que se ha tomado del texto 1.

- Señala en verde las secciones en las que se responde directamente a los puntos de las declaraciones de la señora Elena Heredia Paredes.

- Señala en rojo las frases que incorporan la información procedente de las fuentes: por ejemplo, "este fenómeno (…) ya está siendo clasificado como un ´sociodrama´" es la manera en que se introduce el concepto de "sociodrama" del texto 1.

- ¿Qué tono tiene la carta? ¿Qué expresiones se utilizan para comunicarlo a la destinataria?

CONSEJO

Cómo seleccionar información de varios textos

En la tarea 3 de tu carpeta del proyecto de curso vas a tener que presentar un escrito dirigido en respuesta a varios textos. Por ejemplo, pueden ser cartas o artículos sobre un asunto polémico. Para ello, vas a tener que seleccionar información de esos textos y reaccionar ante ella.

- La selección de información que se realice dependerá del tipo de texto que debamos escribir (por ejemplo, una historia o un artículo de opinión) y de la posición que adoptemos ante el tema (neutra, a favor o en contra).

- Una buena técnica mientras leemos es tener en mente el tema del texto que debemos escribir, y el ángulo que queremos darle, e ir subrayando los textos. Se pueden utilizar diferentes colores para distintos aspectos.

- Se deben descartar los aspectos que resultan completamente irrelevantes, como por ejemplo, la información que no se refiera a nuestro tema.

Zafra, 7 de abril de 2016

Estimada señora Elena Heredia Paredes:

Me tomo el atrevimiento de enviarle esta carta a la sede de su asociación, "Miguel Mihura", con el objeto de desafiar sus opiniones sobre la fuga de cerebros. Le interesará saber que este fenómeno que usted discute con tanta falta de compasión está ya siendo clasificado como un "sociodrama", dado que es una dolorosa realidad que afecta a gran cantidad de familias.

Espero que me permita describirle cuál es mi situación. En primer lugar, sepa que mis padres, al igual que usted, son contribuyentes. Tengo dos hermanos. El mayor es licenciado en periodismo, y en estos momentos se encuentra trabajando en Munich, como cuidador en una residencia de ancianos. La menor es licenciada en filología, y se ha ido hasta Estados Unidos para trabajar como profesora de español. Le aseguro que ninguno de los dos gana las millonadas que usted sugiere, y que tienen más bien poco interés por los coches deportivos y los bolsos italianos. Aspiran tan solo a ganarse la vida de una forma digna: a vivir en un piso sencillo pero en buenas condiciones, aunque tengan que compartirlo; a ser capaces de cubrir sus necesidades sin recurrir a la ayuda de nuestros padres; y a planear su futuro, que tal vez pudiera incluir a una pareja o a unos hijos. Esto último, se ha convertido para esta generación en una especie de fantasía irrealizable.

Mis hermanos no son un caso especial ni aislado. A nuestro alrededor, vemos cómo nuestros vecinos se marchan a Londres apenas terminar la carrera, dado que no se convocan oposiciones y que el dinerillo que puedan sacar dando unas clases particulares es más bien escaso. Se hacen la ilusión de que al menos, aprenderán inglés. Los licenciados con carreras técnicas parecen optar por Alemania, pero se encuentran con la dificultad del idioma, al que deben dedicar muchas horas, y mucho dinero, prestado por los padres en muchas ocasiones. Mientras buscan un empleo de arquitecto o ingeniero, ven cómo van mermando esos fondos. Es decir, no solo no ganan "sueldazos", como usted sugiere, sino que tienen que tirar de los ahorros. En esas circunstancias, ¿cómo quiere usted que encima devuelvan el dinero que costó su educación y que mis padres, le recuerdo, también han pagado con sus impuestos?

No quisiera darle la impresión de que me dejo llevar por las emociones. Sepa usted que el paro juvenil en nuestro país es ya de un 49,6%, a años luz del de Alemania, a 7,2%. Como española, me avergüenza repetir estos porcentajes. Sin duda, en algo les está fallando España a sus jóvenes cuando la tasa de desempleo roza el 50%.

Le conmino a informarse más detalladamente sobre el tema antes de dar sus opiniones y propuestas de forma tan categórica. Pero por otro lado le ruego también que se pare a pensar en el drama humano que supone la fuga de cerebros para tantas familias de nuestro país. Pronto terminaré mi carrera universitaria, y tener que seguir el camino de mis hermanos hacia tierra extraña me llena de miedo e incertidumbre. Para entonces, mis padres tendrán a todos sus hijos fuera de España.

Atentamente,

Carlota Ramírez Pineda

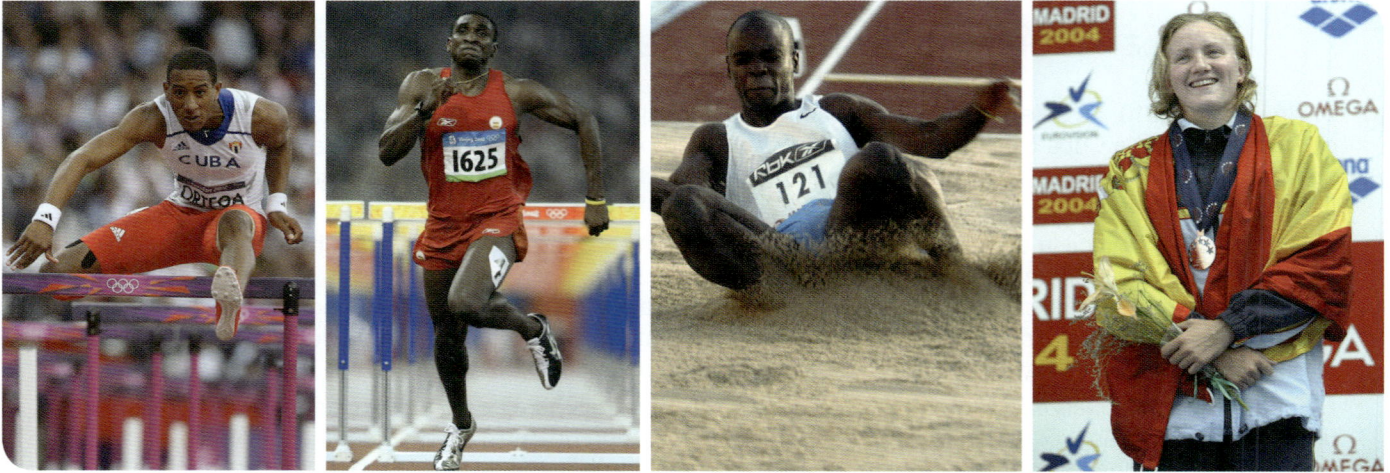

Actividad 2

Paso 1

Comenta con tu compañero o compañera:

- ¿Cómo te hacen sentir los triunfos deportivos de tu país?
- ¿Es importante para ti el origen de los deportistas que representen a tu país?
- ¿Te parece bien que los países den oportunidades a los deportistas nacionalizados?

> **CONSEJO**
>
> **Cómo estructurar un texto argumentativo**
>
> Para la tarea 1 de la carpeta del proyecto de curso puedes escribir un texto argumentativo. Los artículos de opinión, los textos publicitarios, los ensayos y las tesis universitarias son ejemplos de textos argumentativos. Su objetivo es convencer al lector de las ideas y opiniones que se muestran en ellos. Precisamente, la idea central que se defiende y se intenta probar se conoce como "tesis": por ejemplo, la existencia del cambio climático, que no es aceptada por toda la comunidad científica.
>
> Algunas de las técnicas más comunes para convencer al lector son:
>
> - La presentación de argumentos a favor de la tesis. Existen diferentes tipos de argumentos, como verás en la siguiente actividad.
> - La "refutación": consiste en anticipar e incluir los argumentos en contra de la tesis, llamados "contraargumentos", y rebatirlos o restarles importancia. Por ejemplo, un defensor de la existencia del cambio climático incluiría los argumentos que socavan la veracidad de esa idea, para eliminarlos uno a uno.

Paso 2

Lee el artículo sobre la nacionalización de los deportistas de élite. ¿Nos dice el autor abiertamente si está a favor o en contra? ¿Hacia qué postura piensas que se inclina? Razona tu respuesta.

La nacionalización de los deportistas de élite

11 de julio de 2010. La selección española, conocida como "la Roja", derrota al equipo holandés y se convierte en campeona de la Copa Mundial de Fútbol. El país se entrega a las celebraciones callejeras, y los futbolistas son recibidos como héroes. Al equipo se le otorga con posterioridad el Premio Princesa de Asturias de los Deportes.

Este triunfo ejemplifica la estrecha conexión entre el deporte y el orgullo nacional. De hecho, los deportes autóctonos como la pelota vasca o el cricket inglés forman parte de la identidad de los pueblos que los practican. Y sin embargo, cuando suena el himno y se iza la bandera, puede que el medallista no se sienta necesariamente identificado con el país al que ha representado. ¿Pudiera ser que en su mente suene otro himno, y recuerde los paisajes y los rostros del lugar que lo vio nacer?

En una sociedad globalizada, la nacionalización de los deportistas de élite constituye en cierto modo una cuestión bizantina. Si un español puede estar construyendo una presa hidroeléctrica en Brasil, o dando clases en una universidad de Estados Unidos, ¿por qué no podrían los deportistas tener acceso al mercado de trabajo internacional? Resulta lógico pensar que todos los países estarán encantados de proporcionar a estos extraordinarios deportistas los medios de los que tal vez no disfruten en sus lugares de origen: instalaciones, entrenadores, fisioterapeutas... Imaginemos que no contaran con esta ayuda: su talento se vería desperdiciado. El dinero que se invierta en su desarrollo redunda en beneficio del deporte internacional, contribuyendo a la calidad de competiciones mundiales como los Juegos Olímpicos. Por esta razón, España no es el único estado que nacionaliza a diversos atletas, gimnastas y waterpolistas, por derechos de residencia, ascendencia española, matrimonio o simplemente por carta de naturaleza, otorgada discrecionalmente mediante Real Decreto.

No obstante, muchos deportistas españoles profesionales no lo ven así. En el año 2015 los ocho mejores vallistas nacidos en España enviaron un escrito a la Real Federación Española de Atletismo (RFEA) expresando sus quejas ante las nacionalizaciones. Sugieren que se reduzca "el número de atletas nacionalizados en los equipos de la selección nacional que participan en los distintos campeonatos internacionales oficiales", según sucede en los campeonatos de baloncesto. Tienen una segunda propuesta: que un atleta no pueda representar a un país si anteriormente ha representado a otro distinto. Con ello, se evitarían posibles abusos, como aquellos a los que podrían verse tentados deportistas de múltiple nacionalidad. Por ejemplo, la gimnasta Lenika de Simone tiene cuatro nacionalidades: la estadounidense por nacimiento, la italo-argentina por su padre, y la española por parte de su madre. ¿Podría entonces competir por todos estos países, a su antojo? Es evidente que, de suceder así, los otros deportistas se sentirían desalentados e infravalorados.

Probablemente esto le importe poco al público que anime desde las gradas a Orlando Ortega, vallista nacionalizado español, pero de origen cubano. Al fin y al cabo, el deporte se basa en la competitividad y el afán de superación, y siempre habrá perdedores. Los éxitos alimentan el orgullo nacional, pero también recuerdan a los seguidores lo mucho que el ser humano es capaz de conseguir con su esfuerzo.

Paso 3

Lee el artículo de nuevo y contesta las preguntas sobre los argumentos.

1 Señala en qué párrafo se desarrollan los argumentos a favor de la nacionalización de los deportistas de élite.

2 Señala en qué párrafo se desarrollan los argumentos en contra de la nacionalización de los deportistas de élite.

3 En los textos argumentativos se desarrollan argumentos de diferentes tipos. Lee las definiciones y rellena la tabla con un ejemplo (a–f) de cada tipo de argumento.

Tipos de argumentos	Ejemplo
Argumento de autoridad: opiniones de expertos y personas involucradas	
Argumento de causa–consecuencia: relaciones entre los hechos	
Argumento de ejemplificación: situaciones específicas pertinentes	
Argumentos objetivos: basados en datos o realidades observables	
Argumentos lógicos: basados en razonamientos	
Argumentos por analogía: situaciones similares	

Ejemplos:

a Escrito de protesta contra las nacionalizaciones, enviado a la RFEA por los ocho mejores vallistas españoles.

b Si un país emplea recursos en la formación de los deportistas nacionalizados, eso supondrá una mejora de la calidad de las competiciones internacionales; a causa de ello, es positivo que todos los países adopten esta actitud.

c Los deportistas deben tener las mismas opciones que otros trabajadores internacionales, como ingenieros o educadores.

d ¿Qué pasaría si un atleta de múltiple nacionalidad como Lenika de Simone representara en cada ocasión a un país diferente?

e El triunfo de la Roja en la Copa Mundial de Fútbol de 2010 pone de manifiesto el estrecho vínculo entre los triunfos deportivos y el orgullo nacional.

f Los deportistas nacionalizados pueden desbancar a los nacionales, haciendo que estos últimos se sientan desalentados e infravalorados.

Paso 4

Lee el artículo de nuevo y realiza las siguientes tareas:

1 Subraya en el texto un ejemplo de una frase impersonal y otro de un verbo en primera persona del plural. ¿Qué diferencia hay en el efecto que se produce? Razona tu respuesta.

2 Completa esta tabla con verbos del texto, y otros sinónimos:

Verbos de pensamiento	
Verbos de opinión	
Verbos de dicción	

CONSEJO

Cómo estructurar un texto argumentativo

- En un texto argumentativo, abundan los verbos de pensamiento, opinión y dicción, así como los conectores y marcadores del discurso.
- Se puede usar la primera persona del singular ("considero") o del plural ("podríamos considerar"), u optar por estructuras más impersonales, con "se" ("se considera") o tercera persona del plural ("muchos expertos consideran que").
- Se usa el indicativo para presentar ideas y hechos como ciertos e innegables. En cambio, con el subjuntivo se expresan hipótesis y situaciones improbables, si eso conviene en el curso de la argumentación. Se añaden también adverbios y expresiones que presentan los argumentos como indiscutibles ("evidentemente").

3   Compara el uso del indicativo y del subjuntivo en las siguientes oraciones del texto:

Indicativo: De hecho, los deportes autóctonos como la pelota vasca o el cricket inglés forman parte de la identidad de los pueblos que los practican.

Subjuntivo: Y sin embargo, cuando suena el himno y se iza la bandera, puede que el medallista no se sienta necesariamente identificado con el país al que ha representado.

4   Indica un ejemplo de conectores o marcadores del discurso que se utilizan para:

Indicar relaciones de causa-efecto:

Señalar contraste:

Añadir más información:

5   Sustituye los siguientes adverbios con una expresión equivalente:

Necesariamente

Discrecionalmente

Probablemente

6   Explica con tus propias palabras qué es "la carta de naturaleza".

Actividad 3

Paso 1

En parejas, comentad cómo se manifiesta la globalización en vuestra comunidad. Lee el texto y apunta las ideas del autor sobre el mismo tema.

A vueltas con la globalización

¿Sabías que hoy en día Starbucks planea abrir una cafetería hasta en la capital de Bolivia, La Paz? Si como yo estás aburrido de viajar por Europa y encontrarte en cada ciudad las mismas cadenas comerciales y los mismos productos alimenticios en los supermercados, continúa leyendo este apunte de mi blog.

Y es que hoy, tomándome en casa un cafetito de comercio justo, me ha dado por argumentar contra la globalización. Lo primero es la enorme difusión del inglés. Se ha convertido en una especie de "lengua franca" que se supone que todos debemos hablar, y la cultura anglosajona es la reina en la música, el cine, la literatura, la televisión… Ellos claro nunca se molestan en aprender otros idiomas. Ahora ha salido incluso la moda de que España se presente a Eurovisión con una canción en inglés, o de que los escritores publiquen en inglés antes que en sus propias lenguas. ¡Imaginaos que en Alemania hay universidades que ofrecen sus estudios en inglés! Así que se están perdiendo las culturas locales e indígenas, que se ven infravaloradas y no reciben apoyo económico. Lo que no vende, se deja extinguir.

A lo mejor el siguiente argumento os parece exagerado, pero se me ocurre pensar en cómo será el futuro si las cosas continúan así. Las marcas como Coca-Cola, Apple o McDonald´s siguen haciéndose más poderosas, abriendo sucursales en más y más países hasta llegar también a continentes relativamente vírgenes de esta plaga, como África, y un buen día a los directivos se les pasa por la cabeza que si no son como dioses, sí podrían equipararse a los gobernantes de pequeños países, puesto que de hecho la riqueza de alguna de estas compañías supera al

Producto Interior Bruto de las naciones más pobres. Uno de esos países asolados por sequías, guerras civiles y corrupción pero que podría verse transformado con la clase de inversión que Google podría hacer. ¿Y si lo compran? ¿Y si se dan el capricho de tener un país sobre el que alborear su logotipo como una bandera? ¿Os imagináis un pasaporte en el que ponga Kentucky Fried Chicken? ¿Cómo se sentirían los habitantes de ese país? ¿Cómo lo transformarían los magnates del neoliberalismo? ¿Sería para mejor?

Queridos lectores, tal vez el café se me haya subido a la cabeza, pero lo que yo quiero decir es que si dejamos a la globalización libre, a la desbandada, no sabemos hasta dónde podrá llevarnos.

Paso 2

Lee el texto de nuevo y realiza las siguientes actividades:

1 ¿Cuáles son los principales argumentos contra la globalización que aparecen en este apunte de blog? Preséntalos con tus propias palabras, de forma sencilla y sucinta.

2 El propio autor parece consciente de que posiblemente no se esté expresando con claridad. ¿Qué frase lo indica?

3 Escribe con tus propias palabras el argumento lógico que se desarrolla en el tercer párrafo, planteando el razonamiento paso por paso, con frases más cortas.

4 Señala 3 elementos que te parezcan superfluos para la claridad de la argumentación.

5 Escribe cinco argumentos a favor de la globalización, intentando incluir diferentes tipos.

Paso 3

Escribe un texto argumentativo (500–800 palabras) a favor de o en contra de la globalización. Utiliza tu punto de vista personal, pero infórmate a través de una variedad de fuentes (textos informativos, artículos de opinión, testimonios personales, datos y estadísticas).

> **CONSEJO**
>
> **Cómo expresar tus argumentos con claridad:**
>
> - Comunica tus ideas con sencillez, sin circunloquios que obstaculicen la comprensión.
> - No escribas oraciones demasiado largas, con una proposición tras otra. Léelas en voz alta, y si te quedas sin respiración, sepáralas en varias frases con la ayuda de puntos y conectores.
> - No escribas párrafos demasiado largos. Puedes agrupar las frases según tu argumentación.
> - Relee tu argumentación. Si incluso tú tienes problemas para seguirla o entenderla, escríbela de nuevo.

Actividad 4

Paso 1

Durante esta unidad te has familiarizado con las experiencias migratorias de jóvenes con valiosos recursos, como titulaciones universitarias o talento deportivo. A continuación, vas a conocer la otra cara de la moneda: la emigración de trabajadores no cualificados a zonas turísticas de México. Para empezar, comenta con tu compañero o compañera:

- ¿Has pasado tus vacaciones alguna vez en un complejo turístico con un paquete de "todo incluido"?

- ¿Prefieres quedarte en tu hotel todo el tiempo o te gusta explorar la zona?

- ¿Intentas entablar contacto con las personas que viven allí? ¿Es fácil hacerlo?

CONSEJO

Cómo dar cohesión a un texto:
Se utilizan diferentes técnicas
para dar un dad y cohesión
interna a un texto:

- Los conectores y los
  marcadores del discurso
- Las repeticiones de palabras
  o de conceptos, a través
  de sinónimos o léxico
  relacionado, perteneciente
  al mismo campo semántico
- Las sustituciones, con
  pronombres y adverbios
- La elipsis, con la que se
  omiten elementos que el
  lector puede sobreentender
  o que ya han sido
  presentados anteriormente.

Paso 2

Reescribe los dos párrafos centrales de este texto, en cursiva, dándoles más cohesión.

La bipolarización social en los complejos turísticos de México

El turismo constituye una de las mayores fuentes de divisas de México. Los visitantes acuden no solo para disfrutar del legado azteca, sino también del clima cálido y del ocio en los complejos turísticos de Cancún o Riviera Maya.

El turismo tiene un lado negativo. Existen "ciudades orilla" con suntuosos hoteles al borde del mar, ciudades de vacaciones separadas por completo de las ciudades donde reside la población mexicana. Los trabajadores de los hoteles, que han emigrado desde zonas pobres en busca de empleo no cualificado, residen en barriadas periféricas llamadas "regiones" (región 3, región 24). En los hoteles los mexicanos trabajan fuera de la vista de los turistas, como personal de limpieza, cocina y jardinería. Los trabajadores ocasionales que hablan inglés y otras lenguas extranjeras, como jóvenes europeos que se encuentran en México de paso, se relacionan con los turistas. Los trabajadores que trabajan a la vista de los turistas ganan más dinero que los trabajadores que trabajan a espaldas de los turistas.

Existe una división racial y socioeconómica entre los trabajadores de los hoteles. Los trabajadores no suelen estar sindicados y carecen de convenios. Los trabajadores se encuentran en una situación de precariedad laboral. Los hoteles promueven una percepción folklórica y despectiva de la población indígena, a la que emplean y disfrazan para espectáculos propios de parques temáticos como el juego de la pelota "maya".

En cierto sentido, la industria turística de México se ha convertido en un teatro de polarización social. Las multinacionales, muchas de ellas españolas, venden sus paquetes vacacionales exclusivamente fuera de México, de manera que sus recintos hoteleros se ven poblados únicamente por extranjeros que, como hemos visto,

durante sus estancias solo ven a empleados extranjeros como ellos. Tristemente, se perpetúan los estereotipos y los turistas regresan a su país sin haber entablado verdadero contacto con la población y la cultura mexicana.

Paso 3
El título del siguiente texto es "La camarera del hotel Quetzal". Teniendo en cuenta lo que acabas de leer en el Paso 2, ¿cuál crees que va a ser su tema?

Paso 4
La camarera del hotel Quetzal

Desde el ventanuco de la habitación de Regina el sol del Caribe parecía despertarse desganado, mustio, como si hubiese dormido mal. Afortunadamente eso nunca le sucedía a ella. Después de ocho horas limpiando cuartos de baño y haciendo camas en el Hotel Quetzal, y otra hora de regreso en el autobús hasta llegar a su región, la 8, Regina caía en un sueño tan profundo y denso que parecía una especie de coma.

Regina era una mujer joven, de apenas diecinueve años, y al contemplarse en el espejito aquella mañana se regaló una sonrisa de satisfacción. Tenía unos enormes ojos marrones, con el brillo de una nueva ilusión: la jornada laboral iba a ser en esta ocasión totalmente diferente. Se maquilló con cuidado, pero muy someramente. Su piel tersa, estirada como por los cirujanos más expertos, no precisaba de artificio. Normalmente recogía su copiosa mata de pelo en una práctica coleta, pero hoy lo dejó caer sobre sus hombros como una cascada de vegetación. Revisó de nuevo su uniforme de camarera, un vestido camisero de color rosa palo, con unas rayitas blancas en los bordes de la falda y de las mangas, cortas. Comprobó la hora, cogió su bolso y salió corriendo al autobús.

Desde la ventanilla del vehículo, el sol también se había desperezado del todo, y brillaba con más convencimiento sobre la sucesión habitual de chamizos, solares y casitas desvencijadas, para ir dando paso a los nuevos bloques de pisos y por fin, los hoteles. A Regina le gustaba ir repitiendo sus fantasiosos nombres: el Pléyade, el Venecia, el Dalia y por fin, el Quetzal. Andrew estaba esperándola en la parada del autobús, y juntos se dirigieron hacia la entrada de servicio del hotel. Al entrar, se soltaron la mano, pero prosiguieron juntos hasta el sótano donde se encontraban las taquillas de los camareros.

En la penumbra de aquel mundo subterráneo, el contraste físico entre Regina y Andrew se hacía menos llamativo. Andrew era un veinteañero australiano que medía un metro ochenta; Regina parecía una muñequita a su lado. Andrew había llegado con una mochila al hombro y ganas de aventura hacía ya tres años, y cuando se le había acabado el dinero se había convertido en uno de los empleados "de contacto" del Quetzal. Como otros jóvenes extranjeros, se relacionaba con los clientes en su propio idioma, el inglés, paseándose incansablemente por las piscinas para asegurarse de que no les faltaban helados, toallas o cócteles. Y hoy Regina iba a suplantarle en su puesto.

Habían cogido en la lavandería un uniforme para hombre, ya que los empleados "de contacto" contaban con el privilegio de poder usar su propia ropa. No era esa la única diferencia entre los trabajadores "de contacto" y "de no contacto". Andrew vivía en el mismo hotel, y recibía un sueldo bastante superior al de Regina. Casi ni

sabían cómo habían logrado conocerse. Andrew era un hombre de espíritu inquieto, con un castellano pintoresco pero eficaz que intentaba mejorar relacionándose con sus colegas mexicanos. Así había acabado en una fiesta de cumpleaños, acaparando la atención de Regina sin disimulo alguno. Llevaban ya un año juntos; Andrew le había estado enseñando inglés a Regina con el propósito de que pudiera obtener un puesto mejor en el hotel. Regina intuía que la relación, para él, se estaba haciendo cada vez más seria, y que le dolía verdaderamente la situación laboral en la que ella se encontraba. Regina prefería olvidar que él estaba allí, en el fondo, de paso.

Andrew se cambió rápidamente de ropa en el retrete, y Regina le dio las últimas instrucciones: él se encargaría aquel día de limpiar las habitaciones que le correspondían a ella. Regina también se quitó el uniforme y lo sustituyó por un vestidito de tirantes con un estampado de flores. Andrew le repitió lo guapa que estaba, y le dio un beso de despedida.

Regina había estado en contadas ocasiones en la planta baja del hotel, y se dejó maravillar de nuevo por el lujo de los mármoles, la fuentecilla del atrio, y la belleza de las flores. No menos maravillosos eran los turistas que se dirigían a la playa o la piscina, ellas ataviadas con amplias pamelas, exquisitos bikinis y vistosos collares. Por un momento, la atmósfera de opulencia, belleza y bienestar le produjo una sensación de ahogo. Afortunadamente, pasó pronto y Regina se encaminó hacia la zona de piscinas.

Allí la recibieron los compañeros de Andrew, que estaban al tanto de su pequeña artimaña y se apresuraron a recibirla con naturalidad y simpatía. Pasó varias horas detrás de la barra del bar, preparando bebidas y sirviendo helados. A continuación, se decidió a circular por las piscinas, con un lote de toallas limpias y una acogedora sonrisa. Como ya le había indicado Andrew, los jefes nunca se pasaban por allí cuando más apretaba el sol, y eso le dio confianza para ir hablando con los clientes, ofreciéndose a traerles un tentempié, haciéndoles algún cumplido bienintencionado.

Debió darse cuenta a tiempo de que aquella mujer era diferente. Bajo el ala del sombrero ya le asomaba un gesto ceñudo, y cuando su marido se levantó de la tumbona con un gesto cortés para tomar las toallas que Regina les ofrecía, levantó la vista con suspicacia y comentó, enojada:

- *What is this Mexican girl doing here?*

Solo entonces se le ocurrió pensar a Regina que esta travesura iba a costarle el puesto de trabajo.

Lee el texto "La camarera del hotel Quetzal" y contesta las siguientes preguntas:

1   En este texto se utilizan muchos diminutivos (ventanuco, espejito). ¿Qué efecto producen?

2   Lee desde "desde el ventanuco" hasta "había dormido mal". ¿Por qué se describe de esta manera el sol del Caribe? ¿Qué efecto produce? ¿Cómo crees que se relaciona con el tema de la historia? ¿Qué tipo de recurso literario se utiliza para referirse al sol?

3   Lee desde "Regina caía" hasta "especie de coma". ¿Por qué se establece esta comparación entre el sueño y un estado de coma?

4 Completa esta tabla:

Vocabulario que denota "pobreza"	Vocabulario que denota "riqueza"

5 Explica el significado de las siguientes palabras y escribe oraciones con ellas.

Someramente	Terso	Artificio	Copioso	Acaparar
Ataviado	Artimaña	Ceñudo		

6 Escribe cinco oraciones con tiempos verbales del subjuntivo para especular sobre el futuro de Regina y Andrew, por ejemplo, "es más que probable que reciban una reprimenda".

Lista de verificación

¡Fin del Capítulo 11! ¿Qué destrezas has desarrollado? Lee y marca la casilla:
√ (bastante bien), √√ (bien), √√√ (muy bien).

- Puedo seleccionar información de varios textos para elaborar un escrito de respuesta
- Puedo escribir un texto argumentativo
- Puedo expresar argumentos con claridad
- Puedo dar cohesión a un texto

Capítulo 12:
Planes de futuro

Temas

- Las opciones de estudio y los planes para el futuro
- Las ventajas y desventajas de la educación universitaria

Objetivos

- Cómo escribir una leyenda
- Cómo escribir un cuento de fantasmas
- Cómo generar ideas para escribir una narración
- Cómo escribir un relato epistolar
- Cómo contribuir a un debate sobre un tema

Introducción

En los momentos de transición los seres humanos solemos echar la vista atrás. Al tiempo que reflexionamos sobre nuestro pasado, hallamos allí las claves para planear la siguiente etapa de nuestra vida. Dado que te encuentras en los últimos meses de la educación secundaria obligatoria, es probable que estés contemplando los distintos caminos que puede tomar tu vida a partir de ahora. ¿Cómo te hace sentir esta situación? Comenta con tus compañeros:

- ¿Cómo imaginas tu vida dentro de dos o tres años? ¿Y dentro de diez?
- ¿Te gusta planificar mucho las cosas, o eres el tipo de persona que prefiere improvisar sobre la marcha?
- ¿Piensas que en la vida es inevitable renunciar a algunas cosas al hacerse adulto?

Actividad 1

Paso 1

Lee la información y comenta las preguntas con tu compañero o compañera:

Hugo Sánchez   Cayetana Guillén Cuervo

La actriz española Cayetana Guillén Cuervo es licenciada en Ciencias de la Información por la Universidad Complutense.

El futbolista mexicano Hugo Sánchez es licenciado en Odontología.

La actriz americana de origen hispano Eva Longoria tiene una maestría en Estudios Chicanos.

- ¿Crees que es importante tener una titulación universitaria en la vida?
- ¿Te sorprende que algunas personas famosas que se dedican al deporte, la moda o el cine tengan estudios universitarios? ¿Son útiles para ellos?
- ¿Qué asignaturas optativas vas a elegir el curso que viene? ¿Por qué las has elegido?

Paso 2

Lee el apunte de blog "Opciones de estudio". ¿Qué ha estado haciendo Rubén hoy antes de escribirlo?

El blog de Rubén
Opciones de estudio

Una tarde lluviosa de noviembre mis compañeros del instituto y yo nos reunimos después de clase en una cafetería cercana. Nos habían encomendado la misión de preparar la fiesta de Navidad, y mientras hacíamos listas y llamadas telefónicas, poco a poco fue saliendo el tema de los planes para el verano y para la tierra ignota que queda más allá: el curso que viene. Enseguida quedó patente que pocos de nosotros lo teníamos claro. Nuestra delegada, Sonia, parece tener programados los próximos años de su vida minuto a minuto: la carrera de Traducción e Interpretación en Granada, el Erasmus, el máster… Era la excepción. El resto de

nosotros se hallaba aún en una imposible disyuntiva. Historia o Derecho. Políticas o Empresariales. Medicina o Filología Inglesa. A pesar de llevar más que bien el bachillerato, David estaba planteándose hacer algo más práctico y optar por la Formación Profesional Superior.

Los lectores de mi blog aventurarán que una de mis dos pasiones (la literatura y la informática) va a dictaminar mi elección final. Efectivamente, me debato entre los estudios de Humanidades e Informática. Soy consciente de que constituyen dos trayectorias vitales radicalmente diferentes. Por un lado me imagino trabajando en una gran empresa en Madrid, rodeado de tecnología por todas partes, embarcado en la imparable tarea de crear software hoy en día aún inimaginable. Sería un empleo creativo, dinámico, bien remunerado y cerquita del metro. Por otro lado, me veo ganando el Premio Planeta. Una vocecita me apostilla que muy posiblemente, aunque de veras llegara a ser un escritor famoso, antes tendría que ganarme el pan como profesor. ¿Sabíais que los autores reciben solo en torno al 12 % del dinero que cuestan sus libros?

Pasaron las Navidades, la cuesta de enero, San Valentín, y yo saqué buenas notas en todos los exámenes del trimestre. Unas semanas antes de Pascua, mis padres me dijeron que se les había ocurrido una idea para ayudarme a decidir mi futuro. Durante las vacaciones, me habían apuntado a dos cosas: un congreso para jóvenes escritores noveles aquí en Madrid, y un taller de iniciación a la programación informática en Barcelona. Mi padre y yo iríamos juntos a este último.

Hace únicamente unas horas que terminó el congreso, y después del último café me he venido aquí derecho a organizar las notas que he tomado, a colgar las fotos en las redes sociales, y a enviarle a un agente literario que he conocido un relato que escribí y que ganó un concurso regional de literatura. Me siento eufórico, lleno de energía, porque han sido unos días inolvidables. El congreso me ha dado la oportunidad de conocer a jóvenes literatos como yo, procedentes de todas las comunidades autónomas e incluso de Latinoamérica. Hemos tenido talleres sobre la escritura de guiones de cine, literatura de género (fantástica, de ciencia-ficción, histórica), poesía… Nos han dado charlas agentes y editores profesionales, y pudimos asistir a una divertidísima conferencia de Juan José Millás.

Seguramente os estaréis preguntando si en estos momentos estoy ya comparando los programas de estudios de Humanidades de las universidades de mi distrito. Tal vez pediré a mis padres que les reembolsen el dinero del taller de informática en Barcelona, ¿no?

Os dejo que lo penséis un poco. Mientras tanto, voy a compartir con vosotros algunas de las lecciones que he recibido de los expertos sobre la creación de literatura de género.

Paso 3

Lee "Opciones de estudio" de nuevo y decide si estas afirmaciones son verdaderas o falsas.

1   Dos de los compañeros de Rubén han decidido ya lo que van a estudiar después de acabar el bachillerato.

2   Rubén idealiza los posibles trabajos que tendrá en el futuro.

3   Los padres de Rubén prefieren que estudie Informática en la universidad.

4   En el congreso Rubén ha conocido a un agente literario que le ha asegurado que tiene mucho talento.

5   Como consecuencia de su asistencia al congreso, Rubén ha decidido que estudiará Humanidades.

CONSEJO

Cómo escribir una leyenda:

Las leyendas, como los cuentos de hadas y los mitos, son fenómenos narrativos de origen muy antiguo, a menudo anónimos. Suelen ser relatos concretos, anclados en un tiempo histórico, porque tienen un carácter más localista y se relacionan con la historia de un lugar.

- Se narran en el presente histórico o en el pasado, usando indefinidos e imperfectos, mezclando la narración y la descripción.
- Incluyen a veces la semblanza de personajes históricos, que existieron en la realidad, pero que tal vez no se vieron involucrados en los hechos exactamente como se narra en la leyenda.
- Aparece vocabulario especializado para describir los edificios, la ropa o los objetos de la época.

Paso 4

Completa las siguientes frases con la palabra adecuada. Si desconoces el significado de alguna de las palabras, intenta deducirlo o utiliza el diccionario:

encomendar	ignoto	quedar patente	disyuntiva
aventurar	apostillar	eufórico	

1   Me siento absolutamente _____: ¡me han dado una beca de posgrado!

2   Cuando más ilusionada estaba yo, mi hermano pequeño _____: "Aunque te hayan preseleccionado en el concurso de modelos, eso no quiere decir que hayas ganado ya el premio porque vas a tener muchísima competencia".

3   En el trabajo me han _____ la tarea de organizar las próximas jornadas de formación. ¡Es una responsabilidad muy grande!

4   Me veo en una difícil _____: puedo irme de Erasmus a Londres o a París.

5   Durante la fase de discusión _____ que ninguna de las partes negociantes estaba dispuesta a ceder.

6   La situación se estaba complicando mucho, pero mi madre _____ una posible solución.

7   Las posibilidades de mercado que pueda tener nuestro producto en Japón en estos momentos son enteramente _____, porque aún no hemos recibido el informe de los expertos.

Actividad 2

Paso 1

Lee el nuevo apunte de Rubén en su blog y comenta con tu compañero o compañera lo que os sugiere la foto del Monte de las Ánimas.

El Monte de las Ánimas

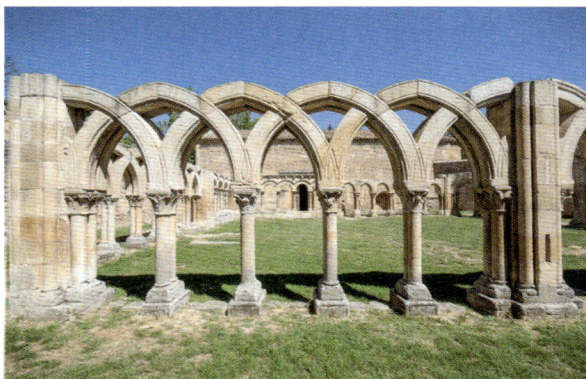

Queridos lectores, tal y como os prometí, en el apunte de blog de hoy voy a compartir con vosotros la información que nos dio la profesora y escritora soriana Susana Rojas Martínez en su taller sobre literatura de género. Susana no solo es autora de varias novelas fantásticas, sino que también está escribiendo una tesis doctoral sobre Gustavo Adolfo Bécquer. Con ella leímos y comentamos la leyenda "El Monte de las Ánimas".

Al inicio de su charla, Susana nos mostró unas imágenes del lugar en el que está ambientada la leyenda, en Soria. Eran similares a esta foto. ¿Qué impresiones os produce? ¿Cómo pensáis que va a ser la historia?

En el siguiente fragmento, Alonso cuenta a su prima Beatriz la leyenda en torno al Monte de las Ánimas, en la ciudad de Soria, donde han pasado el día.

Mientras duraba el camino, Alonso narró en estos términos la prometida historia:

– Ese monte que hoy llaman de las Ánimas, pertenecía a los Templarios, cuyo convento ves allí, a la margen del río. Los Templarios eran guerreros y religiosos a la vez. Conquistada Soria a los árabes, el rey los hizo venir de lejanas tierras para defender la ciudad por la parte del puente, haciendo en ello notable agravio a sus nobles de Castilla; que así hubieran solos sabido defenderla como solos la conquistaron.

– Entre los caballeros de la nueva y poderosa Orden y los hidalgos de la ciudad fermentó por algunos años, y estalló al fin, un odio profundo. Los primeros tenían acotado ese monte, donde reservaban caza abundante para satisfacer sus necesidades y contribuir a sus placeres; los segundos determinaron organizar una gran batida en el coto, a pesar de las severas prohibiciones de los clérigos con espuelas, como llamaban a sus enemigos.

– Cundió la voz del reto, y nada fue parte a detener a los unos en su manía de cazar y a los otros en su empeño de estorbarlo. La proyectada expedición se llevó a cabo. No se acordaron de ella las fieras; antes la tendrían presente tantas madres como arrastraron sendos lutos por sus hijos. Aquello no fue una cacería, fue una batalla espantosa: el monte quedó sembrado de cadáveres, los lobos a quienes se quiso exterminar tuvieron un sangriento festín. Por último, intervino la autoridad del rey: el monte, maldita ocasión de tantas desgracias, se declaró abandonado, y la capilla de los religiosos, situada en el mismo monte y en cuyo atrio se enterraron juntos amigos y enemigos, comenzó a arruinarse.

– Desde entonces dicen que cuando llega la noche de difuntos se oye doblar sola la campana de la capilla, y que las ánimas de los muertos, envueltas en jirones de sus sudarios, corren como en una cacería fantástica por entre las breñas y los zarzales. Los ciervos braman espantados, los lobos aúllan, las culebras dan horrorosos silbidos, y al otro día se han visto impresas en la nieve las huellas de los descarnados pies de los esqueletos. Por eso en Soria le llamamos el Monte de las Ánimas, y por eso he querido salir de él antes que cierre la noche.

Gustavo Adolfo Bécquer, *El monte de las ánimas*, leyenda soriana

Paso 2

Lee la leyenda y realiza las siguientes actividades:

1   Señala las referencias históricas y el vocabulario especializado que denotan la época en la que sucede la leyenda. ¿Cuál es?

2   Asegúrate de que has comprendido bien el significado de las siguientes oraciones y reescríbelas para hacerlas más comprensibles para los lectores de la actualidad.

   a   "(…) que así hubieran solos sabido defenderla como solos la conquistaron."

   b   "Cundió la voz del reto, y nada fue parte a detener a los unos en su manía de cazar y a los otros en su empeño de estorbarlo."

   c   "No se acordaron de ella las fieras; antes la tendrían presente tantas madres como arrastraron sendos lutos por sus hijos."

3   Se dice que los hidalgos llamaban a los caballeros templarios "clérigos con espuelas". ¿Por qué? Inventa expresiones similares para referirte a:

   a   Los monjes que iluminaban manuscritos en los monasterios medievales

   b   Las mujeres nobles que debían casarse con los hombres que elegían sus familias

   c   Los exploradores españoles que se marcharon a América en busca de aventura

4 ¿Qué evidencia tiene la gente de que los muertos han salido de sus tumbas durante la noche de difuntos?

5 Señala el vocabulario que marca el tono sobrenatural de la leyenda.

El final de la leyenda El Monte de las Ánimas

¿Estáis dispuestos a leer ahora el estremecedor final de la leyenda de Bécquer "El Monte de las Ánimas"? Antes de seguir, ¡os aviso de que tal vez tengáis problemas para dormir esta noche!

En el siguiente fragmento, Beatriz ha presionado a Alonso para que vuelva al Monte de las Ánimas para buscar una cinta azul que ha perdido por la mañana.

Las doce sonaron en el reloj del Postigo. Beatriz oyó entre sueños las vibraciones de la campana, lentas, sordas, tristísimas, y entreabrió los ojos. Creía haber oído a par de ellas pronunciar su nombre; pero lejos, muy lejos, y por una voz ahogada y doliente. El viento gemía en los vidrios de la ventana.

– Será el viento -dijo; y poniéndose la mano sobre el corazón, procuró tranquilizarse. Pero su corazón latía cada vez con más violencia. Las puertas de alerce del oratorio habían crujido sobre sus goznes, con un chirrido agudo prolongado y estridente.

– Primero unas y luego las otras más cercanas, todas las puertas que daban paso a su habitación iban sonando por su orden, éstas con un ruido sordo y grave, aquéllas con un lamento largo y crispador. Después silencio, un silencio lleno de rumores extraños, el silencio de la media noche, con un murmullo monótono de agua distante; lejanos ladridos de perros, voces confusas, palabras ininteligibles; ecos de pasos que van y vienen, crujir de ropas que se arrastran, suspiros que se ahogan, respiraciones fatigosas que casi se sienten, estremecimientos involuntarios que anuncian la presencia de algo que no se ve y cuya aproximación se nota no obstante en la oscuridad.

– Beatriz, inmóvil, temblorosa, adelantó la cabeza fuera de las cortinillas y escuchó un momento. Oía mil ruidos diversos; se pasaba la mano por la frente, tornaba a escuchar: nada, silencio.

– Veía, con esa fosforescencia de la pupila en las crisis nerviosas, como bultos que se movían en todas direcciones; y cuando dilatándolas las fijaba en un punto, nada, oscuridad, las sombras impenetrables.

– ¡Bah! -exclamó, volviendo a recostar su hermosa cabeza sobre la almohada de raso azul del lecho-; ¿soy yo tan miedosa como esas pobres gentes, cuyo corazón palpita de terror bajo una armadura, al oír una conseja de aparecidos?

– Y cerrando los ojos intentó dormir...; pero en vano había hecho un esfuerzo sobre sí misma. Pronto volvió a incorporarse más pálida, más inquieta, más aterrada. Ya no era una ilusión: las colgaduras de brocado de la puerta habían rozado al separarse, y unas pisadas lentas sonaban sobre la alfombra; el rumor de aquellas pisadas era sordo, casi imperceptible, pero continuado, y a su compás se oía crujir una cosa como madera o hueso. Y se acercaban, se acercaban, y se movió el reclinatorio que estaba a la orilla de su lecho. Beatriz lanzó un grito agudo, y arrebujándose en la ropa que la cubría, escondió la cabeza y contuvo el aliento.

– El aire azotaba los vidrios del balcón; el agua de la fuente lejana caía y caía con un rumor eterno y monótono; los ladridos de los perros se dilataban en las ráfagas del aire, y las campanas de la ciudad de Soria, unas cercas, otras distantes, doblan tristemente por las ánimas de los difuntos.

– Así pasó una hora, dos, la noche, un siglo, porque la noche aquella pareció eterna a Beatriz. Al fin despuntó la aurora: vuelta de su temor, entreabrió los ojos a los primeros rayos de la luz. Después de una noche de insomnio y de terrores, ¡es tan hermosa la luz clara y blanca del día! Separó las cortinas de seda del lecho, y ya se disponía a reírse de sus temores pasados, cuando de repente un sudor frío cubrió su cuerpo, sus ojos se desencajaron y una palidez mortal descoloró sus mejillas: sobre el reclinatorio había visto sangrienta y desgarrada la banda azul que perdiera en el monte, la banda azul que fue a buscar Alonso.

Gustavo Adolfo Bécquer, *El monte de las ánimas*, leyenda soriana

Paso 3

Lee el final de la historia "El monte de las Ánimas" y realiza las siguientes actividades:

1 Beatriz pasa la noche en vela, atenta a todos los ruidos a su alrededor. Determina qué ruidos parecen ser sobrenaturales, y qué ruidos podrían tener una explicación lógica. ¿Qué efecto produce el hecho de que se entremezclen en el relato?

2 ¿Por qué cortinillas asoma Beatriz la cabeza para comprobar si ha pasado algo en su habitación?

3 Cuando Beatriz comienza a escuchar pisadas a su lado, se describe su ruido como un crujido de madera o hueso. ¿Por qué precisamente madera o hueso? ¿Qué efecto produce esta descripción en el lector?

4 Beatriz se niega a enfrentarse directamente a aquello que pueda estar causando los ruidos en su habitación. ¿Por qué? ¿Por qué razón se está dejando sugestionar tan vivamente por los ruidos nocturnos, para luego esconder la cabeza?

5 Relee la última oración del texto. ¿Quién estuvo exactamente la noche anterior en el cuarto de Beatriz y para qué?

6 Señala las oraciones en las que se utilizan tres recursos literarios diferentes en este texto.

7 Beatriz quita importancia a sus miedos en voz alta, utilizando el estilo directo. Reescribe el octavo párrafo desde "¡Bah!" hasta "una conseja de aparecidos", utilizando el estilo indirecto libre.

8 Subraya el vocabulario que se utiliza para describir ruidos en este fragmento.

9 ¿Te ha resultado fácil entender el lenguaje en el que está escrita la leyenda de Bécquer? Señala el vocabulario que desconoces, y comprueba su significado en el diccionario.

10 ¿Te ha parecido un texto relativamente moderno y cercano a la sensibilidad actual, dentro de su género? ¿Por qué?

CONSEJO

Cómo escribir un cuento de fantasmas:

Los cuentos tradicionales de miedo y fantasmas son muy antiguos y parecen responder a una necesidad humana que se pregunta por el más allá. Los cuentos de fantasmas resurgieron como género literario en la época del romanticismo, en el siglo XIX, y conservan su popularidad y versatilidad hoy en día.

- Es muy importante crear la atmósfera adecuada a través de la descripción de paisajes, habitaciones, tormentas nocturnas…
- Para mantener la intriga, hay una graduación en las descripciones: los sonidos cada vez son más fuertes; las tormentas, más salvajes.
- Se mantiene la incertidumbre de si lo que se está viviendo es real o no.
- En muchos relatos al final se aclara esa duda con una frase o una imagen efectista (por ejemplo, un mensaje escrito por el fantasma), dejando claro que el horroroso suceso ha tenido lugar.

CONSEJO

Cómo generar ideas para escribir una narración:

Para la tarea 2 de tu carpeta del proyecto de curso vas a tener que escribir un texto descriptivo o narrativo, así que tendrás que usar tu imaginación. Aquí tienes algunas sugerencias:

- Toma ideas del mundo que tienes alrededor: tu barrio, los desconocidos con los que te cruzas por la calle, la historia de tu familia… Mezcla la realidad con las cosas que te imagines.
- Apunta en un cuaderno las noticias curiosas del periódico o las anécdotas que encuentras en internet. Puedes buscar la manera de combinarlas o relacionarlas con otras ideas para crear una historia propia.
- Puedes utilizar tus propias experiencias e ideas, transformándolas y llevándolas más allá. Se trata de crear una realidad transubstanciada. Por ejemplo, si eres hijo único y quieres hablar de eso, inventa la historia de una chica que solo tiene hermanos.
- Intenta leer un rato cada día. Las bibliotecas te dan acceso a una variedad de géneros y autores.

Paso 4

Escribe un texto narrativo (500–800 palabras) tomando una de las tres opciones siguientes:

a Un cuento de fantasmas, ambientado en el pasado o en la actualidad, por ejemplo un suceso sobrenatural en tu colegio.

b Un cuento realista, por ejemplo centrado en una apuesta o un reto en un grupo de amigos. La historia puede narrar un acontecimiento que luego se ha convertido en una especie de leyenda para los amigos.

c Una leyenda bien conocida en tu país, tu región o tu ciudad.

Actividad 3

Paso 1

Lee el nuevo apunte del blog de Rubén y comenta las preguntas con tu compañero o compañera:

- ¿Te gustan las novelas históricas?
- ¿Cuál es tu período histórico favorito?
- ¿A qué personaje histórico te hubiese gustado conocer?

Relatos epistolares

¿Habéis leído alguna vez una novela que combine la narración tradicional con otros tipos de textos, como documentos, cartas, conversaciones de chat o mensajes de correo electrónico? Esa fue la pregunta que nos hizo durante el congreso la escritora Care Santos, que a continuación nos dio una charla sobre su novela *Habitaciones cerradas* y nos enseñó unas técnicas para escribir relatos epistolares.

Aunque en ese momento yo desconocía a esta autora, después he disfrutado mucho de esta obra, que mezcla diversos tipos de textos para narrar la historia de una familia barcelonesa desde el siglo XIX hasta hoy en día. Me impactaron los cambios que se han producido durante este tiempo para las mujeres. En cuanto terminé de leer *Habitaciones cerradas*, sentí un gran deseo de escribir un relato epistolar. Hoy me gustaría compartirlo aquí con vosotros, y animaros a que participéis en el juego literario que propongo.

Paso 2

Lee la carta de Elvirita rápidamente. ¿Qué sentimiento predomina en la misiva? Señala la respuesta correcta.

a   La nostalgia por la infancia

b   La inquietud ante una nueva etapa de la vida

c   La tristeza por el fallecimiento de su hermano

Acabáis de mudaros a una nueva casa, y en el fondo de un armario empotrado habéis encontrado un cofrecito antiguo que contenía esta carta.

Valladolid, 3 de julio de 1915

Querida amiga:

El calor y los nervios han hecho que esta mañana de mi boda me haya despertado muy temprano. He pasado un tiempo mirando desde la cama mi vestido, ya preparado sobre el butacón, y la maleta para el viaje de novios. A la luz leve de la mañana, todo mi cuarto se hallaba envuelto en una especie de niebla misteriosa, como si lo estuviese soñando.

Pensaba en lo mucho que echaré de menos esta casa cuando mis padres la cierren definitivamente para marcharse al pueblo. Desde el fallecimiento de mi hermano y el cierre de nuestro negocio, los recuerdos se les han hecho insoportables, y el inicio de mi nueva vida de casada ha sido la excusa perfecta para clausurar estas habitaciones en las que hemos sido tan felices.

Así que me he levantado de repente con la idea de sentarme en mi escritorio para redactar esta carta de despedida. Se me ha ocurrido dirigírtela a ti, amiga del futuro (o amigo, aunque eso me parece más difícil de imaginar), que tal vez ocupes ahora mi habitación de soltera. ¡Qué bonito será, pensé, esmerarme con la letra, esforzarme en no echar borrones de tinta, ponerle el lacre antes de guardarla en el cofrecito en que tú ahora acabarás de encontrarla, en el fondo del armario empotrado! Cuéntame. ¿Te gusta nuestra casa? ¿De qué color son ahora la colcha y las cortinas? ¿Cruje aún el tercer peldaño de la escalera? ¿Continúan quejándose las criadas de lo lejos que está la carbonera?

Me pregunto cómo será tu vida. ¿Leerás esta carta tan solo dentro de unos años, o permanecerá olvidada durante décadas? ¿En qué ocuparás tu tiempo? En cierto modo tu destino me resulta tan inescrutable como el mío propio cuando a mediodía me encuentre con Alberto, mi prometido, ante el altar. Me cuesta imaginarme en mi nuevo hogar, en compañía de mis suegros, a la espera de que llegue el futuro: los hijos, supongo. ¿Cómo llenaré yo mis horas hasta ese momento? Echaré en falta los ratos que pasaba semanalmente en la trastienda de mis padres, copiando albaranes, llevando los libros de contabilidad y escribiendo las cartas para que las repartieran los meritorios. ¡Dudo que mi familia política me demuestre la misma confianza!

Pensarás que éstos no son pensamientos muy optimistas para una muchacha que está a punto de casarse. ¿Será que mi suegra tiene razón, y mis padres me han concedido demasiada libertad? En cualquier caso, estoy convencida de que Alberto me ama de verdad y de que pronto me habituaré a mis nuevas circunstancias, aunque ahora me despida de esta casa con tanta pena.

Espero que seas muy feliz aquí, amiga mía.

Un abrazo,

      Elvirita

P.D. ¿Te gusta el regalito que te he puesto en el cofre? No es más que una baratija, pero espero que este amuleto te dé buena suerte.

> **CONSEJO**
>
> **Cómo escribir un relato epistolar:**
>
> Los relatos epistolares han gozado de gran popularidad entre los lectores durante siglos, porque establecen una relación de intimidad y cercanía entre ellos, y los personajes.
>
> - Los relatos epistolares reproducen las características de las cartas reales, incluyendo la fecha, aludiendo a la razón por la que se escribe, o refiriéndose a sucesos conocidos por estas personas.
> - Además, cuentan con un lenguaje más marcadamente literario, o paródico, cuando se incluyen por ejemplo cartas formales dentro de la narración.
> - El autor de la narración introduce detalles claves en la carta, que determinan el desarrollo de la acción. Por ejemplo, a veces un personaje intercepta una carta, averiguando así un secreto que desconocía, y actúa en consecuencia.
> - En las novelas actuales, se reproduce también el formato de los mensajes de correo electrónico, llevando los relatos epistolares al siglo veintiuno.

Paso 3

Lee la carta de nuevo y realiza las siguientes actividades:

1. ¿Se pueden describir los sentimientos que expresa Elvirita en esta carta como agridulces? ¿Por qué?
2. ¿Por qué le cuesta imaginar que sea un hombre el que encuentre su carta?
3. Lee desde "a la luz" hasta "como si lo estuviese soñando". ¿Qué efecto produce en el lector esta comparación?
4. ¿Qué clase de vida crees que tiene Elvirita?
5. ¿Tiene Elvirita unos padres convencionales para la época?
6. Subraya en el texto palabras propias de la época en que se escribió la carta. ¿Conoces el significado de todas? Intenta deducirlo por el contexto pero, si es necesario, utiliza el diccionario.
7. ¿Qué aspectos de la vida cotidiana de Elvirita son diferentes de los de hoy en día?
8. ¿Qué aspectos son similares?
9. ¿Por qué dice Elvirita que el destino de su amiga del futuro le resulta tan inescrutable como el suyo propio?
10. ¿Crees que Elvirita debería casarse con Alberto?

Paso 4

1. Escribe un sinónimo de las siguientes palabras:

Clausurar	Butacón	Viaje de novios	Esmerarse
Inescrutable	Conceder	Habituarse	

2. Termina estas frases con una comparación:

   a. A esa hora de la mañana, las habitaciones de la casa aún permanecían en silencio, como si…

   b. En la fotografía de la mesilla, Alberto me sonreía con dulzura, como si…

   c. La piedra del amuleto brillaba con fuerza, como si…

   d. En las sombras, la tela de mi vestido de novia parecía casi gris, como si…

   e. Más allá de mi ventana los pájaros cantaban, como si…

Paso 5

Escribe una carta (500 palabras) a Elvirita contestando a sus preguntas y contándole cómo es tu vida cotidiana. Si quieres, puedes darle consejos para su nueva etapa.

Actividad 4

Paso 1

Comenta con tu compañero o compañera:

- ¿Planeas estudiar una carrera universitaria? ¿Por qué?
- ¿Qué te gustaría estudiar? ¿Por qué?
- Si no estudiaras en la universidad, ¿qué otra alternativa tomarías?

¿Es rentable ir a la universidad?

- Obtener un título supone al menos 5 años de sacrificio.
- En España, ser licenciado no supone un gran beneficio a la hora de trabajar.
- Para los jóvenes esta inversión cada vez compensa menos.

Los jóvenes creen que cada vez les compensa menos invertir cinco años de su vida en estudiar una carrera. Lo dice un reciente estudio de la Organización para la Cooperación y el Desarrollo Económico. Las supuestas ventajas, tanto para encontrar empleo como para ganar un buen salario, de los graduados universitarios españoles respecto al resto de trabajadores son las más pequeñas de todos los países industrializados del mundo. Esta puede ser la razón que explica que el porcentaje de titulados en nuestro país se haya estancado en los últimos años.

Existen estudios que ponen de manifiesto que las ventajas para los que tienen estudios universitarios se están recortando notablemente en los últimos años. Esta circunstancia ha sido percibida por los jóvenes antes de que la recojan las estadísticas y ya han reaccionado. En 1995 el porcentaje de titulados universitarios en España era 4 puntos superior al de la media de la OCDE, y en 2005 esa tasa se situaba 3 puntos por debajo de los países más ricos.

Lo malo y lo bueno

- A favor: La educación universitaria sigue siendo una inversión productiva para la formación del futuro trabajador, aunque no siempre tenga los efectos económicos deseados. Hay múltiples razones para cursar una carrera. Y estas tienen que ver con la formación, las habilidades organizativas, comunicativas y de aprendizaje, entre otras.
- En contra: Es complicado encontrar argumentos, al margen de los económicos, en contra de los estudios universitarios. La razón esgrimida por algunos es que a algunos grandes empresarios y triunfadores en distintos campos no les ha hecho falta pasar por la universidad. Lo cierto es que la educación es esencial en cualquier campo; y la universidad, solo en algunos: para ser abogado o médico hay que pasar por la universidad, aunque Bill Gates nunca se graduó.

Formación Profesional, una gran alternativa

La Formación Profesional se ha convertido en una buena alternativa para muchos jóvenes que, tras acabar el Bachillerato, prefieren esta vía a la universitaria, ya que es uno de los modos más rápidos de acceder al cada vez más complicado mercado laboral, como avanzó ayer 20 minutos. Las cifras hablan por sí solas: en diez años, de 1998 a 2008, el número de jóvenes que escogen Formación Profesional en lugar de una carrera universitaria ha pasado del 27% al 40%. Y cada vez son más los que abandonan la carrera para hacer FP.

Raquel Ríos, 26 años.

"Yo fui a la universidad porque sí. Mis padres me lo inculcaron desde pequeña así que no tenía ninguna duda de que me matricularía. Para mí era algo natural, no es que tuviese una vocación ni un deseo espectacular. Era simplemente lo que debía hacer, igual que después de hacer deporte uno se ducha, o después de comer se lava los dientes. Nunca me he planteado otra cosa, no puedo imaginarme mi vida sin la universidad."

Arturo Campos, 44 años.

"Yo no he ido nunca a la universidad. Empecé a trabajar muy pronto porque, la verdad, a mí lo de los estudios no me motivaba demasiado, siempre pensé que no estaba hecho para eso. Alguna vez he pensado cómo me habría ido si hubiese conseguido un título. Habría estudiado Historia o algo así. Supongo que peor no estaría pero tampoco me ha ido mal. Yo no me considero menos que nadie por mucho que sean licenciados o doctores pero me gustaría que mi hija estudiase en la universidad".

www.20minutos.es

Paso 2

Lee el texto y realiza las siguientes actividades:

1   Desglosa en la siguiente tabla los argumentos a favor y en contra de la educación universitaria que se incluyen en este texto.

Argumentos a favor de la educación universitaria	Argumentos en contra de la educación universitaria

2   ¿Por qué se introducen los testimonios de Raquel y Arturo?

3   Relee desde "era simplemente" hasta "los dientes". ¿Qué quiere comunicarnos Raquel con esta comparación?

4   Relee desde "yo no me considero" hasta "en la universidad". ¿Existe alguna paradoja en las palabras de Arturo?

5   Subraya en el texto las expresiones que se utilizan para introducir los argumentos.

Paso 3

CONSEJO

Cómo contribuir a un debate sobre un tema

- Prepara una serie de ideas generales sobre el tema, intentando predecir aspectos que puedan salir a relucir. De esa manera te vas ambientando para participar en la discusión, pero no escribas respuestas ni las aprendas de memoria.
- Escucha cuidadosamente a todas las personas que contribuyen a la discusión. Si te hacen una pregunta, contéstala con precisión, sin irte por las ramas.
- Si te piden que hables de tus propias ideas y experiencias personales, tal vez a modo de ejemplo, procura ser conciso y ecuánime.
- Intenta que tus contribuciones no sean demasiado breves ni abruptas. Da buenas respuestas, utilizando oraciones complejas y expandiendo tus ideas.
- Cuida el registro, que debe ser educado y formal, con un lenguaje rico y variado.

Entrevistador: Muchas gracias por tu presentación sobre los estudios universitarios en España. Dime, Rocío, ¿a ti personalmente te gustaría ir a la universidad?

Rocío: Sí, claro que sí, a pesar de los argumentos en contra que he comentado en mi presentación. De hecho, ya he decidido la carrera que me gustaría estudiar, Medicina.

Entrevistador: ¡Qué interesante! Rocío, ¿cómo crees que ha influido tu familia en tu decisión? ¿Ha sido una decisión totalmente independiente?

Rocío: Reconozco que no. Mi padre es oftalmólogo, y mi madre trabaja como enfermera en su consulta privada, así que es un ambiente en el que me he desenvuelto toda mi vida.

Entrevistador: ¿Crees que todos los jóvenes españoles tienen en estos momentos las mismas opciones que tú?

Rocío: Es difícil decirlo, pero supongo que no. En primer lugar, la universidad no está abierta a todos los jóvenes, sino que hay que pasar por una prueba de selección para poder matricularse. Se necesitan notas altas para algunas carreras, como es el caso de Medicina.

Entrevistador: ¿Es solo una cuestión de notas, entonces?

Rocío: No, claro que no. Para los estudiantes que tienen que desplazarse de casa para estudiar no solo hay gastos de matrícula y de libros, sino también de alojamiento y transporte. Eso es un desembolso cuantioso para muchas familias.

Entrevistador: ¿Piensas que algunos padres estarían dispuestos a disuadir a sus hijos, con tal de no afrontar esos gastos?

Rocío: Es una pregunta un poco difícil. Parece una hipótesis un poco exagerada. En mi opinión, los padres valoran mucho la educación universitaria y casi dan por hecho que sus hijos tomarán ese rumbo al acabar la secundaria.

Lee la primera parte de la conversación entre Rocío y su entrevistador, y señala las características positivas (a-g) de las respuestas.

a Da la impresión de que Rocío es una alumna diligente, porque va a estudiar Medicina.

b Rocío hace un breve comentario educado sobre la pregunta, por ejemplo: "Es una pregunta un poco difícil. Parece una hipótesis un poco exagerada".

c Rocío hace referencia a su experiencia personal, pero sin extenderse demasiado y trayendo a colación solo algún detalle pertinente.

d Rocío no da respuestas cortantes.

e Rocío se muestra de acuerdo con el entrevistador, por ejemplo, en que no todos los jóvenes tienen las mismas opciones.

f Rocío contesta específicamente las preguntas, sin salirse del tema.

g Rocío se expresa con un lenguaje correcto, variado, formal y natural.

Paso 4

Responde a las preguntas del entrevistador, escribiendo las contestaciones como si fueses Rocío.

¿Crees entonces que ahora la Formación Profesional se valora más social y profesionalmente?

¿Cómo imaginas que será tu vida en la universidad? ¿Qué te aportará académica y profesionalmente?

¿Cómo te gustaría encauzar tu vida profesional en el futuro? ¿Seguirás la misma especialidad que tu padre, la oftalmología?

Lista de verificación

¡Fin del Capítulo 12! ¿Qué destrezas has desarrollado? Lee y marca la casilla:
√ (bastante bien), √√ (bien), √√√ (muy bien).

- Puedo escribir una leyenda
- Puedo escribir un cuento de fantasmas
- Puedo generar ideas para escribir una narración
- Puedo escribir un relato epistolar
- Puedo contribuir a un debate sobre un tema

Actividad 1

Paso 1

Lee el artículo "Volver al pueblo no es solo una ficción". ¿Cuál dirías que es la intención de su autor, Benjamín Prado? Justifica tu decisión.

a Animar a la gente a que se vaya a vivir a un pueblo pequeño, para que el campo español no se quede despoblado.

b Dar a conocer un nuevo fenómeno social en España, la emigración a pueblos pequeños, y enfatizar el hecho de que hay diferentes formas de vida posible hoy en día, aparte de las convencionales.

c Presentar las ventajas y desventajas de vivir en un pueblo pequeño en España en la actualidad.

Volver al pueblo no es solo una ficción

Cada vez hay más personas que se animan a dejar los grandes núcleos urbanos para refugiarse en la naturaleza.

"Dichoso aquél que existe lejos de los negocios, / gasta su tiempo en trabajar la tierra, / libre de toda deuda y con sus propios bueyes; / que evita la ciudad / y los palacios de los poderosos", escribió el poeta latino Horacio, creando con esos versos el famoso beatus ille, la aspiración a una existencia pacífica y retirada que en España explicó, mejor que nadie, fray Luis de León: "¡Qué descansada vida / la del que huye del mundanal ruido, / y sigue la escondida / senda, por donde han ido / los pocos sabios que en el mundo han sido". Hoy en día, no se sabe bien si porque el Renacimiento vuelve a estar de moda o porque toda crisis es un camino de vuelta, cada vez hay más personas que se animan a dejar los grandes núcleos urbanos

para refugiarse en la naturaleza, algunas huyendo de la contaminación o el estrés y casi todas, de la falta de trabajo. La tentación de una existencia sana y el recurso del autoabastecimiento son dos buenas razones para echar a andar en dirección contraria a nosotros mismos y escapar de las ruinas del boom inmobiliario.

El éxodo es fácil en nuestro país, donde hay más de tres mil pueblos abandonados. Algunos los resucitan personas que buscan una segunda oportunidad o un cambio de aires; otros, se adquieren como inversión, generalmente a precio de saldo y por parte de ciudadanos extranjeros. No hay nada más que dejarse caer en la Red para comprobar el número de páginas que los ofrecen por cantidades que van desde los 60.000 euros a algo más de dos millones. Tronceda, en Orense; Lacasta, en Zaragoza; Velilla, en La Rioja; Solanell, en Lleida, o Matavenero, en León, son comunidades que han regresado del más allá gracias a sus repobladores. Otras se han convertido en municipios especializados: Valdelavilla, en Soria, tras pasar más de cuatro décadas vacío, fue colonizado por un grupo de profesores de idiomas que han hecho de él la primera localidad de España donde el idioma oficial es el inglés. Isín, en Huesca, ha resurgido de sus cenizas para adaptarse a las necesidades de las personas discapacitadas que lo habitan. Finalmente, cómo no citar otro fenómeno llamativo, el de las caravanas de mujeres – salido de una película de William Wellman – que lleva a cabo Asocamu, una organización con cientos de afiliadas que monta fiestas de solteras en zonas en peligro de extinción y que fue creada, según sus propias bases, "para promover la repoblación rural."

Todo lo que ocurre fuera de los libros termina dentro de ellos, y este asunto no es una excepción, de forma que en la literatura española también empieza a asomar un cierto neorruralismo: lo que en su época hicieron Miguel Delibes en la novela o Claudio Rodríguez en sus primeros libros de poemas, sobre todo en *El don de la ebriedad*; o más adelante Julio Llamazares y Manuel Rivas, entre otros, lo continúan ahora Jesús Carrasco, que ha logrado atraer a muchos lectores con su primera obra, *Intemperie*, en la que recuperaba no solo el paisaje agrícola, sino también su vocabulario; o Lara Moreno, que cuenta en *Por si se va la luz* una historia de personajes hastiados de la ciudad que se refugian en un pueblo de solo tres habitantes. Son dos ejemplos sobresalientes y, además, un indicio de que algo está pasando en estas sociedades que, de pronto, parecen haberse dado cuenta de que existe un futuro en algunas de las cosas que dejaron atrás.

Benjamín Prado

www.elpais.com

199

Paso 2

Relee el artículo de nuevo y responde a las preguntas.

1   Lee desde "hoy en día" hasta "boom inmobiliario" y explica con tus propias palabras las razones por las que cada vez más personas abandonan las ciudades para instalarse en el campo.

2   Benjamín Prado señala que "toda crisis es un camino de vuelta". ¿Qué quiere decir esto? ¿En qué otra parte del texto se incide de nuevo en esta idea?

3   ¿Por qué se dice que los pueblos mencionados han regresado "del más allá" gracias a sus repobladores? ¿Qué otras expresiones en el texto recogen la misma idea? ¿Qué recurso literario se está usando?

4   Explica con tus propias palabras lo que son los "municipios especializados", según el texto.

5   En este artículo periodístico aparecen fragmentos de poesías y referencias a libros. ¿Con qué objetivo mezcla el autor estos elementos? Razona tu respuesta.

Paso 3

Realiza estas actividades sobre la lengua de este artículo periodístico.

1 ¿Qué doble significado tiene la palabra "ficción" en el título del artículo? Razona tu respuesta.

2 Encuentra en el texto las palabras que significan lo siguiente:
- La habilidad de encontrar recursos propios para sobrevivir
- Emigración
- Socias
- La reaparición de la temática y el lenguaje rural en un determinado ámbito, como la literatura
- Harto
- Señal

3 Sustituye las siguientes expresiones del texto por una equivalente:
- Los grandes núcleos urbanos
- La tentación de una existencia sana
- Un cambio de aires
- Fue colonizado
- Otro fenómeno llamativo
- Empieza a asomar

4 ¿Qué efecto produce en el lector el uso de la expresión "dejarse caer en la Red"? ¿Con qué se compara a internet?

5 ¿Qué palabras aparentemente contradictorias se utilizan en la frase "parecen haberse dado cuenta de que existe un futuro en algunas de las cosas que dejaron atrás"? ¿Qué recurso literario emplea Benjamín Prado aquí?

Paso 4

Benjamín Prado presenta los argumentos a favor de mudarse al campo para empezar una nueva vida. Ahora, escribe cinco argumentos en contra.

Actividad 2

Paso 1

Ahora vas a leer un fragmento de la novela *Sin noticias de Gurb* de Eduardo Mendoza. En esta obra un extraterrestre aterriza en la Barcelona preolímpica (justo antes de 1992), y se presenta una visión cómica de la rutina de los seres humanos. La siguiente sección se centra en un ejecutivo. Lee el texto. ¿Qué elementos te indican que la novela está ambientada en esa época?

07.30 Las tribulaciones del ejecutivo: lectura y comprensión parcial de las cotizaciones de bolsa, mercado de divisas, mercado de futuros; café con leche (desnatada), biscotes con margarina, las pastillas; ducha, afeitado, violenta aplicación de after-shave. El ejecutivo se pone su impedimenta: Ermenegildo Zegna por aquí, Ermenegildo Zegna por allá. Los niños lavados, vestidos y peinados suben al coche del ejecutivo. Papá los llevará al cole. Anoche cenaron en casa de su

madre, pero han dormido en casa de su padre. Esta noche cenarán en casa de su padre, pero dormirán en casa de su madre y mañana los llevará al cole su madre y los irá a buscar él para que cenen en su casa o en casa de su madre (telefoneará). Uno de los niños es suyo; al otro no lo ha visto en su vida, pero prefiere no preguntar. Desde que se separó de su mujer (amigablemente) prefiere no preguntar nada a nadie. El ejecutivo conduce el coche con las rodillas; con la mano derecha sostiene el auricular del teléfono del coche; con la mano izquierda sintoniza la radio del coche; con el codo izquierdo sube y baja las ventanillas del coche; con el codo derecho impide que los niños jueguen con el cambio de marchas del coche; con la barbilla pulsa sin pausa el claxon del coche. En la oficina: telex, fax, cartas, mensajes en el contestador; consulta la agenda. Nena, cancélame la cita de las once; nena, conciértame una cita a las doce; nena, resérvame una mesa para cuatro en La Dorada; nena, cancela, la mesa que tengo reservada en Reno; nena, resérvame plaza en el vuelo de mañana a Munich; nena, cancela el vuelo de esta tarde a Ginebra; nena, las pastillas.

Mendoza, Eduardo, *Sin noticias de Gurb*

Paso 2

Relee el texto y contesta las siguientes preguntas:

1   ¿En qué momento del texto se produce una transición de una descripción realista a otra más absurda? ¿Qué recurso literario se utiliza a partir de ese momento para producir un efecto humorístico?

2   ¿A quién crees que se dirige el ejecutivo con la palabra "nena"? ¿Qué nos revela ese detalle sobre el ejecutivo? ¿Qué efecto produce la transición al diálogo directo?

3   ¿Qué elementos del texto te indican que este ejecutivo no es feliz?

Paso 3

Escribe un texto argumentativo (500–800 palabras) sobre el siguiente tema: "vivir para trabajar". Utiliza tu punto de vista personal, pero infórmate a través de los textos que has leído en este repaso.

Prueba de repaso

Contesta las siguientes preguntas:

1   ¿Cómo puedes deducir los objetivos del autor de un texto?

2   ¿Recuerdas qué aspectos puedes tratar para comentar un fragmento de cualquier tipo de texto?

3   ¿Cómo puedes ayudarte para escribir tus argumentos de forma clara y cohesionada?

4   ¿Qué métodos puedes seguir a la hora de generar ideas para escribir una narración?

5   ¿Cómo se puede contribuir a un debate sobre un tema?

Carpeta de fin de curso

Texto informativo, analítico y/o argumentativo:

a   Escribe un texto informativo sobre las opciones vitales y laborales que tienen los jóvenes hoy en día.

b   Escribe un texto argumentativo sobre los aspectos positivos y negativos de abandonar la ciudad para empezar una nueva vida en un pueblo.

Texto descriptivo y/o narrativo:

a   Describe un día en la vida de un trabajador estresado que decide abandonarlo todo para irse a vivir una temporada al pueblo de sus abuelos. Puedes describir los motivos concretos que le han llevado a tomar esa decisión, o puedes describir su proceso de adaptación al nuevo lugar.

b   Cuenta una historia de un nuevo pueblo repoblado, y las dificultades que se encuentran. Puedes tomar un ejemplo del texto "Volver al pueblo no es solo una ficción".

Respuesta a textos:

a   Relee los textos de este repaso y de las otras capítulos del libro, y escribe una carta al extraterrestre de *Sin noticias de Gurb* invitándole a volver a España y contándole cómo ha cambiado desde el año 1992.

b   Relee los textos de este repaso y de las otras capítulos del libro, y escribe un artículo de opinión sobre el siguiente tema: "el estrés de la vida actual para los jóvenes".

Lecturas recomendadas

Cordeluna de Elia Barceló es una novela juvenil de corte fantástico e histórico que se ambienta en dos tiempos: los del Cid, y los actuales. A través de la historia dos amantes se ven condenados a separarse y reencontrarse a raíz de una maldición. Se sitúa en una corriente literaria actual a la que también pertenecen *La mujer del viajero en el tiempo* de Audrey Niffenegger, *Forastera* de Diana Gabaldon e incluso *El azul de la Virgen* de Tracy Chevalier.

Hot Sur de Laura Restrepo narra las experiencias de un grupo de mujeres latinas que emigran a los EE.UU. Una de ellas, María Paz, debe enfrentarse a una injusta acusación de asesinato, mientras todas tratan de salir de la pobreza y vencer los prejuicios. Se trata de una ventana a un mundo escondido de rituales pandilleros y empleos precarios, sazonado por el amor a la lengua española.

Cuatro amigos de David Trueba cuenta las peripecias de un grupo de amigos que decide disfrutar de un último verano de completa libertad recorriendo España en una furgoneta de segunda mano con un fuerte olor a queso. Desde los chiringuitos de la costa Blanca, hasta las fiestas de un pueblecito aragonés y la celebración de una boda en Galicia, irán asumiendo las responsabilidades de sus vidas de adultos, al tiempo que refuerzan los lazos de amistad que les unen.

Apéndice

Ejemplo de examen

Lectura de textos

Parte 1

Texto A: El escritor

Una vez recuperado de la agradable sorpresa de su llamada, empecé a imaginarme en mi cabeza aquel día que aún estaba por venir una y otra vez. Por fin reconocían mi trabajo.

Marqué en el calendario el diecisiete de diciembre. Toda una carrera de novelista
5 frustrado que subsistía en las sombras escribiendo libros para otros autores llegaría a su fin. Años y años viendo como otros se apoderaban del fruto de mi esfuerzo, como paseaban su inmerecida fama delante de mis ojos con la arrogancia ignorante del que todo lo tiene. Pero eso se iba a acabar el diecisiete de diciembre. Por fin presentaría mi primera novela. Mi libro iba a estar en los estantes de todas
10 las librerías del país al lado de nombres de fama internacional, muchos de los cuales habían contratado mis servicios y logrado gracias a ellos algunos de los *best sellers* más sonados.

No sin cierto grado de consciencia, dejé que el orgullo se apoderase de mí. ¿Y por qué no? ¿Por qué no regodearme en mi éxito? ¿Por qué no disfrutar de un merecido
15 reconocimiento a un trabajo que hasta aquel momento tan solo me había traído amargura y desazón? Era mi momento y tenía que aprovecharlo. Tenía que quitarme la espina de todos aquellos libros que se habían colado en las estanterías de cientos de miles de hogares con el nombre de otros autores más afamados, más exitosos y, claramente, mucho menos productivos que yo.

20 Recuerdo perfectamente como, tras colgar el teléfono, cogí mi gabardina y salí a la calle con una enorme sonrisa de satisfacción. Llevaba el cuello tan estirado que en la segunda bocacalle sufrí un tirón, lo que no me impidió seguir dedicando miradas condescendientes a todo aquel que se cruzaba en mi camino. Pensando para mis adentros lo simples y normales que eran las vidas de todos los demás en comparación
25 con la mía. Imaginándomelos atrapados en un trabajo tan mediocre como ellos. Jugué, como hacía muchas veces, a inventarme historias sobre los anónimos personajes que pululaban por las calles abarrotadas de la ciudad. "Este es profesor de instituto", me decía a mí mismo. "Lleva unos quince años trabajando en el mismo centro y ya se ha olvidado hasta de por qué quiso dedicarse a la enseñanza. Tiene un
30 hijo adolescente que está malcriado, no lo respeta y hace lo que le da la gana". "Esta es doctora", seguía en cuanto perdía de vista al anterior y me cruzaba con alguien nuevo. "Estudió Medicina porque es lo que se suponía que tenía que hacer. Tanto su padre como su madre son médicos y no quería decepcionarlos. Solo lleva dos años trabajando en el hospital, pero ya se arrepiente de haber elegido una profesión que
35 detesta y en la que siente que va a estar atrapada durante el resto de su vida".

De repente, vi mi cara reflejada en el escaparate de una tienda de ropa. Mi expresión era inusualmente feliz y mi sonrisa parecía insultar al resto de los mortales. "Este señor", pensé, "es un extraordinario escritor de novelas. Ha ganado un sinfín de premios literarios y su vida es maravillosa. Seguramente, mientras
40 estoy aquí mirándolo fijamente a los ojos, esté pensando en el argumento de la novela que le hará ganar el Nobel de Literatura".

Recuerdo que pensé que resultaba un tanto extraño sentirse tan bien con uno mismo. No era algo natural. Quizá estaba ya demasiado acostumbrado a experimentar periodos cortos de creación y productividad seguidos por largos días de desidia en los que mi único objetivo parecía seguir respirando y me arrastraba por las diferentes habitaciones de mi casa como una alimaña en una cloaca, rodeado de montañas de basura y papeles a partes iguales.

45

Lea detenidamente el texto **El escritor** en el cuadernillo de lectura y después responda a las preguntas 1 y 2 en su cuaderno.

Pregunta 1

Imagine que es usted amigo/a del protagonista del texto y que se cruza con él por la calle el día que recibe la llamada de teléfono.

Su escrito debe contemplar los siguientes aspectos:

- Descripción de la personalidad de su amigo
- Por qué no le pareció el mismo de siempre
- Comente lo que sintió usted al enterarse de su éxito

Base su respuesta en la información recogida en el texto y en las ideas expuestas en él utilizando sus propias palabras.

Debe escribir entre 250–350 palabras.

Empiece su escrito:

> *Cuando me encontré con Mario por la calle me pareció que estaba demasiado contento…*

Del total de 20 puntos, 15 corresponderán al contenido de su respuesta y 5 a la calidad de su redacción.

Pregunta 2

Vuelva a leer las líneas 20 a 27 (desde "Recuerdo perfectamente" hasta "de la ciudad.")

Seleccione y comente las palabras y expresiones de este fragmento que muestren cómo se siente el escritor.

10 puntos.

Parte 2

Lea el **texto B** detenidamente y responda a la **pregunta 3**.

Texto B

En marzo de 2007 el célebre escritor español Antonio Muñoz Molina publicó un libro titulado *Días de diario*. En sus anotaciones del día 9 de septiembre revelaba la desazón que sentía tras haber entrevistado a uno de sus novelistas favoritos, el norteamericano Philip Roth. Al parecer, Muñoz Molina había conducido el
5 encuentro con cierto nerviosismo e inseguridad, en parte porque al llegar a la editorial en Nueva York advirtió que para ellos era un absoluto desconocido, en lugar de un aclamado autor. "No tengo ya costumbre de ser tratado sin el menor rastro de la consideración que suele depararme mi nombre", admite en su diario. El resultado fue que Muñoz Molina perdió la oportunidad de establecer con Roth
10 la complicidad profesional y literaria que merecía en virtud de su obra narrativa y periodística. A cambio, el escritor español recibió una inopinada lección de humildad.

La fama es, claramente, relativa y engañosa. El ser humano aspira a perdurar en la memoria de sus familiares, pero existe además en el interior de muchos el anhelo
15 de alcanzar la fama en vida e incluso más allá de ella. En muchas ocasiones este afán se acompaña de la necesidad de transmitir fuera de nuestro entorno nuestros hallazgos y méritos creativos o profesionales. Poco sentido tiene crear un hermoso cuadro, o escribir una magnífica novela, si solo tienen acceso a ellos nuestros parientes y amigos. En otros casos a muchos la fama les viene de nacimiento y les
20 persigue en forma de *paparazzi* y contertulios televisivos que desmenuzan cada uno de los detalles de su vida y de sus relaciones personales. Sin embargo, otros quieren ser famosos porque sí, por ser ellos, y utilizan como trampolín aquello que buenamente puedan.

Podría decirse que ese empuje es fundamental para alcanzar la celebridad. No
25 obstante, ha de ir acompañado de muchas otras cosas: la buena suerte, el don de gentes, estar en el lugar preciso para poder aprovechar las oportunidades, el trabajo duro… Ya Confucio afirmaba: "No estéis pesarosos de que nadie os conozca; trabajad para haceros dignos de ser conocidos". En un mundo sobrepoblado, competitivo e impersonal, es cada vez más costoso destacar y
30 hacerse con el liderazgo. Esto resulta paradójico, puesto que a un tiempo los individuos se miden más a sí mismos ante todo por su éxito personal y profesional. El ser humano antiguamente hallaba consolación en el hecho de pertenecer a una determinada comunidad tribal, social, gremial o religiosa, con la que compartía una serie de valores y un sentimiento de identidad. Hoy en día, nuestras sociedades se
35 caracterizan por el individualismo, e internet nos ofrece posibilidades para afirmar nuestra personalidad y proyectarla potencialmente para el mundo entero.

Una reciente campaña publicitaria de una conocida marca de teléfonos inteligentes se centra en la difusión casi interplanetaria de un vídeo creado por una joven. En él se muestra simplemente el corte de cebollas, pero con la debida planificación
40 e interconexión de redes sociales, blogs y apoyo de patrocinadores, se hace famoso. Sin embargo, la parodia solo explota muy levemente lo anodino del producto presentado (al fin y al cabo, los productos de los consumidores no son mucho más interesantes). Ante todo, enfatiza el poder de las herramientas digitales para ayudarnos a pasar el gato por liebre. Bien está que los usuarios

de internet encuentren satisfacción en colgar vídeos cómicos de lindos gatos o situaciones embarazosas, con la esperanza de que alcancen a todos como un virus inescapable. No obstante, cabría preguntarse si dichas herramientas en estos casos no son más que un juguete, y la fama que se alcance, injustificable y merecidamente efímera.

45

Decía Ovidio que la conciencia de los hombres rectos se ríe de los engaños de la fama. Podría decirse más bien que miran al trasluz de ellos, para poder valorar las cosas en su justa medida.

50

Pregunta 3

Lea el texto B.

Resuma lo que dice el texto B sobre la fama. Se debe considerar los siguientes aspectos:

a   Las razones por las que el ser humano aspira a la fama hoy en día y las posibilidades que ofrece internet para alcanzarla

b   El carácter relativo e ilusorio que puede tener la fama que se consiga

Escriba el resumen en unas 250 palabras en total. Base su escrito en la información y las ideas expuestas en el texto B, utilizando sus propias palabras.

Del total de 20 puntos, 15 corresponderán al contenido de su respuesta y 5 a la calidad de su redacción.

Sección 1: Escritura dirigida

Escritura dirigida y redacción

Lea el texto de la página siguiente.

Se ha enterado usted de que una compañía de energía eléctrica ha decidido construir una central nuclear cerca de su pueblo. Acaba de leer un artículo acerca de los peligros de este tipo de instalaciones y decide ir a hablar con la alcaldesa para intentar convencerla de que impida dicha construcción en su municipio.

Escriba el diálogo en el que expone su punto de vista.

Comience el diálogo de la siguiente forma:

Usted: Buenos días. He venido a verle para pedirle que recapacite acerca de la construcción de la nueva central nuclear.

Alcaldesa: …

Escriba unas 200–250 palabras. Base su respuesta en las ideas recogidas en el texto a continuación, utilizando sus propias palabras.

Del total de 25 puntos, 10 corresponderán al contenido de su respuesta y 15 a la calidad de su redacción.

Nuclear no, gracias

Varios desastres con víctimas mortales y con serias consecuencias medioambientales, el fracaso absoluto en la búsqueda de una solución al tratamiento de residuos, la oposición de la inmensa mayoría de la población… Nada parece disuadir a los fanáticos de la energía nuclear de su propósito de borrar a la humanidad de la faz de la tierra para siempre.

Nos han intentado convencer incansablemente de todas las bondades de la energía nuclear: que si no contamina, que si es la solución al déficit energético, que si es más barata que las energías renovables… Incluso aunque todo esto fuera cierto, un accidente en una central nuclear puede provocar, y normalmente provoca, víctimas mortales. Si eres una persona responsable, que respeta la vida de las personas, este hecho ya debería ser suficiente para posicionarte en contra. Pero ni siquiera sus supuestas ventajas son tan convincentes como las pintan.

Uno de los principales argumentos que esgrimen los partidarios de la energía nuclear es que no contamina. Falso. Ese es precisamente uno de sus peores inconvenientes. Los residuos producidos en la fisión son altamente contaminantes y mortales para el ser humano y los animales. Todavía hoy no se ha encontrado una solución al problema del tratamiento de los residuos, que continúan siendo radiactivos durante siglos.

También se ha venido diciendo desde hace tiempo que es una manera de producir energía a un coste mucho más bajo. Falso. Es extremadamente caro construir una central nuclear, y su vida activa en España es de cuarenta años. Además, el coste de la obtención de las materias primas necesarias para producir energía de fisión es también muy elevado.

Sin embargo, el principal inconveniente de este tipo de energía es sin lugar a duda el riesgo que supone para la seguridad. Cada vez que se produce un accidente las consecuencias son catastróficas. Y casos como el de Chernóbil o Fukushima no son, por desgracia, incidentes aislados. La historia de la energía nuclear está plagada de incidentes: una simple grieta, una pequeña fuga radiactiva, un pequeño error humano y miles de personas pueden quedar expuestas a los efectos de la radiación, como ha venido sucediendo durante décadas no solo en las centrales, sino también en otro tipo de instalaciones en las que se utilizan materiales radiactivos, a veces con fines médicos, como en hospitales o en la industria farmacéutica.

En un mundo en el que las energías renovables han demostrado que pueden solucionar los problemas energéticos que atravesamos en la actualidad, exponer a la población a los peligros de la fisión nuclear es sencillamente irresponsable e inconsciente.

Sección 2: Redacción

Escriba entre 350 y 400 palabras sobre **uno** de los siguientes seis temas.

Escritura argumentativa:

Bien

a Cada vez hay más personas que se inclinan por eliminar de su dieta alimentos con gluten, lactosa o azúcar. Argumente a favor o en contra.

O

b ¿Es una buena idea renunciar a realizar una carrera universitaria para dedicarse en su lugar al deporte o a la música de manera profesional? Analice la pregunta desde diferentes puntos de vista.

Escritura descriptiva:

Bien

a Describa a una persona que haya tenido una fuerte influencia en su vida (un pariente, un amigo, un profesor, un famoso), explicando en detalle cómo le hizo sentir, y en qué sentido le impactó.

O

b Tiene el honor de representar a su instituto en un concurso televisivo para centros escolares. Describa en qué consiste el evento, centrándose en los logros que le llevarán a hacerse con el triunfo. Exprese las emociones que siente y la atmósfera del lugar.

Escritura narrativa

Bien

a Escriba una historia utilizando esta cita como comienzo: "Jamás pensé que algo así pudiese sucederme a mí".

O

b Durante una visita educativa a una exposición de fotografía antigua, el grupo encuentra una imagen en la que se le ve a usted (o a alguien prácticamente idéntico) vestido con traje de época. Escriba una historia sobre esta fotografía.

Carpeta de fin de curso

1 Texto argumentativo

Como recordarás, para la tarea 1 de tu carpeta de fin de curso vas a tener que escribir un texto argumentativo. En el Capítulo 11 cuentas con amplia información y ejemplos sobre este tipo de textos que se centran, ante todo, en convencer al lector de una tesis o idea central que se defiende. En dicho capítulo hallarás consejos relativos al contenido y a la lengua. Los modelos pueden ayudarte a hacerte una buena idea del tipo de trabajo que se espera de ti en esta carpeta.

Podemos encontrar una variedad de textos argumentativos en la vida cotidiana, desde los artículos de opinión del periódico a las reflexiones de escritores de blogs, profesionales o aficionados. En el ámbito educativo, se pide a los estudiantes con frecuencia que escriban esta clase de trabajos en los que sopesan argumentos a favor o en contra de diferentes cuestiones morales o de actualidad. Sin embargo, un texto argumentativo no tiene que plantearse siempre en estos términos. Un importante aspecto de los textos argumentativos es que las opiniones y los argumentos deben apoyarse en evidencias, es decir, deben demostrarse con la ayuda de datos, ejemplos, estadísticas, testimonios, casos… En los artículos de opinión los autores pueden dar su visión propia de un tema, pero para convencer al lector deben presentar pruebas fidedignas y razonadas. En los textos argumentativos de corte académico en los que se van evaluando los diferentes aspectos de un tema el autor puede tener su opinión personal, pero lo que se transmite en apariencia es una consideración ecuánime e impersonal de todos esos aspectos. No obstante, en último término el autor desea llevar a sus lectores a una determinada conclusión, y aunque presente los argumentos a favor y en contra, irá refutando aquéllos que socaven su tesis, es decir, limitará o rechazará su validez. El escritor con pericia nos muestra los distintos lados de una cuestión a la vez que nos convence sutilmente para que adoptemos su opinión.

Como ya supondrás, conseguir todo esto no es fácil en absoluto y requiere entrenamiento, preparación y práctica. Confiamos en que las actividades que has realizado durante el curso, y los consejos que te hemos dado, te ayuden a afrontar la tarea con las herramientas necesarias y con confianza en ti mismo. El punto de partida es determinar nuestra tesis, es decir, aquello de lo que deseamos convencer al lector. Por ejemplo, nuestra tesis puede sugerir la necesidad de introducir un impuesto especial en los alimentos azucarados artificialmente. A continuación, conviene elaborar un esquema con una lista de los argumentos a favor y en contra de esta tesis, para irlos tratando individualmente y refutándolos, en su caso. En nuestro esquema debemos añadir también un espacio para la introducción del tema, y para una conclusión que deje del toda clara nuestra tesis. En esta estructura, la tesis actúa como una especie de hilo conductor. Subyace a lo largo de todo el texto, todo se relaciona con ella, y la argumentación es como un camino que le tendemos al lector para que lo recorra y llegue al final al destino que nosotros pretendíamos.

En este esquema debes incluir también las evidencias que vas a usar para probar tus argumentos, o para negar la validez de los que se puedan aducir en tu contra. No es necesario realizar una investigación exhaustiva, pero puedes buscar en libros o en internet algunos datos o estadísticas, así como ejemplos y casos concretos

relevantes. Sin embargo, el papel de estos elementos es simplemente corroborar tus ideas; no te extiendas demasiado relatando anécdotas o describiendo situaciones con muchos detalles. Lo que debe primar es el análisis y la relación explícita y clara con la argumentación.

Para terminar con el aspecto del contenido, te recordamos que en el Capítulo 11 tienes ejemplos de los diferentes tipos de argumentos que existen:

Argumento de autoridad: opiniones de expertos y personas involucradas

Argumento de causa–consecuencia: relaciones entre los hechos

Argumento de ejemplificación: situaciones específicas pertinentes

Argumentos objetivos: basados en datos o realidades observables

Argumentos lógicos: basados en razonamientos

Argumentos por analogía: situaciones similares

En lo que se refiere a la lengua, este tipo de textos tiene unos elementos típicos. En primer lugar, se puede usar la primera persona del singular o del plural, o decantarse por estructuras más impersonales, con "se" o tercera persona del plural. En el contexto universitario se suelen preferir las formas más impersonales, pero lo más importante es tomar una decisión antes de iniciar el texto, y ceñirse a ella de forma uniforme, sin mezclarla con otras. Es decir, es mejor evitar ir pasando de "nosotros" a "se" de forma arbitraria. Para darle variedad a la lengua puede ser una buena idea hacer una lista de verbos de pensamiento, opinión y dicción. Así puedes ir tomando un verbo u otro, evitando repeticiones y dándole riqueza a tu vocabulario.

Probablemente recuerdes que suele usarse el indicativo en estos textos para presentar ideas y hechos como verdaderos e indiscutibles. Por el contrario, con el subjuntivo se expresan hipótesis y situaciones improbables, siempre y cuando eso convenga en el transcurso de la argumentación. Los adverbios que se añadan reiteran la manera en que se planteen los asuntos al lector. Fíjate en la diferencia de un adverbio como "evidentemente" y otro como "posiblemente".

En muchos casos se procura involucrar a los lectores a través del uso de la primera persona del plural, imperativos, preguntas retóricas, acotaciones y exhortaciones. De ese modo, se crea empatía hacia la postura que se defiende, y se da por hecho que existe una complicidad y aquiescencia entre el autor y los lectores.

No olvides que es importantísimo utilizar conectores y marcadores del discurso para desarrollar la argumentación. Gracias a ellos, puedes establecer clara y explícitamente la relación entre las ideas y los argumentos. Eso permite a tus lectores seguir el hilo con facilidad. Tienes mucha información sobre este tema en los capítulos 4 y 11, pero todos los textos que has leído en este curso contienen muchos ejemplos de conectores y marcadores del discurso. Puede ser una buena idea elaborar una lista para consultarla mientras escribes. Así utilizarás un vocabulario sofisticado, variado y preciso.

No te desanimes si al principio tus textos argumentativos no son tan perfectos como a ti te gustaría. La práctica y las recomendaciones de tu profesor te ayudarán mucho para mejorar. Recuerda también que detrás de cada texto en apariencia impoluto hay muchos borradores y mucho tiempo de trabajo.

2 Texto narrativo/descriptivo

Aunque muchas veces resulta difícil distinguir un texto narrativo de uno descriptivo (ya que la mayoría de relatos y novelas contienen ambos componentes), un factor determinante es el predominio de la acción sobre la descripción. Sin embargo, ambos tipos de escritura tienen más similitudes que diferencias y, a la hora de escribirlos, las posibilidades son casi infinitas en función del género, el tema, el argumento, el tipo de narrador, los personajes, el espacio, el tiempo… A continuación te proponemos una guía para facilitar tu decisión.

Género

Aventuras: Como su propio nombre indica, este género narra las andanzas del protagonista o protagonistas, que viven una serie de eventos poco comunes en la vida cotidiana. Algunos de los libros de aventuras más famosos de la literatura universal son *Robinson Crusoe*, de Daniel Defoe y *La Isla del Tesoro*, de Robert Louis Stevenson.

Fantasía: Género muy similar al de aventuras y que de hecho se suele mezclar e interrelacionar en infinidad de relatos. La particularidad de las novelas de fantasía es que describen hechos imposibles en la vida real como la magia o los súper poderes. Dos de los títulos más famosos son la trilogía *El Señor de los Anillos*, de J. R. R. Tolkien y la saga de Harry Potter, de J. K. Rowling.

Viajes: Los viajes son muchas veces una parte fundamental en relatos que, por sus particularidades, encuadramos normalmente en otros géneros, como por ejemplo la ya mencionada trilogía de *El Señor de los Anillos*. Sin embargo, es justo decir que la literatura de viajes conforma un género aparte y puede relatar tanto experiencias reales como ficticias. Este tipo de narrativa ha ganado popularidad en los últimos años y prolifera en internet, donde miles de viajeros buscan informarse acerca de un lugar y de las experiencias de otros antes de programar su visita.

Terror: En este género, el objetivo principal del autor es contar historias y recrear situaciones que provoquen miedo e inquietud en el lector. Muchas veces, la frontera con otros géneros como la literatura fantástica es muy difusa, ya que en el mundo de la narrativa de terror también proliferan seres imaginarios como los vampiros, los zombis o las momias. Entre las novelas de terror más famosas destacan clásicos como *Drácula*, de Bram Stocker y *Frankenstein*, de Mary Shelley, y autores más actuales y prolíficos como Stephen King, cuyas historias han sido llevadas al cine por directores tan reconocidos como Stanley Kubrick, que realizó una magnífica adaptación de *El Resplandor*.

Policíaco: El género policíaco o detectivesco tiene como eje fundamental la persecución de un crimen o delito. Los protagonistas suelen ser agentes de la ley, aunque no son pocos los títulos que explotan el punto de vista del criminal. La saga más famosa es sin duda la escrita por Sir Arthur Conan Doyle acerca de los crímenes investigados por el genial Sherlock Holmes con la ayuda de su inseparable amigo el Doctor Watson.

Ciencia ficción: Género que relata hechos que tienen lugar en un marco imaginario, normalmente en el futuro (aunque no siempre), y que especulan con las posibilidades de los avances en la ciencia y en la tecnología. Entre los clásicos de este género destaca la saga de *La Fundación*, de Isaac Asimov.

Tema

Aunque lo más acertado es elegir un tema que te resulte interesante (tú mejor que nadie sabes cuáles son tus gustos y conocimientos), en este libro te hemos propuesto ya varios:

Leyenda　　América　　Fiesta　　Espionaje　　Crimen　　Tecnología

El tema será el punto de partida para comenzar a pensar en el argumento de tu historia.

Argumento

El argumento es la respuesta a la pregunta ¿qué sucede en la narración? De este modo, una vez tengas claros el género de tu texto y el tema o temas que vas a desarrollar, tienes que empezar a pensar en los acontecimientos que quieres relatar. Es muy útil plantearte estos acontecimientos en el marco de una estructura. Como ya hemos visto en este libro, tu historia ha de contar con una introducción, un nudo y un desenlace:

Introducción: Se presenta la situación, el espacio, el tiempo y los personajes principales (puedes incluir más personajes en el nudo o el desenlace, pero lo más común es presentar a los protagonistas al principio del relato).

Nudo: La acción empieza a desarrollarse. Los protagonistas persiguen sus objetivos y tienen para ello que superar diversas dificultades.

Desenlace: Los acontecimientos llegan a su fin. Los protagonistas consiguen (o no) sus objetivos y finaliza la acción.

Narrador

El narrador es la persona o personaje que relata los acontecimientos que tienen lugar en la historia. Aunque puede haber varios tipos de narrador en el mismo texto, lo más común y sencillo es elegir uno y mantenerlo durante toda la historia. Los más frecuentes son:

Narrador omnisciente: Sabe todo lo que sucede en la obra. Es capaz de adentrarse tanto en los hechos (presentes, pasados y futuros) como en los sentimientos y pensamientos de los personajes. Para relatar los acontecimientos, se utilizan verbos **en tercera persona**.

Narrador personaje: Participa en la historia aunque no es el o la protagonista. Solo tiene la información que le llega a través de lo que experimenta y ve o de lo que le cuentan los demás personajes. Utiliza verbos **en primera persona y en tercera persona**.

Narrador protagonista: Es el personaje principal de la historia que él o ella misma está contando. Al igual que en el narrador personaje, solo conoce la información que percibe a través de los sentidos o que le comunican el resto de personajes que aparecen en el relato. Proliferan los verbos en **primera persona**, aunque también se utiliza la tercera persona para hablar de lo que les acontece a los demás personajes.

Narrador testigo: El narrador testigo es muy parecido al narrador personaje con la diferencia de que, al contrario de este, no participa en la historia en modo alguno. Es por ello que, aunque puede utilizar verbos en primera persona para

hablar de sí mismo o de cómo se enteró de los acontecimientos que está relatando, predominan claramente los verbos **en tercera persona**.

Personajes

Los personajes son una parte fundamental en todo relato. Muchas veces, la frontera entre una obra literaria de calidad y una mediocre está en la profundidad psicológica que alcanzan los personajes, a quienes podemos dividir en dos grandes grupos según su importancia, función y participación en la historia:

Protagonista: Personaje o personajes principales que monopolizan la mayor parte de la narración. Pueden ser héroes o antihéroes, pero siempre tienen un objetivo que tratan de cumplir. Como hemos visto en el apartado anterior, el protagonista puede ser también el narrador de la historia.

Secundario: Personaje o personajes que participan en la historia pero que no gozan del protagonismo del personaje principal. Entre los personajes secundarios más comunes cabe destacar al ayudante o persona que, como su propio nombre indica, ayuda al protagonista a conseguir sus objetivos, y al villano o agresor, que es el enemigo del protagonista y trata de impedir por todos los medios que este se salga con la suya.

Espacio

El espacio es el lugar donde tiene lugar la acción de la narración. Los tipos de espacio y su naturaleza pueden variar en función del género literario que nos ocupe. En la narrativa de aventuras, por ejemplo, predominan los espacios abiertos donde la naturaleza suele manifestarse en todo su esplendor. En el caso de la literatura de terror, por otro lado, abundan espacios cerrados y oscuros, muy frecuentemente edificios abandonados como hospitales o fábricas o lugares lúgubres como mazmorras, cárceles o castillos en ruinas.

Un buen escritor es capaz de utilizar todos los recursos espaciales a su disposición y crear una atmósfera acorde con la historia que desea relatar y con el género al que pertenece su obra. El correcto manejo del espacio ayuda a dar fluidez a la historia y contribuye a la expresión literaria, proporcionando un marco único en el que los personajes interactúan entre sí y con su entorno.

Tiempo

No menos importante que el espacio es el tiempo literario. Este término se refiere al marco temporal en que se desarrollan los acontecimientos de una obra, desde el primero hasta el último.

El planteamiento temporal más sencillo es el lineal, es decir, los acontecimientos se van relatando de principio a fin de manera cronológica. Esta no es, sin embargo, la única manera de contar una historia, sino que existen infinidad de posibilidades en las que se rompe la linealidad y los autores introducen saltos temporales. A continuación se explican los más frecuentes:

Analepsis: Se vuelve al pasado para relatar algún hecho o acontecimiento anterior a la trama principal.

Prolepsis: Es lo contrario de la analepsis. Se relata algún hecho o acontecimientos que tendrá lugar en un tiempo futuro, posterior a la trama principal.

3 Respuesta a textos

En la tarea 3 de tu carpeta del proyecto de curso vas a tener que realizar un escrito dirigido en respuesta a varios textos. Estos pueden ser cartas o artículos sobre un tema polémico o de actualidad, similares a los que has leído durante este curso. Para esta tarea, es fundamental que leas los textos con mucha atención, que profundices en ellos y te asegures de que los entiendes muy bien. Debes analizar y evaluar las ideas y datos de esos textos, considerar sus méritos y sus limitaciones o incongruencias. Se trata de una lectura activa y crítica. Intenta subrayar los textos, tal vez usando lápices de diferentes colores, y escribe anotaciones en los márgenes o en un papel de borrador.

Después, tendrás que seleccionar argumentos e información de esos textos y reaccionar ante ellos a través de un escrito. Es importantísimo que la tarea que escribas esté estrechamente relacionada con los textos de estímulo. Por ejemplo, puedes referirte explícitamente a algo que se diga en ellos, o puedes replicar directamente a la opinión que dé allí una persona. Además, tienes que explicar las ideas de los textos y presentar tu opinión sobre ellas, dentro del marco delimitado por el tipo de texto que estés escribiendo tú. Puedes encontrar muchos ejemplos de esto a lo largo del curso, en particular en el Capítulo 11. Recuerda que no debes ignorar los textos de estímulo, ni resumirlos amplia y metódicamente, sino que debes desarrollar líneas de pensamiento propias a partir de ellos.

Es muy probable que tu profesor elija los textos de estímulo más adecuados para que realices esta tarea con comodidad, aunque tal vez pida también tu opinión. Recuerda que tiene mucha experiencia y que desea que lo hagas lo mejor posible, así que confía en su decisión. Intentará darte textos que susciten controversia y den pie a discusión y a la formación de ideas propias. Tendrás la oportunidad de evaluar los argumentos que se presenten allí. Es decir, podrás refutarlos y dar en su lugar otros puntos de vista contrarios o alternativos. Sin embargo, es importante que el texto que escribas para esta tarea no se parezca al que escribiste para la tarea 1. Intenta darle una forma o un estilo diferente. Por ejemplo, si en la tarea 1 escribiste un artículo de opinión, ahora lee varios textos y después escribe una carta. De nuevo, tienes modelos en el Capítulo 11. Y si usas un texto narrativo o literario como estímulo, céntrate en su contenido, y no en los recursos narrativos o literarios que incluya.

215

Acknowledgements

The authors and publishers acknowledge the following sources of copyright material and are grateful for the permissions granted. While every effort has been made, it has not always been possible to identify the sources of all the material used, or to trace all copyright holders. If any omissions are brought to our notice, we will be happy to include the appropriate acknowledgements on reprinting.

Los jóvenes hispanos en los Estados Unidos adapted from website The Venture: http://www.theventureonline.com; *Los jóvenes leen, pero no se lo digas a nadie* adapted from http://www.elciario.es Lucía Litjmaer © eldiario.es; *El 96% de los jóvenes usa internet, la mayoría a diario, y el 83% utiliza redes sociales* © EUROPA PRESS NOTICIAS, S.A.; *Mujeres de negro* de Josefina R. Aldecoa, con la amable autorización de Susana Aldecoa; *DEJAD QUE LOS NIÑOS SE ABURRAN* from elle.es http://www.elle.es; *Despega la nueva realidad virtual* adapted from http://www. muyinteresante.es © Muy interesante, G+J; *'Rawer' Tom, el adolescente crudivegano* from http://www.montevideo. com.uy/; *Adictos al 'running', la 'droga' de moda en la clase media-alta* from http://www.elconfidencial.com © Iván Gil www. elconfidencial.com; Miguel Delibes, Fragmento de Cinco horas con Mario © 1966, Herederos de Miguel Delibes; *Mi primer día con los primates. Frente a frente con los chimpancés* by Oscar Saul Aranda Menam text and photo are used with kind permission https:// relatosdelanaturaleza.org/2012/10/31/mi-primer-dia-con-los-primates/; *Una conversación con Gerard Piqué* adapted from 'Papel' http://www.elmundo.es/papel; *La Busca* de Pío Baroja © Ediciones Cátedra; Julio Cortázar, Fragmento de *Un tal Lucas*, Sucesión Julio Cortázar, 1979 ¿Es rentable ir a la universidad? Oscar Arconada 20/05/2008 © 20 minutos; *Volver al pueblo no es solo una ficción* - Benjamín Prado 28/10/'14 © El País; Eduardo Mendoza, Fragmento de *Sin noticias de Gurb* © Eduardo Mendoza, 1990

Cover image: John and Lisa Merrill/Getty Images; Chapter Opener 1 webphotographeer/Getty Images; within chapter monkeybusinessimages/Getty Images; Caiaimage/Robert Daly/Getty Images; Daugirdas Tomas Racys/Getty Images; Terry Vine/Getty Images; Tanya Constantine/Getty Images; Kathrin Ziegler/Getty Images; Chapter Opener 2 Juan García Auni?n/Getty Images; within chapter GSO Images/ Getty Images; Robert Kneschke/Alamy Stock Photo; Carlos R. Alvarez/Getty Images; Chapter Opener 3 Steve Prezant/Getty Images; within chapter Malcolm Piers/ Getty Images; woolzian/Getty Images; Thomas Barwick/ Getty Images; Chapter Opener 4 Kentaroo Tryman/Getty Images; within chapter Bernard Jaubert/Getty Images; Spike Mafford/Getty Images; Westend61/ Getty Images; Anne Ackermann/Getty Images; MoMo Productions/ Getty Images; Klaus Vedfelt/Getty Images; Justin Case/ Getty Images; Arterra/Getty Images; Chapter Opener 5 Pablo Blazquez Dominguez / Stringer/Getty Images; within chapter age fotostock/Alamy Stock Photo; Stuart Dee/Getty Images; Tony Anderson/Getty Images; Richard I'Anson/Getty Images; ermek/Getty Images; NurPhoto/ Getty Images; Jose Francisco Sanchez/Alamy Stock Photo; Jose Francisco Sanchez/Alamy; Chapter Opener 6 Philip Lee Harvey/Getty Images; within chapter Spaces Images/Getty Images; Anuska Sampedro/Getty Images; Glow Images/Getty Images; JTB Photo/UIG/Getty Images; Freeartist/Getty Images; artproem/Getty Images; scaliger/ Getty Images; Dorling Kindersley/Getty Images; Jonathan Howison/ EyeEm/Getty Images; Sylvain Sonnet/Getty Images; Meinzahn/Getty Images; Thierry Falise/Getty Images; Chapter Opener 7 Frank and Helena/Getty Images; within chapter Nicolas McComber/Getty Images; Vesna Armstrong/Getty Images; yann guichaoua/Getty Images; VCG/Getty Images; Chapter Opener 8 Dave G Kelly/ Getty Images; within chapter ansonsaw/Getty Images; MikeyGen73/Getty Images; PhotoAlto/Laurence Mouton/ Getty Images; code6d/Getty Images; Tetra Images/Getty Images; Erik Isakson/Getty Images; Juanmonino/Getty Images; Maskot/Getty Images; Chapter Opener 9 Tooga/ Getty Images; within chapter franckreporter/Getty Images; CastlePhotography/Alamy Stock Photo; Jutta Klee/Getty Images; Richard Clark/Getty Images; Hero Images/Getty Images; Lalocracio/Getty Images; Oscar S. Aranda Mena; Chapter Opener 10 Image Source/Getty Images; within chapter Bloomberg/Getty Images; Blend Images - Ariel Skelley/Getty Images; David Ramos/Getty Images; H. Armstrong Roberts/ClassicStock/Getty Images; RubberBall Productions/Getty Images; Chapter Opener 11 Philippe TURPIN/Getty Images; within chapter George Marks/Getty Images; John Block/Getty Images; Streeter Lecka/Getty Images; Nick Laham/Getty Images; Bru Garcia/AFP/Getty Images; Pierre Philippe Marcou/ AFP/ Getty Images; Matteo Colombo/Getty Images; Chapter Opener 12 Adam Crowley/ Getty Images; within chapter Nick White/Getty Images; Todd Lawson/Getty Images; MachineHeadz/Getty Images; Maskot/Getty Images; Jorge Guerrero/AFP/Getty Images; Eduardo Parra/Getty Images; Eve Livesey/Getty Images; The Print Collector/ Getty Images; svetikd/Getty Images

Cambridge IGCSE®
Spanish as a First Language
Coursebook

Jacobo Priegue Patiño and
Laura Puente Martín

Endorsed by Cambridge International Examinations and written by practising teachers, this coursebook is specifically designed for Cambridge IGCSE® First Language Spanish (0502), for first examination in 2015.

With a skills-based approach and an international focus, this coursebook promotes a deeper understanding of Spanish language and culture. Engaging texts and activities, built around the learning objectives, develop critical thinking and support students through the course.

Key features:

- A rich variety of activities help students communicate clearly, effectively and accurately
- Exam-style questions and clear learning objectives encourage self-assessment
- Authentic texts from the Spanish-speaking world bring the language and culture to life

Other components in this series:

Coursebook Cambridge Elevate edition	978-1-316-63295-6
Workbook	978-1-316-63296-3
Teacher's Book	978-1-316-63297-0

Completely Cambridge

Cambridge International Examinations prepares school students for life, helping them develop an informed curiosity and a lasting passion for learning. They are part of Cambridge Assessment, a department of the University of Cambridge.

Cambridge University Press - also a department of the University of Cambridge - shares teachers' passion and commitment to providing the best educational experience for learners that will last their entire lifetime.

Cambridge University Press works with Cambridge International Examinations and experienced authors, to produce high-quality endorsed textbooks and digital resources that support Cambridge teachers and encourage Cambridge learners worldwide.

To find out more about Cambridge International Examinations visit
http://www.cie.org.uk

To find out more about Cambridge University Press visit
education.cambridge.org/cie

This resource is endorsed by
Cambridge International Examinations

✓ Supports the full syllabus for examination from 2015

✓ Has passed Cambridge's rigorous quality-assurance process

✓ Developed by subject experts

✓ For Cambridge schools worldwide

CAMBRIDGE
UNIVERSITY PRESS

Achieve
through
excellen

ISBN 978-1-316-63291-8

9 781316 632918